工学结合新思维高职高专财经类“十四五”规划教材

房地产销售实务

（第三版）

钱伟荣　杨　丽　主　编
徐姝莹　李景红　副主编

对外经济贸易大学出版社
中国·北京

图书在版编目（CIP）数据

房地产销售实务 / 钱伟荣，杨丽主编．—3 版．—
北京：对外经济贸易大学出版社，2021.3
工学结合新思维高职高专财经类“十四五”规划教材
ISBN 978-7-5663-2248-7

Ⅰ.①房… Ⅱ.①钱… ②杨… Ⅲ.①房地产-市场
营销学-高等职业教育-教材 Ⅳ.①F293.35

中国版本图书馆 CIP 数据核字（2021）第 033205 号

房地产销售实务（第三版）

钱伟荣　杨　丽　**主编**
责任编辑：高　卓

出版发行：对外经济贸易大学出版社
社　　址：北京市朝阳区惠新东街 10 号
网　　址：www.uibep.com
资源网址：www.uibepresources.com
邮政编码：100029
邮购电话：010-64492338
发行部电话：010-64492342
E-mail：uibep@126.com

成品尺寸：185mm×260mm
印　　张：13.5
字　　数：312 千字
ISBN 978-7-5663-2248-7
印　　刷：三河市少明印务有限公司
版　　次：2021 年 3 月北京第 3 版
印　　次：2021 年 3 月第 1 次印刷
定　　价：38.00 元

出版说明

本套教材是对外经济贸易大学出版社贯彻教育部教高［2006］16号《关于全面提高高等职业教育教学质量的若干意见》精神，于2010年联合天津商务职业学院、天津职业大学、河北工业职业技术学院、北京工业职业技术学院、天津国土资源和房屋职业学院、天津海运职业学院等十余所国家、省（直辖市）级示范性高等职业院校，聘请了大批既具有丰富高等职业教育教学经验，又拥有企业第一线实践经历，且主持或参加过多项应用技术研究的教师担任主编，以确保本套教材的编写质量符合高等职业教育的特色要求。

本套教材的编者一方面积极与行业企业合作开发课程，根据技术领域和职业岗位（群）的任职要求，参照相关的职业资格标准，改革课程体系和教学内容，建立突出职业能力培养的课程标准，规范课程教学的基本要求，不断提高课程教学质量；另一方面，坚持以提高学生专业实际操作能力和就业能力为宗旨建设教材，采取情景模块、案例启发、任务驱动、项目引领、精讲解、重实训的指导思想，让学生在理论够用的基础上，在专业技能培养环节，特别是"教学做一体化"方面有所突破，"确保优质教材进课堂"。本套教材包括国际经贸、财会金融、工商管理、物流管理、电子商务、旅游与酒店管理等专业。

本套教材自2010年问世以来，承蒙广大教师同仁的支持与厚爱，在财经类高等职业教育领域发挥了较为实用的功能，在较短的时间内即获得相关专业师生的较高评价。本次修订是对第一版教材进行的系统性更新，其间吸收了众多兄弟院校对该套教材在使用过程中提出的宝贵意见，反映了编者在教学与实践方面取得的新进展，在教材的科学性、规范性、时代性和实用性等方面均有较大幅度的提升。

本套教材的修订工作主要集中在以下几个方面。

第一，体系日臻完善。第一版教材的编者着力于以能力培养和技术应用为本位，突出应用性和适用性，既要满足专业教育，又能适应就业导向的"双证书"（毕业证和技术等级证）人才培养目标需要，实现了对传统教材体系的新突破。这种突破的前瞻性和科学性经受了几年来全国各地教学与实践的检验。本次修订在保持基本框架稳定性和教材本身严肃性与连续性的同时，也对必要的模块进一步削枝强干，以使教材体系更趋严谨完善。

第二，内容推陈出新。近年来，伴随经济全球化的日益加速，财经领域的理论与实践发展迅疾，新情况、新问题、新方式层出不穷。修订版以我国经济发展和深化改革大格局的新视角、新趋势、新模式作为引领，及时更新原教材中的统计数据和应用案例，并在理论与现实两个方面补充了大量新鲜内容，使本教材的时代感和实践性更为突出。

第三，体例突出主线。修订版教材的结构上进一步明确了从学习情景导入—技能点介绍与分析—技能训练—自我验收的主线。在明确"学习与训练目标"的前提下，"导学案例”“技能点”等剖析有助于学生对核心知识与技能的把握；“技能检测”“复习与思考”等有利于学生主动对重点内容消化理解；“资料卡”“小看板”“案例分析”等注重启发学生的开拓性思维，促进有潜力者对相关内容加以深度探究；“阅读平台”则方便学生搜集与使用信息的能力培养。通过这样的编排，既能使新版教材的体例生动活泼、引发学生的求知兴趣，又能较为全面地锻炼学生的学习和实战能力。

第四，永葆职教特色。本次修订以服务为宗旨，以就业为导向，以利于推进教育教学改革，实行工学结合、校企合作、顶岗实习的人才培养模式；以利于提高职业教育教学质量，满足经济社会对高素质劳动者和技能型人才的需要。

教材的建设与完善永无止境。本套教材的修订同样需要在教学实践中与时俱进并接受检验。我们期待着财经类高等职业教育界同仁和广大青年学生、读者一如既往地关心支持本套教材的建设和发展。

愿新版教材对新时期我国高等职业教育的创新发展和高职人才培养质量的稳步提升有所助益！

对外经济贸易大学出版社

2019 年元月

序

经过三十多年的发展，我国房地产业已经成为国民经济的支柱产业之一，从长远看，人口因素、收入因素和城市化因素会在未来进一步发挥其作用，使房地产行业得到更长足的发展。我国二十世纪八九十年代的婴儿潮会释放出巨大的购买力和需求，从而刺激我国房地产的发展，预计到2030年，我国每年新增的参加工作的年轻人口会较多，从而对住房的需求也会在高位运行。随着人们收入的增加，特别是当收入跨越某个范围后，人们对住房的结构、住房大小、舒适度、环境等要求也会改变，从而促进房地产业的持续发展。根据世界银行研究报告，人均GDP在1 500美元时，房地产业进入快速发展时期；当房地产业增加值占GDP总量的6%～8%时，就可以确定为主导产业，而当其占GDP总量的10%～12%时增长便趋于平缓。因而我们可以判断，当前我国已进入房地产业的快速发展期。美国城市地理学家纳瑟姆所提出的“纳瑟姆曲线”认为：发达国家城市化过程包括两个拐点：当城市化水平达到30%时，第一个拐点出现，代表城市化发展进入势头极为迅猛的高速阶段；当城市化水平超过70%之后，出现第二个拐点，代表经济发展进入超于平缓的成熟阶段。根据数据统计，预计2020年会达到60%，在此期间城市化率每提升1个百分点意味着新增城市人口1 300万，房地产行业无疑是最直接的受益者。城市化的过程也是收入增加的过程，也是我国住房结构升级、环境优化和舒适度不断改善的过程，这也会促进我国房地产业的长期持续发展。结合以上这三个因素综合分析，我们可以得出我国的房地产业目前已进入快速发展期，并且可以维持较长时期的较快发展。

伴随着房地产业的发展，近年来各种新型的房地产类型层出不穷，与其配套的销售创新模式不断出现，因此，更新房地产基础知识，提高销售人员的销售技巧已成为各房地产企业的基础工作。房地产销售是一门理论与实践紧密结合的新兴学科，在目前培养高素质、技能型人才的高等职业教育思想的引领下，紧跟行业需求和岗位要求，突出职业能力和职业技能的针对房地产销售领域的教材，无论对房地产企业还是高职学生的教育都是非常及时和有效的。本书的意义就在于将房地产企业销售实战过程进行全方位的阐述，并结合新兴房产类型进行有针对性的销售技巧总结，对房地产销售规律的探索起到了很好的借鉴作用。

纵观全书，本书主要有两大特点：

一是可操作性强，对于各种项目类型楼盘的市场研究、目标客户分析、销售重点的把握和消费者关注的很多热点问题，都从实践操作的角度出发，提出独到的解决办法。这对学生理解房地产销售工作有很大的帮助，开发商和房地产销售代理商也可从中得到启发。

二是理论体系清晰，以房地产项目引领整个销售过程，思路清晰、运作科学、系统全面。本书没有停留在住宅项目销售这一点上，而是研究整个产业的发展趋势，加入近年来新兴产品如酒店式公寓、别墅和写字楼、商铺等商业物业销售、从项目销售全流程进行阐述，更能够理顺条理、深度解析房地产销售环节。

我相信目前高等职业教育与房地产企业的紧密合作一定会结出丰硕的成果，在行业领域创新上取得更大的进步。高等职业教育也必将会培养出更多优秀的专业人才，促进我国房地产行业持续健康发展。

清华大学房地产研究所所长
亚洲房地产学会理事
刘洪玉

前 言

我国的房地产市场近年来发展迅猛，房地产开发企业和销售代理公司需要大量了解和掌握房地产销售的基本知识和常用技巧的高素质、技能型商品房销售活动的专业人员，而目前房地产销售类教材的缺位已成为该类人才培养的瓶颈。

本书在编写中立足于高等职业教育高素质技能型人才的培养目标，既注重对学生进行房地产基本知识系统性的讲授，也注重对学生销售技能的培养。本书结合房地产企业的售楼员岗位的需求编写内容，适用对象为开设房地产经济相关专业的学生，同时也可成为房地产企业售楼员、房地产经纪人员及房地产客户服务人员的培训教材。

全书包括了房地产销售准备，房地产销售技能，房地产户型要素，住宅销售，商业地产销售与招商，房地产的买卖、租赁与抵押及房地产销售人员管理等内容，内容的选取在一定程度上反映了学生未来就业岗位的知识和技能需求。本书有以下几个特点。

一、内容选取紧扣市场发展

本书针对房地产市场上住宅类和商铺类两种主要物业类型，在体例的编排上以不同物业类型为载体进行知识与技能的穿插安排。既包括普通住宅、酒店式公寓、别墅等住宅类产品销售，也根据房地产市场的发展现状，加入了写字楼、商业街、商铺、购物中心等物业类型销售，弥补了目前商业物业售楼员教学内容的匮乏。

二、体例编排突出项目导向

本书以房地产项目为中心，系统性地组织各种房地产项目教学内容，依次介绍每种项目类型的特点、目标客户类型、销售重点与销售技巧，使学生学习过程中系统掌握理论知识和关键技能，获得综合职业知识和职业能力。

三、技能训练贴近岗位需求

本书为了达到与房地产企业岗位零距离衔接，大量引用目前房地产企业采用的工作流程与销售技巧，并邀请多家房地产开发企业、房地产销售企业的专家和业务骨干参与编写，保证本书内容符合售楼员岗位技能要求。

本书联合天津商务职业学院、广州华夏职业学院、天津国土资源和房屋职业学院骨干教师共同编写。钱伟荣、杨丽任主编，徐姝莹、李景红任副主编。具体编写章节如下：徐姝莹编写模块一和模块六；杨丽编写模块二；徐丹编写模块三；李景红编写模块四和模块五；黄葆荣编写模块七及附录；钱伟荣负责全部的章节构思、文章编辑及统稿修订。叶栋、解文武、初丽娜、毛佳艳等为本书编写收集、整理资料。

在本书编写过程中，编写组收集了大量相关房地产企业销售操作手册和工作流程中的知识，使本书内容更贴近房地产企业的实际情况，可以大大缩短学生和售楼员之间的距离。在此也向为本书编写提供大力支持的房地产企业专家和销售精英们表示感谢！由于编者的水平有限，书中的缺点和错误在所难免，敬请同行专家和广大读者批评指正。

编者

2020 年 12 月

目　录

模块一　房地产销售准备

引　言

房地产产品价格高、使用周期长，其购买性质属于理性购买。消费者在购买之前，希望尽可能多地了解有关房屋建筑、结构、材料、商圈、环境、价格、政策等信息，而对于一般消费者来说，了解这些信息实属不易，因此他们希望有一位专家能够用专业的知识、权威的建议来帮助他们进行购买决策。房地产销售人员就要担当起这样一位购买专家的角色，为顾客提供专业、权威、中肯、贴心的购买建议。

学习任务

◇ 了解与房地产销售相关的土地、房屋建筑、房地产市场等基础知识。
◇ 理解和熟悉房地产基本参数、房屋面积等术语的含义、用法和换算关系。
◇ 熟练掌握房地产销售过程中常见价格术语。
◇ 了解房地产买卖中主要的交易税费。

案例导入

刚刚从大学毕业的小王成功应聘到某地产公司从事售楼员的工作，今天是她第一天在售楼处接待客户。一早，小王接待的客户是一位已经看过多处楼盘的中年客户，他向小王询问了一系列的问题，如容积率、出房率、层高、开间等，小王急切地在自己的脑子里搜寻着培训时销售经理讲过的这些专用术语，深切感受到要想得到客户的信任，成为专业的置业顾问需要了解的东西太多了！

思考题：作为售楼员，要了解的专业术语有哪些呢？

任务一　认识土地和房屋

一、土地的分类和有关术语

土地是自然的产物，长期以来，人类对土地本身的劳动投入，例如对土地的改造等，已经成为土地的构成部分，所以土地既有自然属性，也有经济属性。

在我国，按照不同的目的和要求，对土地有不同的分类。

（一）按照《中华人民共和国土地管理法》的分类

在《中华人民共和国土地管理法》中，将土地分为三大类，即农用地、建设用地和未利用地。

1．农用地

农用地是指直接用于农业生产的土地，包括耕地、林地、草地、农田水利用地、养殖水面等。

2．建设用地

建设用地是指建造建筑物、构筑物的用地，包括城乡住宅和公共设施用地、工矿用地、交通水利设施用地、旅游用地、军事设施用地等。

3．未利用土地

未利用土地是指农用地和建设用地以外的土地。

（二）按照土地开发程度进行分类

在房地产开发中，根据土地是否具备可以直接用来建设的条件，分为不同的“生熟”程度，而根据不同的“生熟”程度，土地的价格有所不同。

1．生地

生地主要是指可能和能够为房地产开发与经营活动所利用，但是尚未被开发的农用地和荒地。生地作为土地产品，由政府出售，可以在土地市场上进行交易和流通。

2．熟地

熟地是指生地经过通电、通道路、通自来水、通排水、通邮、通煤气、通热力、平整土地的加工改造以后，或者是将被改造的旧城区经过拆迁、土地平整和基础设施完善以后的空地，可供直接进行建设。土地由生变熟的开发活动可以按照不同的档次来处理。

小看板

土地开发的不同档次

◇“三通一平”，通常是指路通、水通、电通和场地平整。

◇“七通一平”，“七通”是指具备了道路、给水、排水、电力、通信、燃气、热力等设施和条件，“一平”是指土地平整。

3．毛地

毛地是指城市中需要拆迁而尚未进行拆迁的土地，如城市企业向城外迁移所要让出的厂区土地等，都属于毛地。一般而言，在城市里拟进行房地产开发的用地多为毛地，介于生地与熟地之间。

（三）按照土地归属进行分类

土地所有权是指土地所有者在法律规定的范围内，对其拥有的土地享有占有、使用、收益和处分的权利，它是土地所有制的法律表现。中国的土地产权是典型的“二元结构”，土地国有制与土地集体所有制并存，土地所有权可分为国有土地和集体土地两类。

1. 国有土地

国有土地是指属于国家所有即全民所有的土地，国家是国有土地所有权的唯一主体，用地单位或个人对国有土地只有使用权，没有所有权。

2. 集体土地

集体土地属于农村居民集体经济组织所有的土地，集体土地所有权的主体是农村居民集体经济组织。

小看板

土地使用权的出让

土地使用权出让，是指人民政府以招标、拍卖、挂牌（简称“招拍挂”）或定向邀标协议的方式，将国有土地使用权在一定年限内出让给土地使用者使用，土地使用者向市政府支付土地使用权出让金的行为。

二、房屋建筑的构成

各种不同的房屋建筑，尽管在使用要求、空间组合、外形处理结构形式、规模大小等方面各有不同，但是构成房屋建筑物的主要部分是相同的，即由六大部分构成，即基础、墙体或柱、楼地层、屋顶、楼梯和门窗。一些建筑物还有台阶、坡道、阳台、雨棚及其他配件和装饰部分。

（一）地基与基础

1. 地基

地基系建筑物下面的土层。它承受基础传来的整个建筑物的荷载，包括建筑物的自重、作用于建筑物上的人与设备的重量及风雪荷载等。

2. 基础

位于墙柱下部，是建筑物的地下部分，与土壤直接接触，它承受建筑物上部的全部荷载并把它传给地基。

（二）墙体

1. 内墙和外墙

墙体按照所处的位置不同，可分为外墙和内墙：凡是位于建筑物内部的墙称为内墙，内墙的主要作用是分隔房间；凡位于建筑物四周的墙称为外墙，外墙是房屋的外围护结构，起着抵御风、霜、雨、雪等对建筑物的侵袭，使室内具有良好的生活与工作条件，即起围护作用。沿建筑物短轴布置的墙体称为横墙，横向外墙一般称山墙；沿着长轴布置的墙体称为纵墙。

2. 承重墙和非承重墙

墙体按照结构受力情况不同，可以分为承重墙和非承重墙。承重墙是建筑物垂直承重构件，它承受屋顶、楼板层传来的荷载连同自重一起传给基础，承重墙不断承受自身重量，同时还承受屋顶及楼板传来的荷载；不承受上部荷载的墙称为非承重墙，非承重墙包括隔墙、填充墙和幕墙。

议一议：承重墙和非承重墙在将来房屋设计和改造中有何不同的处理方式？

3. 清水墙和混水墙

对墙面进行装修的墙称为混水墙；墙面只做勾缝不进行其他装饰的墙称为清水墙。

4. 实体墙、空体墙和复合墙

实体墙由普通黏土砖或其他实心砖砌筑而成；空体墙是由实心砖砌成中空的墙体或空心砖砌筑的墙体；复合墙是指由砖与其他材料组合成的墙体。

小看板

砖墙的厚度

砖墙的厚度一般以砖长表示，例如半砖墙、3/4 砖墙、1 砖墙、2 砖墙等。其相应厚度为：115 毫米（称 12 墙）、178 毫米（称 18 墙）、240 毫米（称 24 墙）、365 毫米（称 37 墙）、490 毫米（称 50 墙）等。一般说来，墙体越厚，其承载能力越大，稳定性越好，保温隔热效果也越好。

（三）楼板层

楼板层的主要作用是垂直方向分割空间，将建筑物分为若干层。它也是建筑物的水平承重构件，主要承受作用在它上面的竖向荷载，并将它们连同自重一起传给墙或柱，楼板对墙身还起着水平支撑的作用。同时，楼板还应该具有一定程度的隔音、防火、防水等功能。

（四）屋顶

屋顶是房屋最上层的覆盖物，由屋面和支撑结构组成。屋顶的围护作用是防止自然界雨、雪和风沙的侵袭及太阳辐射的影响。此外，屋顶还要承受其上面的荷载，包括风雪荷载、屋顶自重及可能出现的构件和人群的重量，并把它传给墙体。因此，对屋顶的要求是坚固耐久、自重要轻，具有防水、防火、保温及隔热的性能。同时要求构件简单、施工方便，并能与建筑物整体配合，具有良好的外观。

（五）楼梯

楼梯是房屋各层之间交通连接的设施，一般设置在建筑物的出入口附近，也有一些楼梯设置在室外。室外楼梯的优点是不占室内使用面积，但在寒冷地区易积雪结冰，不宜采用。按楼梯的布置方式可分为：单跑楼梯、双跑楼梯、三跑楼梯和双分、双合式楼梯。

1. 单跑楼梯

当层高较低时，常采用单跑楼梯，从楼下起步一个方向直达楼上。它只有一个梯段，中间不设休息平台，因此踏步不宜过多，不适用于层高较大的房屋。

2. 双跑楼梯

双跑楼梯是应用最为广泛的一种形式。在两个楼板层之间，包括两个平行而方向相反的梯段和一个中间休息平台。经常两个梯段做成等长，节约面积。

3. 三跑楼梯

在两个楼板层之间，由三个梯段和两个休息平台组成，常用于层高较大的建筑物中，其中央可设置电梯井。

4. 双分、双合式楼梯

双分式就是由一个较宽的楼梯段上至休息平台，再分成两个较窄的梯段上至楼层。双合式相反，先由两个较窄的梯段上至休息平台，再合成一个较宽的梯段上至楼层。

（六）门窗

1. 门

门是提供人们进出房屋或房间以及搬运家具、设备等的建筑配件。有的门兼有采光、通风的作用。平开木门是当前民用建筑中应用最广的一种形式，它是由门框、门扇、亮子及五金零件所组成。

2. 窗

窗的作用主要是采光与通风，并可作围护和眺望之用，对建筑物的外观也有一定的影响，窗的采光作用主要取决于窗的面积。

作为围护结构的一部分，窗应有适当的保温性，在寒冷地区做成双层窗，以利于冬季防寒。

窗的类型很多，按使用的材料可分为木窗、钢窗、铝合金窗、玻璃钢窗等，其中以木窗和钢窗应用最广。

（七）其他配件

1. 平台

楼房建筑体中没有上盖并高于层外地面之平面结构为平台。平台可供住户纳凉、休憩、晾晒衣物等活动之用。

2. 走廊

走廊是指住宅套外使用的水平交通空间。

3. 地下室

地下室是指房间地面低于室外地平面的高度超过该房间净高的 1/2 者。半地下室是指房间地面低于室外地平面的高度超过该房间净高的 1/3 且不超过 1/2 者。

4. 玄关

玄关就是登堂入室第一步所在的位置，它是一个缓冲过渡的地段，使居室保持一定的私密性。大门一开，有玄关阻隔，外人对室内就不能一览无余。

任务二　认识房地产市场

一、房地产的含义

（一）房地产

一般认为，房地产是指房产和地产的总称，是指土地、建筑物及固着在土地、建筑物上不可分离的部分及其附带的各种权益。

房地产的内涵在于蕴含于房地产物质实体中的各种权利以及由此而形成的各种经济利益，在我国主要是指土地使用权、房屋所有权以及由它们延伸出来的各种权利。在市场经济条件下，房地产基于其权力基础到市场上进行利益交换，使其成为一种商品。

（二）不动产

不动产是指不能移动位置或移动位置后会引起性质、形状改变或降低其经济价值的物产（财产）。房地产是不动产，但是不动产的内涵比房地产要丰富。

（三）物业

一般认为，物业是指单元性的房地产等占有一定空间的存在物，一般指一个单项的房地产或一项具体的实物资产，可以指一栋楼宇，也可以指一片建筑小区，可以是商业、住宅、综合楼及其他公建项目。

二、房地产市场的含义

房地产市场，其中物业部分又被称为不动产市场，可以从经济学和营销学两个角度进行定义。从经济学角度来看，从狭义上来讲，房地产市场是指房地产商品进行交易活动的地方或场所；从广义上来看，房地产市场是指房地产交换关系的总和，包括土地的出让、转让、抵押、开发、房地产买卖、租赁、转让、互换、抵押以及一些与房地产有关的开发、建筑、修缮、装饰等劳务活动。从营销学的意义上来看，房地产市场是那些对房地产具有特定需要或欲望，并能够通过交换来满足这种特定需要或欲望的全部供给者和购买者（含潜在顾客群）的集合。

（一）房地产市场的分类

可以按照地域、房地产用途、等级及交易形式与目的，对房地产市场进行分类，如表 1-1 所示。结合本课程目标，我们主要了解按照使用用途进行划分的房地产市场类型。

1. 居住类房地产

居住类房地产是指供人们生活居住的房地产，包括普通住宅、公寓别墅等。这类物业的购买者大多数是以满足自用为目的，也有一部分作为投资。随着人们生活水平的提高和购买力的提升，居住类房地产市场呈现强劲的发展态势，蕴藏着巨大的发展潜力。

2. 商业类房地产

商业类房地产又称为经营性物业、收益型物业或投资性物业，指能出租经营或自营，为投资者带来经常性收入现金流的房地产，包括写字楼、商铺等。这类物业的购买者大多以投资为目的，从物业出租经营收入和物业升值中获得投资收益；也有一部分购买者是为了自用和自营。商业类房地产市场与当地社会经济发展状况密切相关，位置对于商业类房地产有着特殊的重要性。

3. 工业类房地产

工业类房地产是指为生产活动提供空间的房地产，包括厂房、仓库等。工业类房地产既有出租的市场，也有出售的市场。一些工业厂房的设计通常要满足特定工艺流程和设备安装的要求，一般只适合特定用户使用，例如大型冶炼化工等。随着现代物流业的发展，仓储用房越来越多地用于出租经营，成为工业类房地产的重要组成部分。

4. 特殊类房地产

特殊类房地产是指需要得到政府特殊许可才能开展经营活动的房地产类型，包括加油站、飞机场、码头、高尔夫球场等。

表 1-1　　房地产市场分类表

划分依据	市场类型
使用用途	住宅市场、写字楼市场、商铺市场、工业厂房市场、仓储市场等
区域范围	全国房地产市场、大城市房地产市场、中小城市房地产市场等
供需状况	买方市场、卖方市场、中介市场
供货方式	现房市场、期房市场、
交易形式	买卖市场、租赁市场、抵押市场、典当市场
交易目的	自用型、投资型
物资形态	房产市场、地产市场、劳务市场、资金市场、信息市场
市场层次	一级市场、二级市场（增量市场）、三级市场（存量市场）

小看板

房地产市场的层次结构

◇ 房地产一级市场，即土地交易市场，是土地所有者与使用者之间的纵向交流，由政府直接控制和垄断经营。同一块土地，在估价时考虑（或假设）的“生熟”程度不同、土地属性不同、规划条件不同、地理位置不同等，会有不同的价格。

◇ 房地产二级市场，即增量房地产交易市场，指房地产经营者与房地产使用者的纵向流通市场。

◇ 房地产三级市场，即存量房地产交易市场，是房地产所有者将房地产使用权或所有权再转让的市场。

（二）房地产市场的特征

和一般的商品相比，房地产商品具有一定的特殊性，一般商品生产有着统一的标准和规格，例如冰箱、汽车等。统一规格、同一型号的商品是可以相互替代的，但是房地产商品不可以替代，是绝对异质的。两栋房子建筑材料、设计都可以一样，但是所处的位置不可能完全一样，具体体现在地段、楼层、朝向、面积、房型等方面。

相对于一般商品市场，房地产市场信息复杂、隐蔽，房地产权益被各种政策、法规所约束，一般消费者难以区别，因此房地产市场是一个信息不够完善的市场。

房地产市场是房地产权益交易的市场。与一般商品不同，在房地产市场交易的是房地产的权益，而不仅是房地产实物。

房地产市场是典型的区域性市场。首先，房地产商品是固着在土地上，所以是不可移动的，具有典型的区域性。其次，房地产所处的区域经济水平、土地资源特点、城市基础设施、建筑风格、文化生活环境等都决定了房地产的区域性特征。同一品质、同一用途的建筑物，在不同的城市，或在同一城市的不同商圈，价格可能差别很大，它们被打上了典型的区域烙印。

房地产市场是一个专业化的复杂市场，人们进行房地产交易时必须借助于各种专业人员和专业机构，包括房地产销售人员、房地产估价人员，也包括银行、保险公司等机构。

任务三　了解房地产基本参数和房屋面积

一、房地产基本参数

（一）基地面积

基地面积是指城市规划管理部门正式规定的项目用地范围面积。

（二）总建筑面积

总建筑面积是由城市规划管理部门正式确定的，按《建筑面积计算规则》计算的项目建设的总建筑面积。通过总建筑面积可以知道楼盘的建筑规模，并从中估算大致的建筑周期。

（三）规划形态

规划形态是指某一项目的具体建筑构成，比如一个项目的总建筑面积、用地面积、四至范围、由多少栋建筑组成，地下有几层、地上有几层、建筑高度、容积率、绿化率、建筑的具体用途是什么等。

售楼中有些常用的符号，例如：某开发商的项目是五幢二十八层带两层地下室的公寓楼，通常可表示为“5—28F/2Bg 公寓”。

（四）容积率

容积率是指在建设用地范围内所有地面以上各层建筑面积之和与建设用地面积的比值。这个比值越小，意味着住宅区容纳的建筑总量越小、居住生活质量就会越高。一般地，多层容积率大致为 2，高层组团的容积率大致为 4~6，超高层大于 7，有的甚至更高；别墅（含连排）的容积率大多为 0.5~0.8 之间，独栋别墅多、绿化覆盖率高的社区，单位面积内的容积率在 0.2~0.5 以内。

小计算

例如，某地块建筑物建筑面积为 100 000 平方米，土地面积为 50 000 平方米，那么容积率就是 100 000/50 000=2。

（五）覆盖率

覆盖率又称建筑密度，是建筑物底层占地面积与建筑基地面积的比值，通常以百分数表示。一般而言，覆盖率越小，建筑物占地面积就越小，社区活动的面积就越大，绿化、道路的范围也就越大；反之，覆盖率越大，建筑物占地面积就越大，社区活动的面积和绿化、道路的范围就也越小。

（六）绿化覆盖率

绿化覆盖率是指在建设用地范围内各类绿地面积之和与建设用地面积的比率。绿地面积的计算不包括屋顶、天台和垂直绿化，主要包括公共绿地、宅旁绿地等。其中，公共绿地包括居住区公园、小游园及其他的一些块状、带状化公共绿地。

二、房屋面积

房屋的面积计算起来比较复杂，不仅规定多，而且专业性、技术性非常强，房地产销售人员应该了解一些常见的面积术语。

（一）建筑面积

建筑面积是指包含了房屋居住可用的使用面积、墙体柱体占用面积、楼梯走道面积、其他公摊面积等。在房地产销售实务中，通常是按照建筑面积来销售的。

（二）公摊面积

公摊面积是指建筑物的楼梯、外墙、首层大堂及小区内其他一些配套设施的公共分摊面积。

（三）使用面积

使用面积是每套住宅户内除墙体厚度外全部的净面积的总和。斜面屋顶结构的房间，层高低于 2.20 米的部分不计入面积。在住宅买卖中一般不采用使用面积来计算价格。

（四）套内建筑面积

成套房屋的套内建筑面积由套内房屋使用面积、套内墙体面积和套内阳台建筑面积三部分组成。

套内建筑面积 = 套内使用面积 + 套内墙体面积 + 阳台建筑面积

（五）销售面积

销售面积是在房地产销售实务中通常使用的面积术语，在房地产销售案例中绝大多数都是按照建筑面积作为销售面积，也有个别按照使用面积销售。

（六）出房率

出房率是指住宅净使用面积占销售面积的百分比。在不同的楼宇中，由于受公摊面积、设计手法等影响，同样的销售面积，其实际使用面积是不同的。出房率越高的房型，其使用面积越大。

小看板

出房率的高低

出房率是表示套型内可使用面积与建筑面积比值的基本指标。一般情况下，多层（不带电梯）住宅的出房率可控制在 85% ~ 88%，小高层住宅的出房率控制在 75% ~ 78%，高层的出房率相对较低，一般在 65% ~ 72%。出房率越高，说明用户实际得到的、能够使用的面积越大，也越经济实惠。

有人会认为，出房率越高房子越好，这也不完全正确。出房率往往跟住宅的设计和小区的相关配套设施联系在一起，如楼梯的宽度、电梯间的数量及相关配套面积等，出房率如果特别高，可能会牺牲建筑物的舒适度，或基本配套不足。因此，出房率的大小需要有个度。

（七）开间、进深和层高

1. 开间

开间是指一间房屋的面宽，即两条横向轴线间的距离。

2. 进深

进深是指一间房屋的深度，在建筑学中是指一间独立的房屋或一幢居住建筑内从前墙的定位轴线到后墙的定位轴线之间的实际长度。

3. 层高与净高

层高是指楼房本层地面到相应的上一层地面的高度；净高是指下层地板面或楼板上表面到上层楼板下表面之间的距离。净高和层高的关系可以用下面公式来表示：

净高 = 层高 - 楼板厚度

商品住宅的开间、进深和层高（即住宅的宽度、长度和高度），这三大指标是确定住宅价格的重要因素。

小看板

开间、进深和层高的模数

在 1987 年颁布的《住宅建筑模数协调标准》中，对住宅的开间在设计上有严格的规定。砖混结构住宅建筑的开间常采用下列参数：2.1 米、2.4 米、2.7 米、3.0 米、3.3 米、3.6 米、3.9 米和 4.2 米。

砖混结构住宅建筑的进深常用参数：3.0 米、3.3 米、3.6 米、3.9 米、4.2 米、4.5 米、4.8 米、5.1 米、5.4 米、5.7 米和 6.0 米。为了保证住宅具有良好的自然采光和通风条件，进深不宜过长。在房地产市场中常说的进深还包括：一栋建筑或一套住宅（南北或东西向）两端外墙之间的距离长短。一般来说，进深过大的房屋，在单位面积内，房型不好设计，会显得过于狭长。砖混结构住宅建筑层高采用的参数为：2.6 米、2.7 米和 2.8 米，实践中还有更高的，如 3 米上下。还有的采用共享空间、错层等，层高变化就比较大了。个别的，还有的层高达 4.8 米以上，是为客户做室内复式结构在中间加隔层设立的。

任务四　了解房地产价格

房地产价格又称不动产价格，是指在房屋建造、建设用地开发及经营过程中，凝结在房地产商品中的物化劳动与活劳动价值量的货币形式，是房地产经济价值的反应，反映了完成某项房地产商品交易时的货币价值量。房地产商品价格是房屋建筑物价格和地产价格的统一。

在房地产营销过程中，房地产价格是最为核心和敏感的因素。它是房地产买卖双方最感兴趣的内容，是反映经济活动的重要指标。

一、房地产价格的构成

房地产的价格构成非常复杂，从房地产开发的角度看，其价格是由近十个大项和几十个小项构成。

（一）开发成本费用

1. 土地使用权取得费

土地使用权取得费是指开发商依法获得土地使用权时，所交付的土地使用权出让、转让费用、征地拆迁和安置补偿费用。

2. 前期工程费

前期工程费主要包括建设项目前期咨询费、勘察费、设计费、评估费、“三通一平”基础设施建设费等。

3. 建筑安装工程费

建筑安装工程费是指房地产建筑的造价，是房地产价格的主要组成部分。由主体工程费、附属工程费、配套工程费和室外工程费构成。

4. 基础设施建设费

基础设施建设费包括道路、供水、供电、供气、通信、照明、园林、绿化、环卫、排污、排洪等工程发生的费用。

5. 公共配套设施建设费

公共配套设施建设费包括教育、医疗卫生、文化体育、商业服务、金融邮电、社区服务、行政管理、市政公用设施等为小区服务的公共设施和生活服务设施的建设费用。

6. 开发间接费

开发间接费包括工资、职工福利、折旧费、修理费、办公费、水电费等项目支出。

（二）期间费用

1. 管理费用

管理费用是指房地产开发企业的行政管理部门为管理和组织经营活动而发生的各项费用。

2. 财务费用

财务费用是指在房地产开发中为筹措资金而发生的各项费用。

3. 销售费用

销售费用是指在房地产销售过程中发生的各项费用。

（三）利润和税金

利润是指房地产开发企业的销售收入扣除全部的生产和销售成本，并交纳税金之后的净利润。

税金包括房地产开发企业依据国家税收法律、法规规定应当缴纳的营业税、所得税、契税、城市建设维护税、教育费附加等。

二、房地产价格术语

房地产价格是一个总的概念，在房地产营销活动中，还会涉及许多价格类型，作为房地产销售人员应该熟悉这些价格类型。

（一）市场价格、理论价格、评估价格

1. 市场价格

房地产的市场价格，简称市价，是房地产交易双方的实际成交价格，它是已经完成了的事实。这种价格通常随着时间、供求关系的变化及交易双方的心态、偏好、素质的不同而经常波动。

2. 理论价格

房地产的理论价格指的是如果将房地产放在合理的市场上交易，它应该实现的价格。理论价格不是事实，但又是客观存在的。

3. 评估价格

房地产的评估价格简称评估价，是估价人员对房地产的客观合理价格做出的一种估计、推测或判断。评估价格不是实际交易价格，但可作为交易价格的参考。

在评估市价时，房地产的评估价与市价有着密切的关系。由于房地产缺乏完全市场，在许可买卖的制度下，专门有估价机构为交易双方提供服务，这种情况下的评估价往往会成为市价。值得注意的是，由于估价者的经验、知识、爱好、利害关系等方面的不同，同一宗房地产，不同的估价者评估出来的价格会有不同的差异。一般来说，具有丰富经验的估价人员评估出的价格，较接近于市价。

（二）土地价格、建筑物价格、房地产价格

这是按照房地产存在形态划分的价格术语类型。

房地产的存在形态有下列三种：占有土地、地上建筑物和房地合一，因此房地产价格通常有土地价格、建筑物价格和房地产价格之分。

1. 土地价格

土地价格简称地价。如果是一块无建筑物的空地，此价格即指该块土地的价格；如果是一块附有建筑物的土地，此价格是指该宗房地产中纯土地部分的价格。

同一块土地，在估价时由于其“生熟”程度、地理位置、规划条件、用地属性等不同，会有不同的价格。

2. 建筑物价格

建筑物价格是指建筑物部分的价格，不包含其占用的土地的价格。人们平常所说的房价，如购买一套商品房的价格、购买一栋别墅的价格，通常是含有该建筑物占用的土地的价格在内，与这里的建筑物价格的含义不同。

3. 房地产价格

房地产价格又称房地混合价，是指建筑物连同其占用土地的价格，往往等于上述人们平常所说的房价。对于同一宗房地产来说：

房地产价格=土地价格+建筑物价格

（三）总价格、单位价格、楼面地价

1. 总价格

总价格简称总价，是指一宗房地产的整体价格。根据情况不同，房地产总价格的内容也不同，它可能是一块面积为50亩的土地价格，一套面积为200平方米的高档公寓的价格，或1 000公顷土地的价格。

2. 单位价格

单位价格简称单价。对土地的单位价格来说，是指单位土地面积的土地价格，如每亩土地价格、每平方米土地价格等，书写方式：500万/亩，9 000元/平方米；土地与建筑物合在一起的房地产单价是指单位建筑物面积的价格，如每平方米建筑面积价格，书写方式：12 000元/平方米。房地产的单位价格可以反映房地产价格水平的高低。

小看板

土地面积的计量单位

由于各国或各地区的土地面积的计量单位不同，单位面积土地价格表示方式不尽相同。如内地通常采用每亩或平方米地价（1 亩地约等于 667 平方米），香港采用每平方英尺地价（10.764 平方英尺合 1 平方米），台湾采用每坪地价（大约 0.303 坪合 1 平方米）。有时土地面积单位还采用公顷来表示，1 公顷等于 10 000 平方米。

3. 楼面地价

楼面地价又称单位建筑面积地价，是平均到每平方米建筑面积上的土地价格。楼面地价与土地总价格的关系为：

楼面地价=土地总价格/建筑总面积

由此公式可以找到楼面地价、土地单价、容积率三者之间的关系，即：

楼面地价=土地单价/容积率

弄清楼面地价的作用有着十分重要的意义。在现实生活中，楼面地价往往比土地单价更能说明土地价格水平的高低。

小计算

例如，2019 年 12 月 26 日在某城市拍卖的宗地 2019-22 号。土地面积为 13 145 平方米，容积率为 3.2，建筑密度≤25%，绿地率≥25%，建筑高度≤80 米，最后成交价为 4.63 亿元。

楼面地价=463 000 000/(13 145×3.2) = 11 007（元/平方米）。

小看板

楼面价与土地价的关系

以容积率 1 为标准，当容积率为 1 时，楼面价等于土地价，容积率越高，则楼面价越低；反之，容积率越低，则楼面价越高。

在计算每平方米的建设成本时，都要用楼面价来表示土地价格。

（四）期房价格、现房价格

1. 期房价格

期房价也称预售价，是指以目前尚未建成而在将来建成的房屋为交易标的价格，该价格是未来建成的房屋的价格。

2. 现房价格

现房价是指以目前已经建成的房屋建筑物为交易标的的价格，是一种钱货两清的价格。

（五）基价、起价、均价、报价

1. 基价

基价是指经过核算而确定的每平方米商品房的基本价格，商品房的销售价一般以基价为基数增减楼层、朝向、景观等差价后得出。

2. 起价

起价也叫起步价，是指某物业各楼层销售价格中的最低价格，这种价格通常是在楼层、朝向、户型等方面有些不足的套型价格，在房地产销售广告中常常表示为“×××元/平方米起价”。在房地产销售中，以这种价格成交的很少，其只是一种价格营销策略，以低价引起消费者的注意。一般而言，多层住宅不带电梯的，一楼不带花园的，以一楼或顶楼的销售价为起价；一楼带花园并配置电梯的住宅，一般以二楼作为销售的起价；高层物业，以最低层的销售价为起步价。

3. 均价

均价是指将各单位的销售价格相加之后的和数除以单位建筑面积的和数，即得出每平方米的均价。均价一般不是真实的销售价，而仅仅是一个平均价格，但也有例外，例如某高层物业推出“不计楼层、朝向，以 7 800 元/平方米统一价销售”，即以均价作销售价，也是一种吸引消费者关注的价格营销策略。

4. 报价

报价又称标价、表格价，是商品房销售者在价目表上标注的不同楼层、朝向、户型等的房屋出售价格。在商品房实际销售中，该价格可以经买卖双方协商加以调整，变为实际的成交价格。

小看板

影响价差的因素

朝向差价：一般南北通透的朝向较贵，东西向较便宜。但如果有景观（面水、面花园等），观赏朝向的要加价。

楼层差价：楼层价位高低，受建筑物高度的影响。一般而言，高层建筑中，按照层高加价，越高越贵；多层的不带电梯的建筑中，中间楼层较贵，以六层砖混建筑为例：三层、四层较贵，二层、五层次之，一层再次之，六层最便宜。

景观差价：临公园、湖边、海滩、河边等视野较佳、景观较佳为贵，面临巷弄、嘈杂马路或采光较暗者，即使同一栋楼、同一楼层也要减价。

设计价差：一宗房地产项目内，由于客观原因难以避免某些缺陷（如邻近垃圾站、排水井、设备机房或公共管线较多的单元），价格需要降低。

（六）底价、期望价、补地价

1. 底价

底价是指政府、企业或私人出售（尤其是拍卖）房地产时确定的最低价格，亦称起叫价格（简称起价），若低于这个价格则可不出售。

2. 期望价

期望价一般是指政府、企业或私人出售房地产时希望卖出的满意价格。

3. 补地价

补地价是指在更改政府原出让土地使用权时规定的用途，或增加容积率，或转让、出租、抵押划拨土地使用权或出让的土地使用权续期等时，需要交给政府的一笔地价。

（七）所有权价格、使用权价格

同一房地产，在交易中交易的可能是所有权，也可能是使用权，还可能是其他权利，如采伐权、采石权、耕作权等。我国当前主要是所有权和使用权。

1. 所有权价格

房产的所有权价格，是指交易房产所有权的价格。所有权为占有权、管理权、享用权、排他权、处置权（包括出售、出租、抵押、赠与、继承等）的总和，但若在所有权上设定了他项权利，则所有权变得不完全，其价格因此降低。

2. 使用权价格

房地产的使用权价格，是指交易房地产使用权的价格。以土地为例，目前中国有偿出让土地的价格都是土地使用权价格。根据《中华人民共和国城市房地产管理法》（2019 修正）第八条的规定，土地使用权出让，是指国家将国有土地使用权（以下简称土地使用权）在一定年限内出让给土地使用者，由土地使用者向国家支付土地使用权出让金的行为。据此，从国家那里获得的土地使用权的价格的法定名称为出让金。但现实中有各种演变，多称为地价款，各地的内容也不尽相同。土地使用权可因使用权年限的长短、用地属性类别、规划条件等区分为各种使用权价格。土地的使用年限分别为商业用地 40 年、综合用地 50 年和住宅用地 70 年。在 2005 年以前，还有一些项目为国有划拨土地，没办出让手续的就没有设定土地使用年限，现在这种土地已经很少见了。

（八）买卖价格、租赁价格、抵押价格、课税价格和征用价格

1. 买卖价格

买卖价格是以买卖方式支付或收取的货币额、实物或其他有价物，简称买卖价或买价、卖价。

2. 租赁价格

租赁价格常称租金，在土地场合称地租，在房地混合场合俗称房租。中国目前的房租有市场租金（或称协议租金）、商品租金、成本租金、准成本租金和福利租金。

3. 抵押价格

抵押价格，是对房地产进行评估打折后，银行认可作为贷款抵押价格而评估的价格。

4. 课税价格

课税价格是指政府为课征赋税，由估价人员估定的作为房地产课税基础的价格。具体的课税如何，要视课税政策而定。

5. 征用价格

征用价格是政府为征收其他权利人的房地产做出补偿而评定的价格。

（九）拍卖价格、招标价格和协议价格

这是一组与房地产交易（或出让）所采用的方式相联系的价格分类。

1. 拍卖价格

房地产的拍卖价格，是指采用拍卖方式交易（或出让）房地产的成交价格。

2. 招标价格

房地产的招标价格，是指采用招标方式交易（或出让）房地产的报价价格。如果竞争激烈，常发生成交价远高于报价的情况；如果投标人没有积极性，也会发生流标现象。

3. 协议价格

房地产的协议价格，是指采用协议方式交易（或出让）房地产的成交价格。

任务五 了解房地产税金与交易费

一、房地产税金

在房屋买卖中，作为买卖双方需要缴纳的税金包括印花税和契税。

（一）印花税

印花税也称为买卖合同印花税，是以经济活动中签立的各种合同、产权转移书据、营业账簿、权利许可证照等应税凭证文件为对象所征的税。印花税由纳税人按规定应税的比例和定额自行购买并粘贴印花税票，即完成纳税义务。印花税在房地产交易环节，销售房屋的，按房屋购销合同金额的万分之三贴花；办理房屋产权证书及其他相关权利证照的，按每件 5 元贴花。2008 年 11 月，国家规定个人住房买卖的时候可以免征印花税。

（二）契税

房地产买卖中的契税是指以所有权发生转移变动的不动产为征税对象，向产权承受人征收的一次性税收。国家规定契税税率为 3% ~5%，各地具体适用税率由当地政府根据本地区实际情况确定。例如天津市规定的契税为：当个人购买符合普通住房标准的住房时，按照成交价格的 1.5% 征收；当购买非普通住房、非住房、别墅时，按照成交价格的 3% 征收；个人首次购买 90 平方米以下普通住房还可以优惠 0.5% ~1% 的税率。

二、房地产交易费

在房地产买卖中发生的交易费包括：

（一）公共设施设备维修基金

公共设施设备维修基金是指住宅楼房的公共部位和公用设施、设备的维修养护基金。基金由售房单位和购房人共同筹集，所有权人为交纳人，专款专用。商品房在销售时，购房者与售房单位应当签订有关维修基金缴费约定。购房者应当按照购房款的 2% ~3% 比例向售房单位缴纳维修基金，售房单位代为收取的维修基金由全体业主共同所有，不计入住房销售收入。

（二）其他费用

以天津市为例，如表 1-2 所示。

表 1-2 其他费用

登记费	住房，权利人按每套房屋 80 元交纳； 非住房，权利人按每件 550 元交纳； 经济适用住房登记，权利人按每套房屋 40 元交纳
转让手续费	住房，按每平方米 2 元交纳； 非住房，按每平方米 18 元交纳
房屋权属证书	每本 5 元
工本费	核发一本房屋权属证书的，免收证书工本费； 向一个以上房屋所有权人核发房屋所（共）有权证书时， 每增加一本证书，按每本 10 元交纳证书工本费

思考与训练

一、选择题（1—6 题为单项选择题，7—10 题为多项选择题）

1. 建筑容积率的计算公式是（　　）。

A. 房屋建筑面积、房屋占地面积

B. 居住建筑基底面积、居住建筑用地面积

C. 总建筑面积、建筑用地面积

D. 居住建筑面积、居住建筑用地面积

2. 房地产的不可移动性决定了（　　）。

A. 不存在全国性市场　　B. 不存在地区性房地产市场

C. 不存在相同的空间环境　　D. 不存在改造的可能性

3. 我们俗称的“销售面积”是指（　　）。

A. 建筑面积　　B. 套内使用面积

C. 实测面积　　D. 套内建筑面积

4. 城市住宅土地使用年限一般为（　　）。

A. 40 年　　B. 50 年　　C. 70 年　　D. 无限期

5. 以下不属于农民集体所有土地范围的是（　　）。

A. 宅基地　　B. 自留地　　C. 自留山　　D. 城市市区

6. 城市市区的土地属于（　　）所有。

A. 农民集体　　B. 国家　　C. 农民集体和国家　　D. 有关企业

7. 根据建筑面积计算的一般规定，需要计算全部建筑面积的有（　　）。

A. 层高在 2.2 米及以上的永久性单层或多层、高层建筑

B. 未封闭的阳台、挑廊

C. 层高在 2.2 米及以上的地下室、半地下室及其相应的出入口

D. 房屋的天面、挑台、天面上的花园、泳池

8. 土地权属证书有（　　）。

A. 国有土地使用证　　B. 集体土地所有证

C. 国有土地所有证　　D. 集体土地使用证

9. 按照国家有关规定，取得国有土地使用权的途径主要有（　　）。

A. 划拨方式　　B. 出让方式

C. 转让方式　　D. 土地或房地产租赁方式

10. 国有土地所有权，是指由国务院代表国家行使的对全民所有的土地享有（　　）的权利。

A. 占有　　B. 使用　　C. 收益　　D. 处分

二、分析选择题（单项选择题）

1. 某套住宅，套内使用面积为 86 平方米，套内维护、承重墙体的面积为 15 平方米，全封闭的南阳台 8 平方米，敞开式的北阳台 6 平方米，应分摊的共有建筑面积为 7.5 平方米。请计算：

（1）该套住宅的套内建筑面积为（　　）。

A. 112 平方米　　B. 119.5 平方米　　C. 104.5 平方米　　D. 115 平方米

（2）该套住宅的建筑面积为（　　）。

A. 112 平方米　　B. 119.5 平方米　　C. 104.5 平方米　　D. 122.5 平方米

2. 某居住小区，居住用地面积为 18 公顷，住宅用地面积为 10 公顷，该小区的建筑总面积为 490 000 平方米，人口数量约为 9 000 人。

（1）建筑容积率为（　　）。

A. 2.72　　B. 4.90　　C. 0.272　　D. 0.490

（2）人口密度每公顷（　　）人。

A. 400　　B. 500　　C. 800　　D. 900

三、案例分析

小李所在的公司集资建房一套。协议上的面积为 130 平方米，实际交纳的费用也是按 130 平方米交的，但房子建好的时候，小李却发现房子面积好像没有 130 平方米。经咨询后公司答复，房子使用面积是 110 平方米，但是要加上楼道平台和天台等的公共平均摊派面积 20 平方米。所以房子实际面积是 110 平方米，费用就交的是 130 平方米的。

小李很困惑，到底该不该给 130 平方米的钱，而买一个实际只有 110 平方米的房子呢？

请帮助小李分析解惑。

四、技能训练

1. 广泰房地产开发公司以每亩 300 万的价格拍下了位于梅江北的 100 亩地。如果按照 0.45 的容积率修建别墅，或者按照 3 的容积率修建高层，请分别计算这两种情况下的楼面价，并就容积率和楼面价的关系进行讨论。

2. 以下是一套公寓的房型图，假定房子的朝向为南北向，图中上为北，下为南，标出该房型的开间与进深的尺寸（单位：mm）。

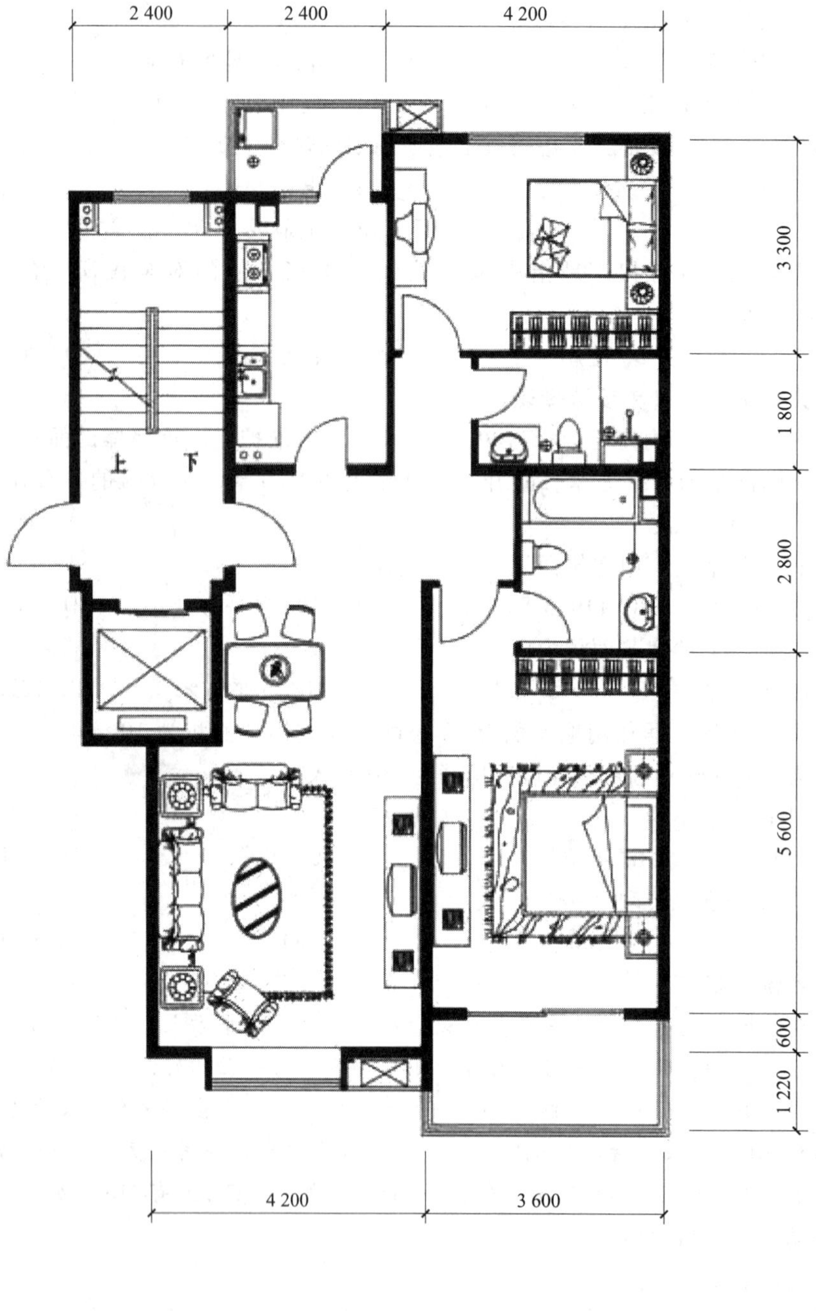
2 400
2 400
4 200
3 300
1 800
2 800
5 600
600
1 220
上
下
4 200
3 600

模块二　房地产销售技能

引　言

房地产销售技能是整个房地产活动中最重要的环节，是直接产生效益的环节。在房地产行业高速发展的今天，不同的领域板块已各自成熟，作为一名房地产销售人员应该具备哪些技能呢？房地产销售技能除了包括销售人员的职业素质、职业能力外，还包括在销售过程中的各种销售技巧。通过对本模块的学习，学生能够了解作为一名房地产销售人员应具备的职业素质、职业能力，并且能够灵活运用各种销售技巧。

学习任务

◇ 了解房地产销售人员的职责及职业认知期的心理准备。
◇ 熟悉房地产销售人员的职业素质与应具备的销售能力。
◇ 会判断不同的客户类型及采取的相应销售对策。
◇ 掌握房地产销售技巧。

案例导入

国际级销售大师——弗兰克·贝特格在一次做保险推销时，携客户要的公司商业文件前往拜访，并送去保险资料。客户表示很忙，拒绝与其进行保险洽谈，于是弗兰克·贝特格快速转移话题，提出客户感兴趣的慈善事业问题，使得客户有了兴致，让其等 20 分钟，随后安排时间专门讨论洽谈。弗兰克·贝特格在随后与客户的洽谈中不断提出各种问题，了解到客户资助三个传教士的详情，便与其共同制订计划，投保方案被客户认可，客户购买了 6 672 美元的保险，弗兰克·贝特格因此第一次做成最大一笔人寿险交易。

思考题：这个小故事我们领悟到了什么？

任务一　认识房地产销售职业

一、正确认识销售职业

（一）销售是一种光荣、高尚的职业

企业的销售人员是企业的使者和形象代表，代表专业与诚信，带给客户快乐与价值，而不是过去认为的推销员，害怕被客户拒绝、被客户提意见。

（二）销售是极具挑战和竞争性的职业

销售是一门综合学科，包含市场营销学、消费心理学、组织行为学等多种学科。社会上近 80% 的人从事与销售相关的工作，只要付出艰苦的努力就会有丰厚的回报，而从事房地产销售的优秀人员更是供不应求。

二、房地产销售人员的职责

（一）公司的形象代表

房地产销售人员将直接代表公司面对客户，因此其形象代表着公司形象。服饰的整洁、笑容的甜美、建议的中肯，都会留给客户一个好的印象，增加客户对公司的信心。

（二）公司经营理念的传递者

房地产销售人员起到了公司与客户之间的桥梁作用，主要职能是要把发展商的背景与实力、楼盘的功能与素质、价格政策与促销优惠、服务内容等信息传递给客户，达到促进销售的目的。

（三）客户购房的专业顾问

购房涉及很多专业知识，而对于一个缺乏经验的消费者来说并非易事。所以销售人员要充分了解并利用专业知识，为客户提供针对性的咨询与服务，从而引导客户购买自己满意的房子。

（四）将楼盘推介给客户的专家

房地产销售人员要有绝对的信心并必须做到三个相信：相信自己所代表的公司；相信自己所推销的产品；相信自己的推销能力，使自己成为推荐楼盘的专家。

（五）将客户意见向公司反映的媒介

房地产销售人员作为公司与客户的中介，除传递公司信息外，还须承担起将客户意见向公司反映的责任，令公司能及时做出相应的调整。

（六）客户最好的朋友

房地产销售人员应努力采取各种有效手段，例如以良好的形象、诚恳的态度去拉近与客户的距离，使客户能感到你是最好的朋友，处处都在为他着想。

（七）市场信息的收集者

房地产销售人员要求有较强的应变能力，对房地产市场有敏锐的触角，这就需要销售人员要对房地产市场的信息做大量的收集与分析，并为公司的决策提供依据。

（八）具有创新精神卓越表现的追求者

房地产销售人员应清楚地知道自己的追求与目的，只有不断地创新与追求，才能有卓越的表现。

三、职业认知期的心理准备

（一）积极的心态

一位老太太有两个女儿，大女儿嫁给了伞店老板，二女儿嫁给洗衣店老板。天晴时，老太太为大女儿担忧，因为天晴时伞卖不出去；天阴时，老太太为二女儿发愁，因为天阴了洗的衣服晾不干。结果老太太每天都在忧愁中过日子。后来，有人告诉老太太，应当换个角度看：天晴时二女儿生意红火，天阴时大女儿生意兴隆。于是老太太听从了建议，换了个角度去看世界，果然发现每天的日子都很美好。

人需要具备积极的心态。积极的心态就是把好的、正确的方面扩张开来，第一时间投入进去。在销售中也许会遇到很多困难，但是应该看到克服这些困难后的一片蓝天。积极的人像太阳，走到哪里哪里亮，应该努力寻找一切成功的根源。同时，积极的心态不但使自己充满奋斗的阳光，也会给你身边的人带来阳光。

（二）主动的心态

小张与小李是大学同学，毕业后又进入同一家企业做营销工作。三个月过去了，小张得到了提升，而小李却原地踏步。小李很不高兴，他认为自己的工作能力不比小张差，于是他找到经理要求得到解释。经理认真地听完了小李诉说的不满，然后对他说："今天咱们先不讨论这个问题了，我们要做个市场调查，你和小张去市场上看看"。三天后，小李和小张一起到经理办公室来汇报工作。小李提供的调研报告只有小小的一页，上面只列出了市场上同类商家的名称；而小张提供的调研报告上则详细地列明了这些商家的规模、实力、经营类型、价格策略以及竞争商品的情况等资料。经理把两份报告递给小李看："这就是你所要的答案。" 小李无语。

主动是什么？主动就是"没有人告诉你而你正做着恰当的事情"。在竞争异常激烈的时代，被动就会挨打，主动就可以占据优势地位。事业、人生不是上天安排的，是自己主动去争取的。主动是为了给自己增加机会，增加实现自己价值的机会。社会、企业只能给你提供道具，而舞台需要自己搭建，演出需要自己排练，能演出什么精彩的节目、有什么样的收视率决定权在你自己。

（三）空杯的心态

从事房地产销售工作，要学习的东西很多，如营销知识、建筑规划知识、广告知识、产品知识、公司的行政制度、人际的沟通法则与技巧等，这些知识涉及心理学、营销学、公共关系学等各个领域。因此，必须具备一个良好的学习心态，可以向那些成功的售楼人员学习，也可以从书本中学习，甚至可以向陌生人或你的亲戚朋友学习。而且，不仅仅要懂得学习知识，还要懂得在学习中不断总结，并把它运用到实践中去。也许你在某个行业已经满腹经纶，也许你已经具备了丰富的技能，但是面对新的企业、新的经销商、新的客户，你需要用空杯的心态重新去整理自己的智慧，去吸收现在的、别人正确的、优秀的东西。

（四）双赢的心态

房地产销售工作的服务对象应该有两个：一是企业，二是客户。企业不会做没有利润的买卖，客户也不愿花冤枉钱买不合适的房子。我们必须在两者之间找到一个平衡点，既要严格执行公司制定的价格策略，又要帮助客户找到最适合他们的、最为经济的房子。你不能为了企业的利益而刻意去损害客户的利益，比如客户明明说过需要的是小三房，而你却极力怂恿客户去购买大三房；你也不能为了客户或你自己的利益去损害企业的利益，比如对于同一套房子，你的同事已经谈妥了一个客户，只差交纳定金而已，而你却将这套房子以更低的价格推介给另外一个客户。如果你损害了企业的利益，就得不到提升的机会，没有企业会愿意要这样“吃里爬外”的员工；如果你损害了客户的利益，你就得不到客户的信任，没有客户愿意与一个没有诚意的人打交道。

必须站在双赢的心态上去处理自己与企业之间的、企业与商家之间的、企业和消费者之间的关系，不能为了自身的利益去损坏企业的利益。

（五）包容的心态

销售工作，会接触到各种各样的开发商，也会接触到各种各样的消费者。这个开发商有这样的爱好，那个消费者有那样的需求。我们是为客户提供服务的，满足客户需求的，这就要求我们学会包容，包容他人的不同喜好，包容别人的挑剔。你的同事也许与你也有不同的喜好，有不同的做事风格，你也应该去包容。

（六）自信的心态

自信是一切行动的原动力，没有了自信就没有行动。对服务的企业充满自信，对销售的产品充满自信，对自己的能力充满自信，对同事充满自信，对未来充满自信。自己是将优良的产品推荐给我们的消费者去满足他们的需求，我们的一切活动都是有价值的。很多销售人员自己都不相信自己的产品，又怎么说服别人相信自己的产品？很多销售人员不相信自己的能力、不相信自己的产品，所以在客户的门外犹豫了很久都不敢敲开门。

议一议：古时候有个佛学造诣很深的人，听说某个寺庙里有个德高望重的老禅师，便去拜访。老禅师的徒弟接待他时，他态度傲慢，心想：“我是个佛学造诣很深的人，你算老几？”后来老禅师十分恭敬地接待了他，并为他沏茶。可在倒水时，明明杯子已经满了，禅师还在不停地倒。他不解地问：“大师，为什么杯子已经满了，还要往里面倒？”大师说：“是啊，既然已满了，干吗还倒呢？”

这个故事中，老禅师最后那句话的意思是什么？

想一想：如果你现在就是一名房地产销售人员，具备以上心态中的哪些心态？所欠缺的心态是哪些？是否影响你今后的销售工作？

任务二 认识房地产销售人员职业素质

一、优良的服务素质

（一）以诚信为本

这是作为一名优秀销售人员的最重要的基础。以诚信为本，和客户在较短时间内建立起相互信赖的人际关系，这是成功销售的基石。如果客户察觉到销售人员不诚实时，就会拒绝购买他的产品。一个客户来售楼处，从看房到成交，一般只有3~4次，和销售人员直接接触的时间，加在一起不会超过五个小时，在这么短的时间内要取得客户的信任，是取得销售成功的关键所在，这就需要我们应做到以诚相待。只有和客户坦诚相待，让客户真正感觉到我们是处处为他们着想的，是站在他们的立场上去为他们考虑问题的，才有可能使我们在极短的时间内和客户建立起良好的信任关系。

（二）善待客户

对待客户要做到百问不烦、百陪不厌。房地产销售是人们一生中最大的一次购买，共同使用者多，要求也更加复杂，这就决定了房地产销售接待中客户的问题繁多，总是疑问重重。在这种情况下，销售员的回答更需要耐心，看房更应不辞辛劳。

（三）高度的挫折忍受力，百折不挠的意志

一般而言拨打100通电话能吸引10~30个现场看房者，现场接待的100名看房者中只有5~20名购房者，失败率、被拒绝率在90%左右，有时会更高。日复一日生活在这种被拒绝的气氛中，如果不能坚持最初的对待工作的激情和对客户的耐心，是不能在这个行业中长久生存和成长的。如果想要保持永久的胜利，就别想单靠昙花一现的不凡表现，而应该面对逆境做出持久的奋斗。销售人员应具备百折不挠的坚强意志和持久高涨的工作热情，特别是身处在逆境中。

二、强烈的成交欲望

（一）确立切实可行的目标

具有明确目标的意志必可扫除一切障碍。人的行为一旦设立了目标，内心就会不断调整对自己的期望值，并从周围的人、事中获得回馈，随时校正路线，以命中目标。但如果心中只有一些模糊不清的期望或目标遥不可及，你就会彷徨、犹豫，终因疲倦和挫折而放弃了努力。所以我们应该制定一个切实可行的目标，这是一直鼓励我们迈向成功的最重要的因素。比如，我要成为我们公司的一个顶尖的销售人员，我要争取年薪100万元等。

（二）对工作充满持续的激情

只有销售才给了销售员充分展示自己口才、说服能力及与他人沟通能力的舞台。

另外，销售成功的奖励也是相当大的，在美国，明星销售员的收入可能和总经理一样多。

（三）团队合作精神

这是一个团队能完成销售任务的重要保证，难以设想一个内耗重重的团队能保持旺盛的战斗力。销售时，销售人员应该相互合作，实现团队协作，往往有事半功倍的效果。通过集体合作的力量，来克服个人工作中的低谷，弥补个人能力上的缺陷，并激发出个人对集体的忠诚和工作热情。

（四）建立职业荣誉感

房地产销售人员的工作是为了帮助人们改进居住质量，我们应把自己当作一个富有经验和同情心的置业顾问。

三、通晓专业知识

（一）建筑知识

房屋结构、设计风格、房屋使用功能、各楼层、朝向的优缺点及风水学等。

（二）营销知识

市场调查与分析、消费者分析、4PS（即产品、定价、分销渠道和促销）策略、销售策略与技巧等。

（三）法律知识

在签订房屋买卖契约中的相关法律知识、有关蓝印户口的知识等。

（四）金融知识

按揭贷款的各类知识以及相关的收费。

（五）物业管理

各种收费标准以及物业的服务范围。

（六）房产的各类收费

契税、公共维修基金、产权交易费等。

四、具备销售能力

销售能力包括创造能力、沟通能力、语言表达能力、观察能力和说服客户的能力。

五、丰富的社会阅历

具有丰富的社会阅历的人，能迅速找到与客户沟通的共同点，从而打破冷漠与戒备，建立信任，为下一步的介绍、沟通打下基础。应了解各购房客户群的生活特点、职业特点、爱好、收入及购房偏好；所在地区概况、生活习俗等。

小看板

训练手段

如果你想成为本行业的一流人才，建议你：

1. 只销售自己信得过的楼盘，使自己能真诚待客，切忌贪图佣金而选择有严重缺陷的楼盘做销售员，那是害人害己。失去真诚，将会失去工作热情，而没有热情的销售人员是没有良好的发展前景的。

2. 将自己与客户的交谈录音，从而分析自己是否有不热情、不耐烦、不诚实的销售态度，以便改进。

3. 定期征求同事对自己销售方法的意见，以便改进。

4. 每天坚持写销售日记，总结经验，不断提高。

5. 在心中不快、烦闷时，反复告诫自己“不要发火”，或干脆跟客户道歉后，去外面冷静两分钟，然后再进来继续与客户沟通。倘因某事与客户争吵，其结果是你可能会赢得争吵，但肯定会失去成交。

6. 永远不与客户吵架，并且发展出一套不与客户争吵又能说服客户的方法。

7. 对镜训练。对着镜子观摩你在与客户沟通时的表情和动作，既避免态度冷漠，又防止热情过度、吓跑客户。

8. 向销售高手学习，体会其所言、所行的每一个细节，逐步模仿。

9. 平时乐于助人，以便在精神状态疲劳时可委托他人代为接待。

10. 在销售前，进行角色扮演，通过互相模拟客户，而对客户的心理及相应的接待方式全面把握，为销售打下基础。

任务三 了解客户类型及销售对策

一、老虎型客户

（一）辨别方法

（1）在电话中往往讲话很快，音量也会比较大，讲话时音调变化不大，喜欢质问人。

（2）面部表情严肃。

（3）坐在那里一动不动，对你的谈话不太感兴趣。

（二）性格特征

（1）做事积极、喜欢支配人、不受感情困扰、有时间观念、做事果断爽快。

（2）只注重结果，不看重过程和细节。

（3）最容易刁难人，你要事先做好预防，其方法是突然提出一个意想不到的问题，让你难堪。

（4）很难沟通、无法抗辩、不同情菜鸟。

（三）销售对策

（1）迎接顾客：保持微笑、热情招呼。

（2）探寻需求：开门见山。

（3）产品介绍：直截了当，突出产品的档次，体现身份。

（4）疑问解答：简洁明了、体现专业。

（5）促成成交：征求意见，让其做主。

（四）结论

老虎型客户（干练型）有霸气、控制欲强，重权力、管理；销售的主要思路是客户一切都对。

二、孔雀型客户

（一）辨别方法

（1）在电话中往往讲话很快，音量也会比较大；讲话时音调富有变化，抑扬顿挫；同时，他们在电话中也会表现得很热情，对你很友好，你可能在电话中经常会听到对方爽朗的笑声。

（2）健谈，通常具有丰富的面部表情。

（3）对你所讲反应迅速，有时也会同你开开玩笑。

（二）性格特征

（1）做事爽快，决策果断。

（2）乐观、善于表现自己、好交朋友、无时间观念、话题跳跃、热心不拘束、具戏剧性。

（3）与人沟通的能力特别强，通常以人为中心，而不是以任务为中心。

（4）喜欢有新意的东西，那些习以为常、没有创意、重复枯燥的事情往往让他们厌烦。

（5）做决策时往往不关注细节，凭感觉做决策，做决策也很快。

（三）销售对策

（1）迎接顾客：拉关系、多称赞。

（2）探寻需求：唠家常、多聊天。

（3）产品介绍：适当夸张炫耀、多让顾客说话。

（4）疑问解答：体察顾客感情、不必解答问题。

（5）促成成交：多称赞、多建议。

（四）结论

孔雀型客户（表现型）重创新、成就，以赞服人；销售的主要思路是充分的理解和赞美。

三、猫头鹰型客户

（一）辨别方法

（1）他们在电话中往往讲话不快，音量也不大，音调变化也不大。

（2）面无表情，不喜欢讲话、不主动表达看法。

（3）主动索取资料。

（二）性格特征

（1）孤僻，决策很慢。

（2）守旧，力求准确。

（3）做事有计划，并且投入认真，擅批评比较。

（4）会给予人申辩的机会，不敢冒险做决定。

（5）花很长时间谈很久，出大单的可能性小。

（三）销售对策

1. 迎接顾客

（1）礼貌、谦和而有分寸，适度称赞。

（2）表现自己是一个专业、优秀的销售员。

（3）让客户了解你，以解除他的戒备之心。

2. 探寻需求

（1）不要施加压力，直接追问。

（2）试探性询问。

（3）认真倾听客户的每一句话，铭记在心，从他的言辞中推测他心中的想法。

3. 产品介绍

（1）介绍产品需谨慎，不可草率。

（2）适度称赞，建立彼此友善的关系。

（3）让顾客了解利益所在，以获得对方理性的支持。

4. 疑问解答

耐心细致解答，用事实说话。

5. 促成成交

（1）引发他对商品认可，产生兴趣后主动出击。

（2）用事实说话，用产品的好处打动顾客，得到顾客的认可。

（3）直接法出击。

（四）结论

猫头鹰型客户（寻求答案型）传统、个性拘谨、善于分析、条例明确，重道理、数据，以理服人；销售的主要思路是做技术专家。

四、考拉型客户

（一）辨别方法

（1）在电话中往往讲话不快，音量也不大，音调会有些变化，但不像孔雀型的人那么明显。

（2）从容，安静，善于倾听。

（3）外表温顺而优雅。

（二）性格特征

（1）待人客气、喜欢聊天。

（2）相信他人、无主见、单纯。

（3）无时间观念。

（4）按部就班，重感情、信任，多虑、求稳。

（三）销售对策

1. 迎接顾客

（1）亲切、诚心相待，争取良好的第一印象。

（2）声音要温和，不急不躁。

2. 探寻需求

（1）试探性询问。

（2）被拒绝时态度要好，表示我随时愿意提供帮助。

（3）让顾客感觉所做的一切都是为了他。

3. 产品介绍

（1）耐心细致地介绍产品功能，显示自己的专业能力，不要夸大功能。

（2）给顾客体验的时间，经常询问顾客的意见，尽量使顾客有讲话的机会。

4. 疑问解答

耐心细致解答，实事求是，不夸大事实。

5. 促成成交

（1）不要施加压力，示弱。

（2）努力配合他的步调，踏踏实实地证明产品优势，慢慢水到渠成。

（3）使用建议法推荐，让顾客感觉在帮助他。

（四）结论

考拉型客户（软心肠型）平易近人、温和、敦厚、稳重、有耐力、重感情、交际，以情服人；销售的主要思路是多感情重交流。

小看板

从客户的肢体语言中观察客户，例如客户的脚步、姿态、思考等细节。

案例一：客户听完介绍，看完样板房，在洽谈区点了一根烟。这说明他还有一些问题要问，并不急于走，对产品还有一些细节要询问，此时可以跟客户聊聊其他的内容，不一定要局限于产品本身。

案例二：客户自行坐到沙发区，并自己一进门就倒水，说明这个客户脾气比较直爽，坐在沙发区表示他有一些关于价格等较隐性的东西需要跟你谈。

任务四　了解房地产销售技巧

一、跟踪客户技巧

（一）跟踪客户的准备

首次到访的客户立刻决定购买的可能性是很小的，所以送别了客户，就应当立即着手想办法再把他（她）拉回来，最终促成这宗交易。销售人员经常碰到这样的情况："你好李先生，我是小王呀！""嗯，哪个小王？""您不记得我啦，我就是××花园的小王呀，前几天您还来过的！""噢！你有什么事？"可以说，这种跟踪方式是不成功的，对到访客户的全部推销可能到此为止，前面的工作全部报废。

不可否认，绝大部分销售人员的前期准备工作做得不够完美，他们往往会忽视那些帮助或阻碍达到交易的最关键因素。一个成功的售楼员每月成交额巨大，所得佣金分红十分丰厚，主要原因是掌握了能让他成功的几乎全部因素——真正做好了前期准备，而且从接到第一个咨询电话的时候就开始了。

1. 熟悉客户的情况

当客户是个人时：

（1）姓名：一要写好，二要读准，万一出错就会造成损失，如"朱芮"绝不可以变成"朱内"。

（2）年龄：老人必须予以尊重，少年得志的新贵们亦希望得到高度认可。

（3）文化层次：高学历者往往喜欢别人夸其聪明，自学成材也能谋得要职亦值得自豪，但你对着一个没什么文化的暴发户谈互联网，他听得懂吗？

（4）居住地点：它有可能反映出客户的社会地位、朋友圈，甚至家世。

（5）是否真的需要我们的房子：他可能只是来看看。

（6）购买能力：向只买得起廉价公寓的人推销高级别墅是不理智的表现。

（7）有无购买决定权：谁是帮他出钱的？他需不需要再征求别人的意见？

（8）家庭状况：家庭成员的意见对重大购买行为的作用巨大。

（9）最合适的时间：真正有空谈房子的事情。

（10）个人忌讳："我跟您一样，也非常讨厌那恶臭的马尿味儿"。

（11）职业："我二哥也是出租车司机"之类的话题容易拉近距离。

（12）特别经历和个人爱好：这往往是他最易被攻破的弱点，但对于那些一眼可辨的东西却应格外小心对待，正确的做法是装作完全无意地表露出自己的类似观点，而且往往最后采用的话效果更明显，除非对方特别喜欢炫耀。

2. 确定追踪客户的技巧

（1）追踪客户的技巧原则。

① 掌握客户敏感的问题；

② 要尽可能让买主感到自己非同小可；

③ 要让客户感到舒服受用、自在自然；

④ 尽可能让客户回到售楼处来。

（2）追踪时间的正确选择。

在请客户填写客户登记表时顺便问一下应何时与之联系，很多人立时就会答复，应尽可能按此时间跟该客户联系；同时应注意不同客户的职业习惯和生活习惯，让客户真正有时间、有兴趣听你的每一句话。

一般应在两天内致电给客户，太早了可能让人感觉太急，太迟他可能已对你和你的楼盘失去了印象。按照客户已指定的时间致电，但有时刚好客户很忙，就应对客户进行询问“您看，过半小时我再给您打电话可以吗？”得到答复后就应照办，千万别在此时说半句废话，以免招致反感。

客户的职业习惯与致电时间有很大关系，应避开其最疲惫或最忙碌、休息或根本不在电话旁边的时间。例如：

企业中下层管理人员：只有中饭和晚饭才真正有时间。

企业主：上午太忙，中午休息，下午有事，晚饭前一个小时刚合适。

有夜生活习惯的人士：上午休息、中午吃饭及整理个人事务，晚上忙于口腹之争，下午三时前后较合适。

家庭主妇：晚 8：30 后基本无忌讳。

政府机构工作人员：上午很忙，17：00 以后可以预约时间。

（二）如何跟踪客户

客户跟踪的目的有三个：引起其注意、激发其兴趣、为顺利转入下一步正式推销创造条件。每位售楼员的人生经历和性格特点不同，不同客户亦会有不同的接受方式，可采用的客户追踪技巧也是千变万化的。下面从跟踪手段和跟踪对象等方面大致讲解这些追踪技巧，但各种技巧并不是独立的，在绝大多数情况下一击即中比较少见，把其中的多项技巧结合起来使用才会取得满意的效果。

1. 自我介绍

如果售楼员在自我介绍时显得很空泛、拖沓，客户就会不耐烦了。正确的方法是用你的房子开路，客户对你个人没兴趣，而你要卖的商品仅是你的房子而已。

2. 适当恭维

对客户的特别出众处适当加以评论，有助于营造好的谈话气氛。

3. 点明利益

直接向客户指出购买动机，将其思想引到你的房子的好处上来。

4. 诱发好奇心

“您说主人房太小了？那我倒有个好主意，不如您抽空到现场来，我详细跟您讲解好吗？”诸如此类的话一般能诱发客户的好奇心，但你的“好主意”必须要真正成立或能自圆其说，否则它就会毫无价值或客户干脆就认为你是在骗他。

5. 引起恐慌

反作用启发和假设，逻辑思维相结合，对那些不善于及不愿意认真对待我们建议的可能买主，提出一些相反的思路引起其恐慌，从而打破其心理防御系统，引发其注意和兴趣。

6. 表示关心

很少有人愿意听“吃饭了没有，生意怎么样”之类的废话，而一句“我昨晚整夜都在考虑您的事情”就足以表示了对客户的尊重和关心。

7. 迂回进攻

“我们小区的游泳池到底该放在哪更合适?”

“客户专用巴士该买多大的?”

摆出一些众所周知优势方面的一个问题，有助于培养客户的认同感。

8. 单刀直入

对客户的担心和不满，可用一些巧妙的问题直接向客户阐述你的观点，如“您认为附近楼盘的户型哪个对您更合适？哪个楼盘的价位更适合您?”，尽可能针对客户的主要购买动机提出问题，诱使其讲出最有价值的信息，将其注意力控制在最急于解决的问题上。

9. 再次恭维

客户的特别出众之处及得意之作是可以适当重复评论的，如此可进一步增强对你的好感和可信度。

10. 确认客户能回来

这是最重要的，以上所做的一切都是为了客户能再次光临，以便进一步销售。

二、交流沟通技巧

（一）沟通是销售核心技能过程的最重要环节

1. 学会倾听

沟通最重要的不是察言观色，也不是善变的口才，而是学会倾听，通过倾听发现客户的真实需求，了解客户的真正意图。另外，耐心倾听客户的说话，代表你对她的尊重和关注。

2. 善用赞美

比倾听更加重要的是在沟通过程中对客户的赞美。虽然赞美他人的本领我们一般都会，但如何在销售过程中适宜地进行系统运用，是需要不断练习和总结的技巧。美国第四十任总统罗纳德·里根，出身贫民家庭，当过水上救生员、电影演员，被认为是平民总统，也是美国历史上杰出的总统之一。里根在 78 岁生日宴会上接受英国记者采访时说：“在我 14 岁的时候，我的母亲对我说，千万别忘了发现别人的长处，多说别人的好话。从此以后，我牢记这些话，甚至在梦中也不忘赞美别人，可以说是我的母亲塑造了我的一生。”

（1）如何赞美女人。

稍为细心的人都会发现，赞美是取悦女人最简单却又是最有效的方法。女性最关心的问题并不在于对方的姿容，而是谁对自己最为欣赏，她们对那些称赞过自己的人印象最为深刻。男人是理性的，而女人是感性、直观、敏感的，所以即使是美丽的谎言，女人也爱听。

第一，容貌。

女人天生爱美，要随时给予赞美。女人身上总有美丽动人之处，要善于去发现、去捕捉她的美，只要你能独具慧眼、赞美得体，你一定会博得她的赏识和青睐。

第二，修养。

女人长得漂亮但缺乏修养、没有内涵，相处时会让人感到不舒服。因为花瓶式的女人可赢得一时的赞美，但无法得到最终的尊敬。好的气质可使普通女性变得十分迷人，令人心牵神往；有修养的女人，可永远征服一个男人的心。

第三，善解人意。

女人凭其细腻的直觉就能知道男人的心理活动，这使她们能够对男人深层的、有时是难以察觉的需要做出及时准确的反应。善解人意是女人征服男人的技巧与本能，它使男性感到温暖。没有女性不认为自己是善解人意的，善解人意体现了女人对男人的价值。当一个女孩给你端上一杯水或说出一句抚慰人的话时，一定不要忘了说“你真善解人意”。

（2）如何赞美男人。

第一，工作能力、工作成就、事业成就。

第二，社会地位、个人影响力。

第三，责任心、事业心。

第四，业余爱好——体现生活品位。

第五，穿着打扮、身材、住所、个人修养。

第六，人品。

（3）赞美应注意事项。

第一，态度真诚。

A. 赞美一定要是由衷之言，而且要有事实根据，千万不要无中生有；

B. 同样是夸赞，技巧有别，效果也不同；

C. 赞美的措辞要适当；

D. 借用第三者的口吻对他人进行赞美，有时能出人意料地使对方感到愉快和高兴。

第二，掌握分寸。

A. 中国人是个含蓄的民族，太直接会被视为“拍马屁”“肉麻”；

B. 不要为赞美而赞美；

C. 赞美的话不用太多，能起到画龙点睛之妙即可。

第三，热情赞美。

A. 不要吝惜赞美，赞赏他人是一种美德；

B. 用赞扬来代替批评；

C. 首要法则：真心诚意。

第四，赞美要投其所好。

一定要了解对方的价值观，对方的兴趣、喜好；积极的倾听是一种赞美；向人请教也是一种赞美；请求别人给你提意见也是对对方的一种赞美。

议一议：

客户："听说您这套房子当时的开盘价只有6 000元？"

回答一："您的信息非常准确，您是从哪里看到的呢？"

回答二："是啊，那又怎么样啊，房价现在涨了的嘛！"

回答一和二，哪个更好，为什么？

（二）交流沟通时，应掌握的基本原则

1. 看着客户交流

（1）不要自己说个不停，说话时望着客户。

（2）不能一直瞪着客户，用柔和的眼光交流。

2. 经常面对笑容

（1）不能面无表情，用微笑感染和打动客户。

（2）微笑必须运用得当，和交流的内容结合。

3. 学会用心聆听

（1）用心聆听客户讲话，了解客户表达信息。

（2）注意沟通过程中的互动，真诚对答交流。

4. 说话要有变化

（1）随着说话内容、环境，调整语速、声调。

（2）注意抑扬顿挫，让自己的声音饱含感情。

5. 结合姿态语言

（1）不要公式化、生硬地对待所有的客户。

（2）结合表情、姿态语言，表达你的诚意。

（三）沟通时判断客户语言、姿态，掌握时机

1. 口头语信号

当顾客产生购买意向后，通常会有以下口头语信号。

（1）顾客所提问题转向有关房子的细节，如物业管理、费用、价格、付款方式等。

（2）详细了解房屋入住及售后服务情况。

（3）对置业顾问的介绍表示积极的肯定与赞扬。

（4）询问购房的优惠程度。

（5）对目前自己正在住的房子表示不满。

（6）向置业顾问打探交楼时间及可否提前。

（7）接过置业顾问的介绍提出反问。

（8）对公司或楼盘提出某些异议。

2. 表情语信号

（1）顾客的面部表情从冷漠、怀疑、深沉变为自然大方、随和、亲切。

（2）眼睛转动由慢变快、眼神发亮而有神采，从若有所思转向明朗轻松。

（3）嘴唇开始抿紧，似乎在品味、权衡什么。

3. 姿态语信号

（1）顾客姿态由前倾转为后仰，身体和语言都显得轻松。

（2）出现放松姿态，身体后仰、擦脸拢发，或者做其他放松舒展等动作。

（3）拿起房屋认购购书或合同之类细看。

（4）开始仔细地观察模型、样板间等。

（5）转身靠近推销员，掏出香烟让对方抽表示友好，进入闲聊。

（6）开始突然用手轻声敲桌子或身体某部分，以帮助自己集中思路，最后定夺。

小看板

与客户沟通语言技巧

少用否定句，多用肯定句。

客：100 平方米左右的还有没有？

销：没有了。

销：对不起，100 平方米的没有了，但是 90 平方米左右的三房我觉得会不会更适合您？

巧妙使用转折。对客户异议可以先表示肯定，再阐述自己观点。对……同时……

客：客厅好像小了点。

销：对，如果客厅开间再大点就完美了。同时您想过没有，100 平方米的三房如果客厅太大就挤占其他功能间的面积，而且整个感觉也不协调，第二跨度太大客厅可能会现梁……

三、价格谈判技巧

（一）不要掉入“价格陷阱”

所谓“价格陷阱”就是客户买房时，一般开始就会问价格，很多销售人员往往直接地告诉客户答案；销售过程中，双方讨价还价，最后没有成交，而客户很可能对房子价值、卖点知之甚少，这就是“价格陷阱”。切记：

（1）不要一开始就与客户讨论价格问题，要善用迂回策略；

（2）不要一开始就把优惠政策告诉客户，要逐步给其惊喜。

（二）如何化解“价格陷阱”

1. 先谈价值，再谈价格

当客户与销售人员讨论房价的时候，作为楼盘销售人员首先要自信，充分说明楼盘的价值、客户购买它的理由，以及可给客户带来的诸多实惠，在楼盘价值、区别于竞争对手的优势、对客户的好处等未充分表达之前，尽量少谈价格。过早地就价格问题与客户纠缠，往往会被客户用“买不起”或“太贵了”拒绝。

2. 分解价格，集合卖点

在与客户讨论房价的时候，要注意把客户买房当作“买生活方式”来销售。房价中除了房子本身，还有配套、交通、教育、环境、物业等综合购买成本，分解说明，从而转移客户的注意力。当然，仅仅分解价格是不够的，还必须不断向客户灌输、并让客户充分认识到这个房子值这个价格，所以卖点的推介很关键。

案例

销售话术——价值强调

1. 类比说明

“请您看看我这支签字笔多少钱？还有另外一支，您也可以仔细看一看。为了给我一个准确的答案，您可以先研究一下它的结构。单从表面上看，您很难判断出，这支 1 元，那支 8 元。一支小小的签字笔尚且如此，我们的房子就更是这样了……”

“我们不会牺牲业主的利益降低质量以求得房价低廉，您想，您会要那种外面下大雨、房里下小雨的房子吗?”

2. 价值罗列

“您买我们的×××房子，虽然比买二环外的房子多花一些钱，但这里位处市中心，每天上下班您不用挤公交车，既省交通费，又节省了您的宝贵时间；我们附近就有××小学、××中学，买房子后孩子上重点学校就方便啦……另外，我们房子的户型特别值得一提，结构好、功能分区和布局合理。您看，这个地方专门预留了壁橱位置……将来装修能省一大笔钱。”

3. 帮客户算账，做对比分析

（1）一算综合性价比账；

（2）二算楼盘投资增值账；

（3）三算该买大还是买小账；

（4）四算竞争楼盘对比分析账。

小看板

“两点式”谈话法

所谓“两点式”谈话法，就是在与客户谈判时，一般只向客户提供两个方向或选择的余地，而不论是哪一种，都有助于我们获取有效的信息、促进业务成交。

- 销：您准备今天下午还是明天下午来看房?
- 销：您买一件还是买两件×××产品。

◎ 客：请问有两室一厅 70 平方米左右的房子吗?

- 销：没有。

回答生硬，容易失去再谈机会。

● 销：我们现在有38平方米的一室一厅和78平方米的两室两厅，户型都不错，面积也适合您。

回答合理。

四、现场造势与促销技巧

（一）现场造势

对于大多数客户来说，对楼盘的信任度首先是建立在售楼处人气旺盛与否的程度上，所以销售的现场造势就显得尤为重要。现场造势有以下几项常用技巧。

1. 客户造势

客户进入售楼处后一片人气兴旺，签约的签约，下定的下定，谈价格的、看房的，在此种情况下对于客户的第一感觉就是这家楼盘生意那么好，肯定是有道理的；既然有那么多人买这里的楼盘，那肯定不会错的。这一点主要是抓住了客户的从众心理，所以在销售不是很景气的时候，有的公司采取了派人装扮客户起到烘托现场气氛的效果。

2. 电话造势

在无人员安排或来不及安排的情况下，若售楼处气氛很冷清，会给客户看房留下不良感觉。有的公司就可以接听自己安排的一些电话，进行问价、问房源，谈论下定等事宜，派员多打追踪电话，只要给客户感觉到销售员都在处理客户事宜，达到造势的目的。

3. 业务工作造势

另有一种方法是通过业务员在忙碌地准备合同等销售资料，并不时地谈论客户马上就来签约及付首期等事情，给正在看房的客户感觉到楼盘的热销。

4. 喊柜台造势

在客户少的情况下也要喊柜台，此起彼伏使客户有紧迫感。具体执行时，各公司也是各显神通，在工作中根据实际的情况灵活运用和创造。

（二）促销技巧

促销（Sales Promotion，SP），即促进销售。SP是对客户提供短期激励的一种活动，以诱使客户购买或消费某一特定产品。SP的作用在于制造气氛，从而达到促进销售的目的。SP常用方式有以下几种。

1. 逼定SP

（1）喊柜台做销控使客户感觉到如果今天不定看中的房型可能就此没有了。

（2）同事配合抢一套房，在介绍客户时注意身边其他客户，必要时牺牲一下不是很有意向的客户，而逼定较有意向的客户。

（3）价格优惠活动即将结束，如果今天不定，再来可能优惠活动就结束了。

2. 谈价格SP

（1）准备一份高标价的底价表，在实在搞不定客户时，甩出该底价表给客户自己看，使他确信价格最低了。

（2）客户的要价其实能够接受，但考虑到客户的反复很大，在这种情况下不能很爽快答应，应存心制造有点很为难的状况，比如打电话请示等，这样谈下来的价格使客户可信度提高。

（3）和客户拉近关系，使他确定感到业务员和他关系好，所以放了这个价。必要时出具一份成交价高于该客户的订单或合同，增加信任度。

（4）在客户要价很低的时候，可以做一下销控，就是他看中的房子已被人暂时保留，你现在开的价太低我宁愿卖给开价高的客户。

（三）SP 技巧在交易过程中的应用举例

1. 迎接老客户时

自己与自己 SP：

场景：面对已来过的老客户

人物：销售、客户王先生

销售：王先生，实在抱歉，您想要的 a 套房源我没给您留住，昨天我同事的一个客户给签了，您看您再考虑一下其他房源吧。

王先生：我要的是 b 套，不是 a 套呀？

销售：哦，对对，我记错了，太好了，b 套现在还在。您看现在我同事手上的客户也不少，您如果可以下定的话，这样也可以避免被别人定走而产生遗憾啊！

2. 介绍房源时

喊柜 SP：

场景：推荐房源

人物：销售、柜台小张

销售：小张，帮我看看 a 套房源还在吗？

小张：哦，没有了，昨天已经定了。

销售：哪套还可以介绍？

小张：b 套房源，价格是××万。（要大声，造成热销场面）

3. 洽谈时

电话 SP：

场景：和客户洽谈时

人物：销售

和客户洽谈时，手机响起，销售接听电话

销售：赵小姐，您好。对，是的，就只有这一套了，不过，现在正有位先生在谈呢……对，价格还是××万……哦，实在您想看的话，也可以……嗯，好，那就下午 2 点，好的，我在售楼处等您，再见。（让客户产生紧迫感，促使客户下定）。

（四）SP 技巧应用的时机

（1）注意团队配合，加强团队默契度，适当掌握分寸，因人而异。

（2）把握销售节奏，找准切入点，争取致命一击。

（3）切勿对同一组客户在较近时间段内采用两次以上同一种方法。

（4）现场 SP 应有核心人物。

五、销售逼定技巧

（一）逼定时机

（1）已经激发了客户的兴趣。
（2）置业顾问已经赢得客户的信任和依赖。
（3）有客户同时看该房屋或制造这种场景。
（4）现场气氛较好。

（二）客户购买信号

1. 语言上的购买信号
（1）“帮我详细地再算一遍价格和相关费用。”
（2）“这个价格能不能再优惠点，付款方式是怎么样的？”
（3）“小孩读书怎么解决，社区的配套如何？”
（4）“什么时候可以交房？”
（5）“交房的时候是毛坯房还是全装修房？”
（6）“你们交房的时候装修情况会和样板房有多少区别？”
（7）“如果我要贷款的话，手续烦不烦？”
2. 行为上的购买信号
（1）夫妻商量，请你回避。
（2）给朋友或家人打电话帮助看房。
（3）反复或认真翻阅楼书、认购书等资料。
（4）有另一个意向的楼盘，并拿出来比较请你给参考意见。
（5）一来就很久不愿离开。
（6）客户一步三点头地对他关心的卖点认可。
（7）客户一个很小的疑问都要求去模型或现场确认。
（8）一言不发，犹豫地抽烟。
（9）反复比较户型和楼栋所在小区的位置，最后话题集中在某一单元。
（10）一味地挑缺点，反复提问，但不急于反驳。
（11）紧张、讲错话或小动作频繁。
3. 表情上的购买信号。
（1）眼睛转动加快，在想什么问题。
（2）嘴唇开始抿紧，在品位什么。
（3）态度更加友好。
（4）刻意的微笑转为自然的微笑。
（5）紧锁的双眉分开、上扬。

（三）实用逼定技巧

（1）利用现场制造的紧张气氛进行逼定。
（2）利用现场的优惠措施进行逼定。

（3）同事间配合进行逼定。

（4）上下级配合进行逼定。

小看板

逼定、下定过程小贴士

- 逼定后客户的语气若有拖延或推托的意思，不能轻易放弃
- 客户如果需要商量，则适当的冷场会有助下定
- 客户在犹豫不决时，要适当引导，避免因客户犹豫而损失
- 客户下定时要注意谈话技巧，切勿言多必失
- 客户下定交钱方式要格外留心，刷卡、交现金都要避免意外
- 签认购合同时，避免因多次签错导致客户流失
- 客户下定时认购合同上的姓名最好让客户自己决定

议一议：怎样接待难以接近的顾客。

1. 对销售人员的介绍毫无反应，既不赞同也不反对，始终闭口不答。

方法：既要讲礼貌和颜悦色，又要仔细观察顾客的表情，判断他需要什么样的房子，适时地以热情及简明的话语给予配合。

忌：以冷对冷轻易放弃，要用你的热情和专业性来感染对方。

2. 喜欢自命不凡、好为人师，只对商品服务品头论足，根本不愿和别的销售人员说话。

方法：态度要谦恭、热情。

忌：与其反唇相讥。让他充分地发表意见把话说完，对他言语中的合理之处不妨稍加赞同和应和；对说的有误之处也不要急于反驳，待对方把话说完后，先对其意见进行充分肯定，再委婉地补充和更正。

思考与训练

一、选择题（多项选择题）

1. 客户类型可以形象地分为（　　）。

A. 老虎型　　B. 孔雀型　　C. 鸽子型　　D. 猫头鹰型

2. 属于赞美男人的选项是（　　）。

A. 职业　　B. 车　　C. 社会地位　　D. 容貌

3. SP 技巧的作用是（　　）。

A. 对客户提供短期激励的一种活动，以诱使购买或消费某一特定产品

B. 准确把握客户的心理，能够做到因人、因时、因地、因事而采取适宜的方法

C. 介绍商品提供的利益，以满足客户特定需求的过程

D. 销售人员帮助和说服购买者购买某种商品或劳务的过程

4. 现场造势的技巧有（　　）。

A. 假客户造势

B. 假电话造势

C. 业务工作造势

D. 喊柜台造势

5. 当客户发生购买意愿时，通常在行为上出现的购买信号有（　　）。

A. 反复或认真翻阅楼书、认购书等资料

B. 紧张、讲错话或小动作频繁

C. 一言不发，犹豫地抽烟

D. 给朋友或家人打电话帮助看房

二、案例分析

1. 基本情况：中午12点，烈日当空，一辆小轿车停在售楼处外。一国字脸的中年男子进门，问："还有房子吗？"他径直往单体模型处走去。销售人员问："您是第一次过来吗？往这边我帮您介绍一下吧！"销售人员刚开口说两句，男子就说："不用介绍了，样板房有吧？直接去看就好了。"销售人员说："您可能对我们的产品还不太熟悉，先帮您详细介绍一下。您是考虑买来派什么用途的呢？"……样板房看过后，这位客户把椅子往外拉很多，一屁股坐下，盘腿说："价格看一下。"销售人员了解到，该客户公司就在天津某中央商务区（CBD）地区，借朋友的房子办公，做服装外贸的，目前正好有一笔资金，想买一套办公，这样比较稳定。

问题：对该客户的判断及其应对方案。

2. 基本情况：下午6点，夜色渐暗，一对老年夫妇走进售楼处，看衣装是附近吃好饭过来散步的。衣装随意，白T恤穿了有些年头了，都泛黄了。老先生讲一口很重的天津本地话，是打算买来投资或者给小孩住的。销售员先推荐了朝南的71平方米的户型，但客户觉得靠马路不好，说要上去听听吵不吵。销售员说："这个时间工地进不去。"于是跟老夫妇约好周六上午看房。周六老夫妇骑着脚踏车过来了，车篮子里还放着一袋子蔬菜，老先生话比较多，手指泛黄，一看就是常抽烟的。销售员先跟客户聊了聊周边的情况，老夫妇对附近很熟悉，小孩不大，买套房子先放着。目前靠拆迁有好几套房子，基本靠收收租金就可以了。在否定71平方米的房源后，销售员又推荐了63平方米挑高房型。但电梯没开，业务员说："房型跟样板房一样的，就是层高高一倍，可以做成两层。"老人很感兴趣。尽管没电梯还要走到9楼看一看。

问题：对该客户的判断及其应对方案。

3. 模拟演练：

（1）背景：王先生，婚房首套，父母出钱，一同到访，看二房，全装修交房，要求能否价格再优惠点，或再送些东西。

人物：置业顾问A、B，客户C、D、E

要求：利用同事间配合的方式进行逼定

模拟演练时间：10分钟

（2）背景：陈小姐，改善型购房，三口之家，一同来访，看三房，看过另一楼盘，觉得价格有优势，并在洽谈时聊起。

人物：置业顾问 A、B，客户 C、D、E，专案经理 F

要求：利用上下级间配合的方式进行逼定

模拟演练时间：10 分钟

（3）背景：张先生，投资性购房，看二房，毛坯交房，打电话向朋友询问是否合算，想请朋友帮忙看房。

人物：置业顾问 A、B，客户 C，专案经理 D

要求：制造现场紧张的气氛进行逼定

模拟演练时间：10 分钟

三、综合分析

1. 在实际房地产销售中，可能会遇见哪些类型的客户，且如何应对？
2. 以小组为单位对不同类型的房地产项目进行调研，详细描述项目的核心价值。

模块三　房地产户型要素

引　言

作为房地产销售人员，具备丰富的房地产建筑领域专业知识，能够用户型结构设计专有名词进行专业销售讲解，客户沟通时更能体现自身专业性，容易赢得客户的信任，完成销售任务。所以房地产销售人员具备了销售技巧的同时，还要学习户型设计要素，对销售的户型产品把握到精髓。通过对本模块的学习，学生能够了解房地产销售人员应掌握的行业专业知识，并且能够灵活运用专业知识进行销售应用。

学习任务

◇ 了解房地产销售人员的必备的户型设计专业术语。
◇ 熟悉房地产销售人员应具备的专业知识素养。
◇ 会针对不同的客户需求进行专业户型分析与沟通讲解。
◇ 了解学习户型设计要素在房地产销售工作中的重要性。

案例导入

一天，毕业两年的小王来到某开发商的售楼处，打算购买结婚用的房子。虽然毕业时间不是很长，自己的经济实力有限，但也希望生活环境尽量舒适，带着这个愿望跟售楼员沟通起来。期间售楼员提到项目里有 LOFT 户型、开间大、进深长、复式设计、独立式玄关等较多专业词汇，小王有很多听不懂，对于东西朝向的户型是否通透等因素，他不能正确地从户型图中识别出来，因为目前销售的房子还只能是看楼书买，房子正在建，不能进入查看再决定购买。

请大家思考一下，买房前自身应该具备哪些知识，才能清楚地跟销售人员进行沟通和洽谈，真正实现无障碍？同时，希望大家来给小王参谋一下，帮他从目前你所在地区周边售楼项目中举例，帮他推荐一套格局适合他居住且物美价廉的户型，使购房者实力和需求达到最优性价比。

任务一　认识各种房屋类型

目前的房地产市场产品类型很多，各开发商都在户型产品设计阶段花费了较大心思，希望推出具有竞争力的户型产品。因此，作为楼盘的销售人员，需要掌握所售房屋类型，并能够针对购房者进行专业解析。本任务将对各种房屋类型及建筑领域专业名词进行讲解。房屋的类型可以根据层高来分类，因此首先我们来了解层高的概念。

一、层高

住宅的高度用“米”表示，每一层的高度在设计上有一定要求，术语为“层高”。老百姓在购房时，户型的层高如果选择不好，很可能影响整个房屋居住的舒适度。对于层高的形象理解可如图 3-1 所示。

我们得出层高计算公式：层高=净高+楼板厚度

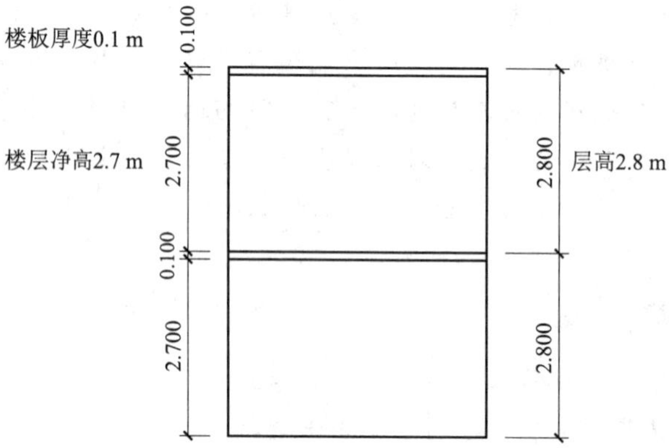

图 3-1　层高示意图

小看板

层高的定义

层高，从字面上理解也就是一层房屋的高度，通常指本层底板顶面到本层顶板顶面的高度。根据国家质量技术监督局、建设部联合发布的《住宅设计规范》的规定，层高表达为“上下两层楼面或楼面与地面之间的垂直距离”。层高减去楼板厚度的差，叫作净高，即室内地板到天花板之间的高度。

二、不同层高的住宅分类

根据房屋类型的不同，各种户型房屋的层高也有着不同的要求，下面介绍常见的几种住宅形式及它们之间的区别。

当前的住宅建筑形式从层高不同的角度来看可分为三大类：平面式住宅、复式住宅与错层式住宅。

（一）平面式住宅

平面式住宅又叫单平面层户型，是指所有的住宅功能位于同一平面上的户型。平面式住宅是应用最广的户型形式，其最大优势在于所有功能都在同一平面，因此它是最经济的户型，同时也是无障碍户型；缺点在于室内空间不够丰富，建筑外形比较单调。

错层式和复式房屋有一个共同的区别于平面式房屋的特征，即平面式房屋表示一户人家的厅、卧、卫、厨等所有房间都处于同一层面，而错层和复式内的各个房间则处于不同层面。

（二）复式住宅

复式住宅与平层房屋不同，复式住宅在概念上是一层，并不具备完整的两层空间；但层高较普通住宅高，可在允许空间内安排卧室或书房等（类似于夹层、阁楼），用楼梯联系上下层，其目的是在有限的空间里增加使用面积，提高住宅的空间利用率。

（三）跃层式住宅

人们常常把那种楼上楼下、两层一户的住宅理解为复式住宅，其实那是跃层式住宅，建筑学上它与复式住宅是不同的两个概念。

小看板

跃层住宅

所谓跃层住宅是占两个楼层的一套住宅，通俗讲就是两层可以完全独立的套型摞在一起。卧室、起居室、客厅、卫生间、厨房及其他辅助用房可以分层布置，上下层之间的交通不通过公共楼梯而采用户内独用小楼梯连接。一般在首层安排起居、厨房、餐厅、卫生间等，最好有一间卧室，二层安排主卧室、书房、卫生间等。

复式和跃层的区别：简单地讲，如果上下两层均是标准层高，必要时可以完全分隔，应称为跃层式住宅；如果上下两层在同一空间内，两层累计层高不够两层（为一层半左右），只是在空中设置一部分夹层，从下层室内可以看见上层的场面、栏杆或走廊等部分，则为复式住宅。但一般情况下，人们会将复式住宅和跃层式住宅笼统地混称为跃层住宅或复式住宅。

（四）LOFT 式住宅

LOFT 在牛津词典上的英文解释是“在屋顶之下、存放东西的阁楼”，后来发展为指那些“由旧工厂或旧仓库改造而成的，少有内墙隔断的高挑开敞空间”，这个含义诞生于纽约 SOHO 区。

LOFT 户型，建筑面积较小，非常适合购买力比较薄弱的年轻人居住；单倍平面面积价格，收获双倍居住空间。

（五）错层式住宅

所谓“错层式”住宅主要指的是房子不处于同一平面，即房内的厅、卧、卫、厨、阳台等处于几个高度不同的平面上。

错层住宅与复式或跃层式住宅是不相同的，它指的是一套住宅内的各种功能用房，如起居室、卧室、卫生间、厨房等建筑在不同高度的平面上。其建筑特点是“静态”

与“动态”相结合，用30厘米至60厘米的高度差进行空间隔断，层次分明、立体性强，但未分成两层，这样的错层比较适合100平方米以上的大面积住宅。复式与错层的区别：复式层高需要超过一人高度，看起来是两层（但层高低于两层）；而错层式高度低于一人，人站立在第一层面平视可看到第二层面乃至第三层面。

三、各种不同层高住宅的选购特点

（一）复式住宅的选购特点

复式住宅是受跃层式住宅的设计构思启发，在建造上每户仍占有上下两层，但没有跃层的累计高度，实际是在层高较高的一层楼中增建一个1.2米至1.5米层高左右的二层（实际为夹层，可供放睡床或储藏用），两层合计的层高约一层半左右，低于跃层式住宅（一般跃层式为5.6米以上，两个标准层高），复式住宅的下层供起居、炊事、进餐、洗浴等使用，上层供休息睡眠、储藏用，户内设多处墙式壁柜和楼梯，中间楼板即上层地板。

复式住宅存在以下购买特点。

1. 室内空间利用率高

由于复式设计的特点，复式住宅在空间使用率上要优于普通住宅。通过夹层设计，复式住宅相对于普通住宅多扩展出了50%甚至更多的使用空间，简单地说，这是一种“向高度要空间”的设计思路。

2. 动静分开

现在很多朋友在利用复式住宅的特点来实现在有限区域内的动静分区处理。通常情况下，日常的生活起居、会客娱乐被安排在下层，而用于休息和储物的空间则被安排在上层。

（二）跃层住宅的选购特点

从多层到高层再到别墅，从传统的平层到后来的复式、跃层，人们对居住的需求不再单单是“一个睡觉的地方”，而是开始追求更高品质的高端生活。跃层户型之所以渐渐流行正是因为其宽敞、舒适的特点符合人们现在的居住品位。

跃层户型之所以受到关注和欢迎主要是因为每户都有较大的采光面；通风较好，户内居住面积和辅助面积较大，布局紧凑、功能明确；相互干扰较小。在高层建筑中，由于每两层（隔层设）才设电梯平台，节约了电梯（隔层）公共平台面积，提高了空间使用效率。当然户内楼梯也占用了使用面积，算总账差不多，可是住宅功能分区及私密性获得了提升。

跃层式住宅最大的一个优点就在于为特色居住提供了更大的设计空间，通过对室内空间的再设计、再分割，可以融入更多的创意，体现个性。在实际的设计中就有下层全部为家庭娱乐中心、上层全部为非待客区域的设计，十分富有个性。

对于那些既想住在市区，又想体会别墅上下层感觉的购房者来说，跃层是一种个性化的选择。跃层的空间不是简单的叠加，而是突出空间感。在面积较大的跃层设计中，会在入门玄关连接客厅、餐厅和楼梯处，设计很大的共享空间，使整个住宅看起来很宽敞、气派。正是因为它的价值所在，使得不少有经济实力的购房者对跃层式住宅情有独钟。

（三）错层住宅的选购特点

选择错层住宅时应把握适当的空间尺度。错层住宅如果片面追求面积增大而不考虑空间尺度，将会导致大而无当的结果。

有些错层还与复式混合设计在一起。如：有的面积较大的错层住宅中设计有挑高在3.5米以上（类似于复式结构的共享空间）的客厅，视野感觉较好、采光性强。错层住宅中客厅高度有3.9米，从客厅到卧室，要踏上几个台阶，就实现功能分区明显、空间层次丰富的住宅而言，这种产品正在受到市场的青睐。

但是由于人们对高和宽的对应感觉效果，如果空间很小的客厅挑高太高就不太舒适了，显得空间太狭窄，从某种程度上来说也是对空间的浪费。还有些错层住宅在共享空间里配上大面积玻璃幕墙，视野非常开阔。要注意的是，大面积落地窗在保温、隔热、隔音效果上都面临着挑战，如果外面景观设计不好，或楼间距过小，就失去了观景的意义，反而使私密性受影响。

错层住宅中的楼梯，对家庭中的老人可能带来行动上的不便；而楼梯对于小孩也是潜在的危险之地，尤其是凌空的楼梯。除了加大密度（防孩子钻越）的护栏外，楼梯最好也用地毯等（防磕碰物）包起来。另外，错层住宅对抗震性要求较普通住宅更高。

小看板

错层与其他房型的区别

错层式房型，其正规名称应该是“多层面梯级跃升式住宅”。错层式住宅主要指的是房内的客堂、寝室、厨房等处于几个高度差别的平面上，各个空间是用几级台阶关联在一起的。

复式与跃层的区别：

假若上下两层完全分开，应称为跃层式住宅；如上下两层在同一空间内，即从基层室内可以瞥见表层的局面、雕栏或走廊等局部，则为复式住宅。

复式与错层的区别：

复式层高超出一人高度，相当于两层楼；而错层式高度低于一人，人站立在第一层面平视可看到第二层面，因此错层有“压缩了的复式”之称。此外，复式的第一、二层楼面笔直投影，上下面积一概相同；而错层式两个或三个楼面并非笔直相叠，而是相互以不等高形势错开。

错层与跃层的区别：

错层根本上还是完好的平面住宅，只是在一个平面内又被区分为高度差异不大的各个差别平面；而跃层则是完全独立的两层居住空间，每一层都近于平常住宅层高。

（四）LOFT的选购特点

LOFT的内涵是高大而敞开的空间，具有流动性、开放性、透明性、艺术性等特征。我们现在的 LOFT 户型，高度沿袭了工厂仓库的高度，设计为 5 米以内（超过 5 米就要计算为两层了），内部借鉴了跃层的特点，客户有两层的使用面积，但是按照一层来计算销售面积，所以是较经济的选择。开发商在有限的容积率内，最优化高度和使用面积，适应了市场需求，同时获得了经济效益。LOFT 通常是小户型、高举架，面积一般在 40~50 平方米、层高在 4.8 米左右，虽然销售时按一层的建筑面积计算，但实际使用面积却可达到销售面积的两倍；空间变化丰富，购买者可以根据自己的喜好随意设计。

根据我国目前的房地产市场行情，现在房价很高，而老百姓（尤其是年轻人）想花较少的钱买到更实惠、够用的住房，在这种情况下，我们可以去选择 LOFT 这类房型。

LOFT 带给客户的使用价值：

1. 完整的双层面积

一般房子平层层高在 2.8 米左右，这是单层的高度，从整个建筑角度来说这个户型的表现形式是平面表现形式。而 LOFT 是一个相对立体的空间形式，把空间一变二，获得了完整的双层面积，这就是 LOFT 的空间意义所在。建筑规范单层的最大高度为 5 米以内，按照这个标准，市场上的 LOFT 大多数约在 4.8 米，但双层内均能满足人们站立的高度。

花样城 LOFT 国际商务公寓的 G2 户型，销售面积为 58 平方米，层高为 4.8 米。一层隔成两层之后，使用面积在 90 平方米。上层作为卧室，使用面积大概在 35 平方米，相当宽敞了；下层则作为客厅和接待区，空间富余；入口处还能放一组柜子，作为存储空间。

2. 空间方正适用

从 LOFT 诞生的最初原型“工厂、仓库”等空间形式来看，LOFT 空间一般是方正适用的，这样有利于使用者重新规划设计，加上其特有的高度，所以 LOFT 产品一定是诞生于项目规划设计之初，而绝不是半路出家的修改品。

3. 适应多种功能

LOFT 首先在空间上呈现出最大的自由度、可塑性强，无论是居住还是办公，都能满足 LOFT 人群的特殊需求。毛坯房是最为理想的形式；如果带装修出售，也要轻装重饰，包括尽可能少的承重墙，因为承重墙太多，改造时受的局限性就多了。像有些从事艺术的人，买了房子想做自己的小制作室，比如制作音乐或者是做一些小的摄影棚，超高层高可能就不用隔了。但是对于很多人会选择居中的方式，就是局部挑空，大部分的地方是做成两层（类似于复式结构），这样可以具有最大的自由度。还有一种最极致的就是一变二，直接全做满，这也是可以的。

4. LOFT 社区的商务和文化

LOFT 产品面向的是具有明显社区属性的一群人，最容易形成一种文化的向心力，他们需要自己专属的 LOFT 社区氛围。物以类聚、人以群分，谁都不愿意孤零零地生活在跟自己格格不入的人群里面，所以 LOFT 产品，一定是在整体社区当中占有一定比例的人们的选择。LOFT 人群特别看重社区的环境，他们大多开放、自由、有思想、懂生活，对建筑有自己独特的品位，对社区的商务配套和会所等设施比较看重，对社区景观环境有较高的要求。

任务二　了解起居室各要素功能

起居室是主人会客、家庭团聚的主要活动空间。狭义的可以专指客厅，广义的还可以包括门厅、餐厅等在内，我们这里按广义的范围来讲述。

起居室要想舒适经济好用，需要客厅、餐厅、门厅这三个空间的设计协调一致，视觉相互呼应、面积相互借用。

一、门厅

（一）门厅的属性

门厅，又称玄关，旧式住宅的门里常设一道照壁、堂前摆一扇屏风，这些都带有“玄关”的意味。玄关是连接室内与室外的过渡性空间，客人进门来，先在玄关换鞋、摘帽、脱外衣，然后再登堂入室；主人出门前，在玄关处穿起外套、照照镜子，检查一下装束，再从容出行。随着生活质量的提高，玄关已成为住宅设计中不可或缺的部分。玄关一个重要功能是避免来客开门见厅，因此在条件许可的情况下，尽可能做出一个门厅来，门厅的面积一般为3~5平方米（依据总面积和套内平面布局而定）。

（二）门厅的形态

门厅（玄关）的形态，取决于入户门的位置。门厅一般和起居室连接，如果不连接起居室，一般是连接餐厅，或直接通走道。如果平面允许，还是将门厅与起居室连接为好，这种连接有以下两种方式。

(1) 如果入户门设在起居室的顶端，则玄关往往是拐角形，而且比较方正，对户外的噪音和风尘能起到一个很好的缓解作用。

(2) 如果入户门设在起居室的中部，则玄关恰好将客厅与餐厅（如果两厅在同一开间）分开，处于客厅和餐厅中间，进深若恰当，可以与两厅间相互借用面积。

（三）玄关的尺度

玄关的面积不能小于1.5平方米，否则很难容下衣橱与鞋柜。若玄关的面积小于1.5平方米，则只能摆放一个鞋柜，而衣帽只好挂在门后，有凌乱之感。有些住宅在玄关处设计内置式壁橱，上层挂衣帽、下层放鞋子、中层放包物，使玄关减少了拥堵之感，实惠好用，体现了人本精神。

100平方米左右的两居室套型，应该配备一个1.5平方米以上的玄关；150平方米以上的三居室套型，应该设计3平方米以上的玄关，除衣橱与鞋柜之外，最好放得下两把凳椅，能够让人坐下来换鞋、擦鞋，最好还能容下一株盆栽植物。

（四）门厅（玄关）的类型

1. 独立式门厅

这种门厅的最大特点是，门厅本来就以独立的建筑空间或以转弯式过道形式存在。这对于室内设计者而言，最主要是功能利用和装饰的问题，如图3-2和图3-3所示即为独立式门厅。

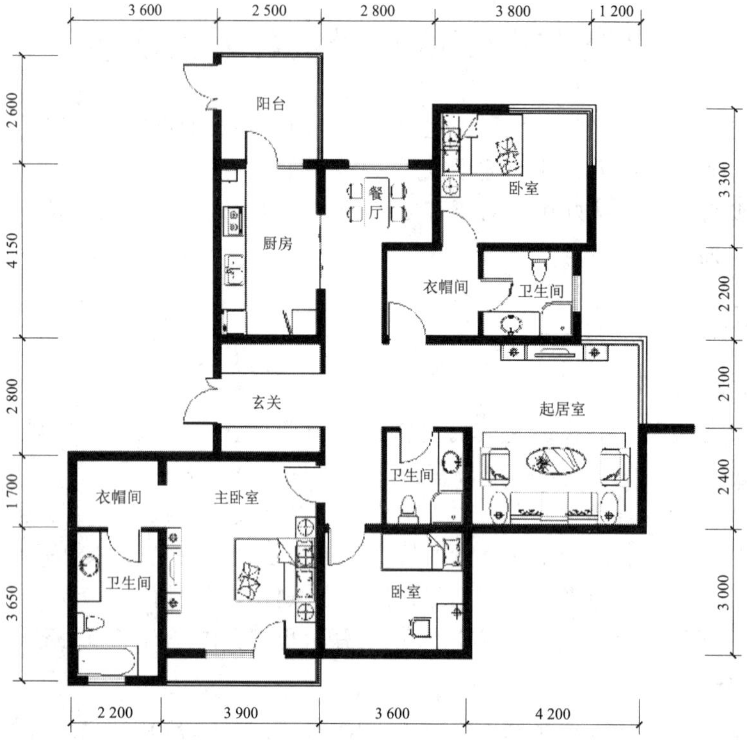

图 3-2　独立式门厅（1）（单位：mm）

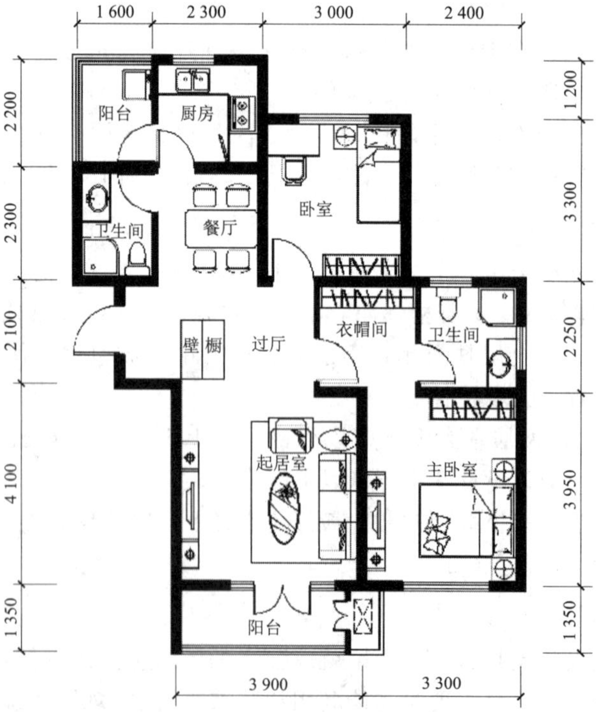

图 3-3　独立式门厅（2）——转弯式过道门厅（单位：mm）

此房型的门厅具有独立的建筑空间，属独立式门厅，门厅两边可以做成鞋柜、换衣柜等。

图 3-2 和图 3-3 房型的独立式门厅带有转弯式过道，属带转弯式过道的独立式门厅，保护主人的隐私空间。

独立式门厅与客厅相对独立，在这个自成一体的小空间里，适合打造一个别致、艺术的简易衣帽间，在门厅的墙面上可以根据家庭成员的高度，制作一个墙面隔板或者线条简易的 3~4 格长条形柜子，柜子无须设门。

2. 通道式门厅

这种门厅的最大特点是，门厅本身就是以“直通式过道”的建筑形式存在，如图 3-4 所示，设计难度方面，以如何设置鞋柜为重点。

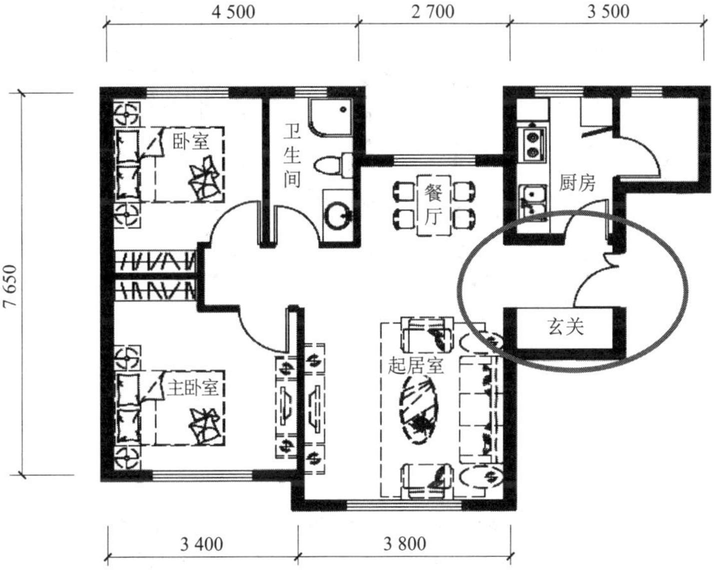

图 3-4 通道式门厅（单位：mm）

一般宽度狭小的通道式门厅，大多都设计为鞋柜玄关。单一的鞋柜设计让玄关非常实用，但是提高美观度是重点。

3. 虚拟式门厅

这种门厅的最大特点是，建筑里面本身没有门厅，设计者只能切割客厅或者餐厅的其中一部分来作为门厅。这种情况下，就得考虑是否需要玄关，如图 3-5 和图 3-6 所示。

当设计者遇到大门可直视不适宜被外人直接观看的区域等类似情况时，应该考虑设置玄关。有如下几种情况：

（1）大门可直视客厅的沙发位置。

此房型一进门能直接看到客厅沙发，影响主人隐私，增加一个鞋柜作为虚拟式玄关可避免此问题。

（2）大门可直视卧室门。

虚拟式门厅一进门能直视卧室门，影响主人隐私，增加一个玄关遮挡，避免来访客人一进大门就看到主人的卧室。

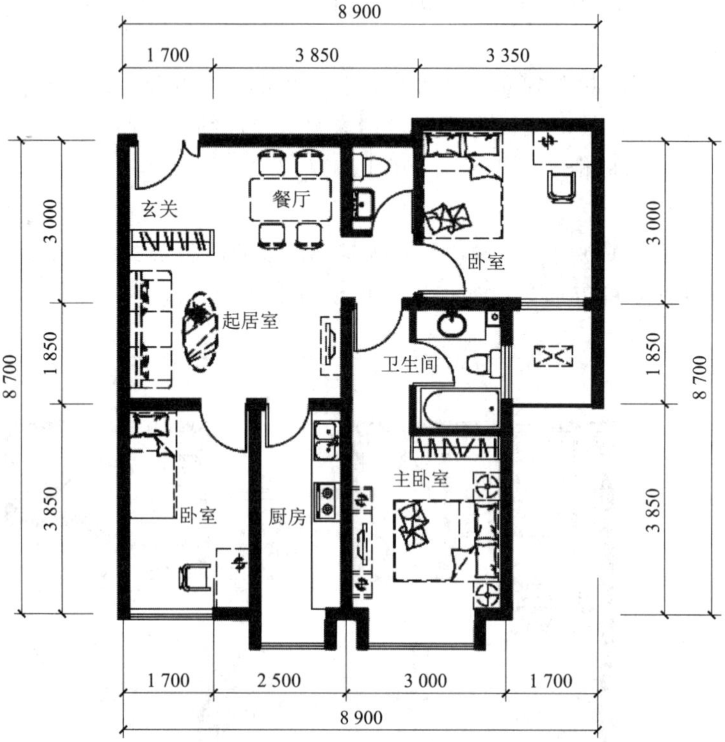

图 3-5　虚拟式门厅（单位：mm）

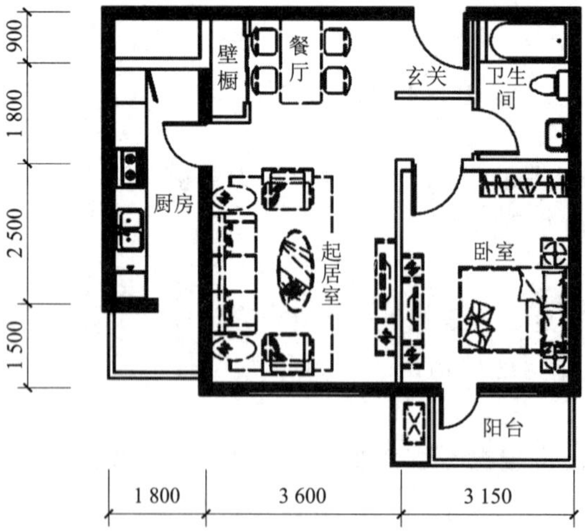

图 3-6　虚拟式玄关（单位：mm）

小看板

最早，我们是从港台以及欧美的那些家居中发现了这个空间的美感，所以，有很多人以为这个空间是借鉴海外的设计而来的。然而事实并非如此，我们从传统民居中的"影壁墙"就可得到佐证，"影壁墙"的功能与当今的门厅的功能颇为类似。

二、餐厅

餐厅是第二个起居活动中心，它强调的是自己的独立性和与客厅的联合性。与客厅的联合性是指餐厅最好是和客厅相接，这样在视觉上能相互扩大两厅的面积空间；而且餐厅最好是有自己的一块地头，不用因为使用和不使用时要将餐桌移来挪去。

餐厅目前分为三类：与门厅借用、与客厅借用和独立餐厅。前两者可以更有效地利用居室面积，独立餐厅比较占面积，但空间感觉舒服，避免餐桌椅挪来移去，餐厅的面积一般为6~12平方米。餐厅最好是能直接采光的，但受房型进深和布局均好性的制约，为了首先保证客厅、卧式和厨房的采光，70%左右的餐厅处于户型的灰色空间中或间接采光。餐厅尽可能要和厨房集中在一起，上菜会方便一些；餐厅尽量放在户型的外侧，与静区的卧室分开，避免产生干扰；和客厅共用时尽量设在厨房一端，不然总是横穿看电视的区域，是件尴尬的事。

（一）餐厅与门厅互借

餐厅与门厅互借房型中，门厅与餐厅没有明确区分，餐厅没有固定区域，门厅也没有明显界限，当主人空间不够需要时，就可以实现两厅互借，以提高整个房屋的利用率。

（二）餐厅与客厅互借

餐厅与客厅互借房型中没有餐厅的位置，主人要想在人多时增加餐厅的利用面积，就可以采用餐厅与客厅互借的方法，提高房屋的利用率。

（三）独立餐厅

独立餐厅与客厅分开，与厨房很近，方便上菜，设计合理。独立餐厅按饮食风格不同又有中餐厅、西餐厅及餐厨合一的情况。

现在的住宅讲究功能明晰、分割得当、私密性好，所以一些住宅，特别是别墅等豪宅中，中餐厅和西餐厅是分离的。中餐厅设计过程中不但要精致与实用兼具，更希望通过对餐厅整体布局的把握，传达出对生活的重视和对怀旧的留念，大的中餐厅的圆形餐桌上可以设置中间带传菜的转盘；西餐厅餐桌为方形或长方形，如四人桌、六人桌或长条形多人桌等。

三、客厅

客厅是户型的中枢，也是整套房子里面积最大最重要的部分。选择客厅时，开间很重要。现代家庭中的电视大多已经是29英寸以上，按照测算，人体与彩电之间的距离，应相当于彩电屏幕宽度的 7 倍以上，所以客厅的开间最少也要 3.9 米以上，通常客厅的开间为 3.9 米、4.2 米、4.5 米、4.8 米、5.4 米及以上。开间和进深的比例一般为 1∶1.5 以内，所以，以 3.9 米面宽的客厅对应的进深应该为 5.8 米左右，如果进深过大，客厅看起来就显得狭长不够舒适了。当然两厅并联（视觉上是两厅）时进深可以适当长些，要看总面积和具体户型来定。

注意：选择客厅时，最好要方正、明亮、通透，有好的视野。厅内墙面尽量少开门，通常在与窗户夹角的两面侧墙尽量 3 米之内不要开门，一方面有利于摆放电视机、沙发和家具，另一方面也可避免穿堂现象。如果出于均好性需要，客厅朝向需要转变，开间进深比需要重新考虑时，也要尽量满足沙发和电视直线距离的需要，中间可安排隐形走道。

比较理想的客厅是整个空间要独立，除了入口和阳台的推拉门外，不要有门；还要注意不要让卧室直对着客厅的门，造成干扰。

普通住宅客厅的面积一般在 20~40 平方米左右比较适宜。

一般起居室大概开间 5.1 米，进深 6.7 米左右，比较方正好用，总客厅面积约为 34 平方米，餐厅和客厅相互独立，各居室相互不影响。

四、卧室

在购买住宅时，首先会涉及的就是“居室”，而现在“一居室”“两居室”等称谓，基本上延续了 20 世纪 80 年代以前有室无厅，或仅有一过厅的单元结构形式，其核心仍然是唯卧室独尊。所不同的是，按照现代人的生活习惯，将起居室从传统的卧室中独立出来，形成了“厅”。尽管如此，当限价房和经济适用房客户选择住宅时，恐怕首先考虑的还是有几个卧室才能满足生活的需求。

（一）卧室的面积

选择多大面积的卧室，才显得更为合理实用呢？这要在你选择住宅总面积的前提下来考虑，既符合你的支付水平，又满足你的基本需要。

1. 起点型应达 10 平方米

这是经济适用房和限价房以及迷你型公寓卧室的起点。

一般开间为 3 米、进深为 3.3 米的尺度，基本能满足双人卧室家具的摆放。卧室中除了应有双人床，还要有床头柜和大衣柜。当然，如果拥有独立的衣帽间，衣柜的部分可以省去。以床为中心，是考察卧室尺度是否合理的关键，一般床应平行于窗户摆放，并保持一段距离，满足两个人从两侧上下床的便捷。

小看板

以床长 2 米来计算，加上床前留有 0.8 米的通道，墙体中缝约 0.2 米的厚度，卧室的开间应为 3 米。小双人床的宽度 1.5 米，床头柜 0.4~0.6 米，衣柜深度 0.6 米，这样加起来，3.3 米进深是起码的要求。当然，若放置单人床，房间的面积可以稍小一些，但小于8平方米的睡眠空间，会有局促感。

2. 改善型大于15平方米

在人们购买改善型住宅时，对卧室要求随之提高，15平方米以上是需要的。达到15平方米，开间要在3.6米，进深要在4.2米左右，可以迎电视入室，这已经成为卧室，尤其是主卧室设计的潮流。入睡前，头枕着床帮后背垫着靠枕看电视培养睡意是舒适的享受。因此，除去床长2米、走道0.8米、墙体中缝约0.2米之外，还应增加0.6米厚的电视桌，这样开间就要增大到3.6米。由于深度加大到4.2米，除去基本的床、床头柜和衣柜外，还可以增加1.2米长的小型书桌或梳妆台，当然，如果室内衣柜嵌入墙体，空间允许的话，还可以换个大点的1.8~2米宽的大床。总之，15平方米的卧室比较前述的10平方米要舒适一些。

3. 舒适型大于20平方米

随着住宅开发的升级换代，不断追求住宅改善的人群对舒适气派有了新的标准，开始追求更大的超过20平方米的主卧室，这就需要满足开间达到3.8米、进深达到4.5米以上。居室加宽以后，在床尾放个脚踏，感觉就会大不一样，如果将双人床换成两张单人床，还可以体验分居、舒适的新时尚。

如果开间在3.9米、进深5米以上的卧室（一般会另配主卫生间、衣帽间），除了原有的床、脚踏、床头柜和大衣柜形成的静区外，还可适时布置双人沙发、贵妃椅、梳妆台等，使卧室成为主人睡觉、休闲、阅览、聊天的多功能空间。

议一议：20平方米以上主卧室布局，主卧室加阳台，开间为3.9米，进深为6.5米，面积为27.4平方米。若加上衣帽间和卫生间，请计算这个主卧系列整体面积能达到多少？是否属于舒适型卧室了？

（二）主卧室和次卧室

在两居室以上的户型中，卧室必然有主有次，也就是一个主卧室和若干个次卧室。通常来说，主卧室的面积较之次卧室要大一些，不宜小于15平方米，如果总面积许可还应适当配有主卫生间、衣帽间和阳台等。主卧室一般位于套型中比较好的位置，若与父母同住或子女年龄较大时，选择总面积大一些的，还可以选择有“次主卧”配置的住宅，也就是说，次主卧也带有卫生间甚至阳台，只是面积略小于主卧。设立次主卧的目的一是满足老人或者孩子居住方便的需要，二是作为客房也显示出档次，这一点在高档住宅或者别墅中时有显现。

主卧室内主要家具是双人床，有时还要布置一张婴儿床，此外还有可能布置床头柜、衣柜、写字台等家具。确定主卧室尺寸时，首先要考虑床位布置，适应不同的床位布置方式。为便于卧室内沿内墙纵横两个方向都能安放床位，主卧室的净宽应大于床位的长度加门的宽度和必要的间隙，即净宽一般不小于3米。因此，主卧室的开间一般不宜小于3.3米。考虑布置两张床位（即双人床和小孩床）的可能性，主卧室的净长应大于两张床位的长度加必要的间隙，或一张双人床的宽度加一张单人床的长度再加一个床头柜的宽度和必要的间隙，即净长不小于4.2米。那么，主卧室的进深不宜小于4.5米，如图3-7所示。

次卧室的面积不宜小于 7 平方米，室内家具主要有单人床、床头柜、写字台等。次卧室的净宽一般大于床位长度和必要的间隙，或单人床宽加写字台宽和必要的间隙，即净宽不小于 2.1 米。因此，次卧室的开间不宜小于 2.6 米。次卧室的净长一般大于单人床的宽加床长和必要的间隙，即净长不小于 3.0 米。那么，次卧室的进深不宜小于 3.3 米。保姆房可以再小些，能摆开单人床和一套桌椅即可（如图 3-8 所示）。

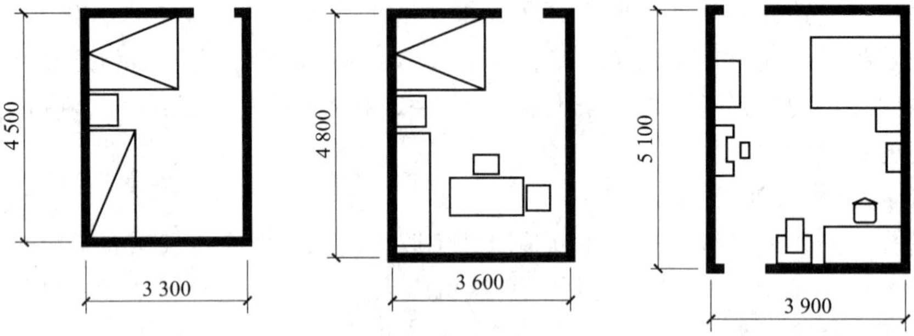

图 3-7 主卧室室内布置（单位：mm）

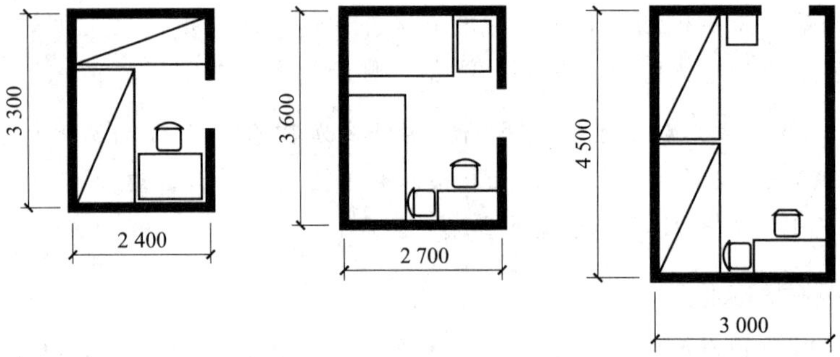

图 3-8 次卧室室内布置（单位：mm）

五、卫生间

卫生间要实现两人同时或共同使用，一般来说面积在 6 平方米左右才会比较合适，如图 3-9 所示。目前国内很多的卫生间做得如小黑匣子，转不开身，所以卫生间起点应在 4 平方米左右。在国外，卫生间的功能不仅仅是如厕和淋浴之用，它还具有化妆间、读书间、医疗用品储藏室等其他很多功能，国外甚至把木地板和地毯都做到了卫生间里面，说明其干湿实现了有效分离，我们在设计时可以多加学习。关于户型的优劣选择，也可以体现在卫生间上。

选择卫生间时要注意：

（1）带浴缸的卫生间净宽度不得小于 1.6 米，如为淋浴则净宽度不得小于 1.2 米；

（2）对着起居室的卫生间应设前室，将洗衣机放在前室内；

（3）卫生间的大小与整幢户型的面积标准相协调；忌空间过于狭窄，影响洗浴功能。

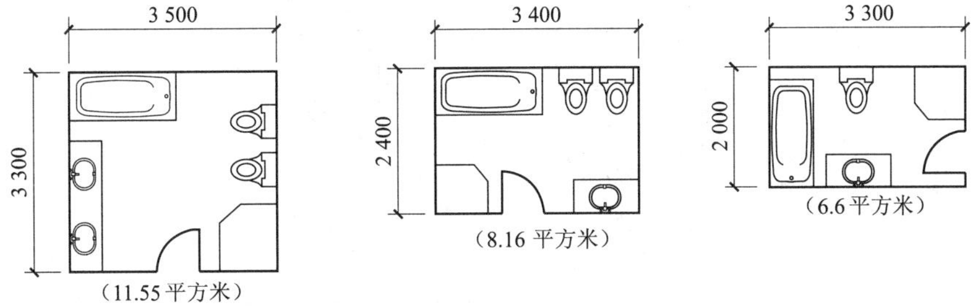

图 3-9　主卫生间布局（单位：mm）

当前家庭装修中对卫生间的要求越来越高，美观实用、功能齐全的卫生间逐渐成为家庭的新宠。卫生间已由最早的一套住宅配置一个卫生间——单卫生间，演变到现在的双卫生间（主卫生间、次卫生间）和多卫生间（主卫生间、次卫生间、公用卫生间）。

家庭装修中卫生间的设计基本上以方便、安全、易于清洗及美观得体为主。就使用功能而言，次卫生间是为满足来访者和其他家庭成员的使用所设置的卫生间，主卫生间是供户主使用的私人卫生间。

（一）主卫生间

主卫生间一般是设置在主卧室内的，它的性质是私人的，仅供主人使用，在设计上尤其要注意主人的爱好和习惯。主卫生间的面积一般都比次卫生间的面积大，应该将区域划分成干湿区，除了设置浴缸、坐便器、洗脸盆外，条件允许的话，还可考虑放入梳妆镜台，或和洗漱台盆配套，或划分出一个梳妆的空间，它的色彩、材质、布局可按照主卧室的风格来做参考，应该做到风格独特、个性鲜明。

主卫生间带给大家很多方便。如果选择时是明卫，因为有了窗户，卫生间的通风问题就解决了；同时卫生间的门要尽量开在侧面，不要正对着卧室内的床。

如果你拥有一间宽敞的主卫生间，你就可以按自己的喜好来设计，可以在其中设置由整面玻璃墙辉映的豪华浴缸，富有朦胧诗意的灯光，舒畅怡人的绿意装饰及舒适悠闲的摇椅等各类设施，也可以将浴室、更衣化妆室、瘦身健美室都融入卫生间内，来个多功能设计，为瘦身健身带来方便，也为享受健康生活提供一个良好的空间。

（二）次卫生间

次卫生间通常设置在客厅边上。它的性质是公共的，不必太大，面积 3～6 平方米即可，是为客人提供服务的，重视私密性，装饰上不必豪华。一般来说，在功能上为了使用卫生和容易清理，次卫生间可以设置一般恭桶（或者蹲式大便器），安装淋浴房、洗手盘（柱盆也行）即可；如面积允许，还可以将洗衣机放里边。

小看板

次卫生间的布局有多种，如图 3-10 所示。

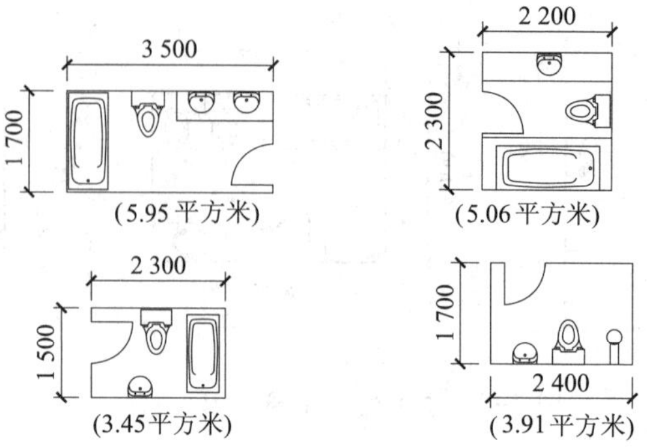

图 3-10　次卫生间布局（单位：mm）

六、储藏间的设计

随着人们生活水平的提高，物质方面的需求也越来越丰富，因此，家庭中的储藏空间也越来越受重视。储藏室一般用于储藏日用品、衣物、棉被、箱子、杂物等物品，在屋内如若空间允许，一定要设计出一个储藏室来。储藏室面积一般不大，小的储藏室（实际为储藏壁柜）合理面积约为 1.5~2 平方米即可，位置灵活，为主要使用功能让位，不需要采光通风，一般放在灰区内即可。

为了增加储藏量，面积大一些的储藏室一般设计“U”型或“L”型柜，根据面积大小可设计成进人和不进人的式样。设计储藏室应根据主人的实际需要而定，储藏的物品将是决定储藏室内分隔的关键，储藏衣物的壁柜应按衣物尺寸设计。如：一般大衣的尺寸长为 1.35 米左右，而衬衫、短衣的尺寸长为 0.90 米左右，长裤在 1 米左右，鞋子宽为 0.3 米左右。

储藏室要尽可能地提供悬挂衣服的空间，既有利于衣服的收藏，又可以随时穿着，免去穿前整烫的烦恼。杂物储藏室还需考虑空气疏通，避免在潮湿季节，杂物发生虫蛀、发霉现象，让人伤神。因此，可以把门设计成百叶格状，这样既保持空气通透，又节省空间。

储藏室的墙面要保持干净，不至于弄脏贮放的衣物。柜顶可装节能灯，增加照明度，减少潮湿性。地面可铺地板或地毯，保持储藏空间干净、不易起尘。储藏室一般用于储藏日用品、衣物、棉被、箱子、杂物等物品，面积为 2~3 平方米。

七、衣帽间

如果要穿得光鲜靓丽出门，除了要有一身好衣服之外，还要有一间规划完善的更衣空间，可以收、可以放，更可以让你以最快的速度漂漂亮亮地展示自己。现今，新户型的房间基本都为住户预留了一个储藏室，如何利用这块空间呢？家具设计师建议是，将此定做成更衣间。依赖设计定做的优势，依据面积大小（如小于 2 平方米，人进不去就只能作罢）规划出一个可充分利用的更衣间（衣帽间），既能将衣物收藏，又能起到美化的功用。

（一）衣帽间的类型

1. 开放式

开放式衣帽间适合希望在一个大空间内解决所有功能的年轻人。

优点：利用一面空墙存放，不完全封闭；空气流通好，空间宽敞。

缺点：防尘差，因此防尘是此类衣帽间的重点注意事项，可采用防尘罩悬挂衣服、用盒子来叠放衣物等措施来防尘。

2. 独立式

独立式衣帽间对住宅面积要求较高。方形独立式衣帽间面积大约为 3 平方米，特点是防尘好、储存空间完整，并提供充裕的更衣空间，注意衣帽间内要有照明设置。

3. 嵌入式

嵌入式衣帽间比较节约面积，易于清洁。面积在 4 平方米以上的空间，就可以依据这个空间形状，制作几组衣柜门和内部间隔面积大的空间，主卧室与卫浴室之间以衣帽间相连较佳。宽敞卫浴间的家居则可利用入口做一排衣柜，设置大面积穿衣镜延伸视觉。拥有夹层布局的，可利用夹层以走廊梯位做一个简单的衣帽间，衣帽间面积不必很大，可以利用搁板、抽屉等存放大量衣物。

（二）衣帽间的内部形式

1. “一”字型衣帽间

“一”字型——适用于门厅过道、壁橱或卧室及相关的平面位置。衣柜一直是直线靠墙排列，在面积不大、不能容纳其他形式时通常采用这种设计。由于空间不大，组合都比较简单。

2. “L”型衣帽间

“L”型衣帽间，从墙角双向展开成“L”形。这种配置比较经济，是衣帽间布局中最节省空间的设计，可以体会到“小空间、大衣帽间”的内涵。在深度不是非常充分的情形之下，以“L”型的柜体设计为佳，这样就可拥有最宽广的视觉效果及收纳性。因此，“L”型适用于墙角或窄小的房间。

“L”型衣帽间又被称为三角形衣帽间，不过要避免“L”的一边过长，以免降低收储效率。

3. “U”型衣帽间

面积较大的正方形更衣间，“U”型的衣柜设计最可选，完全贴合壁面，并且充分利用两个转角空间，达到最大面积的收藏衣物的效果。可以在开放式衣柜或是封闭式衣柜中任意选择，集储衣和更衣功能于一体。“U”型衣柜设计的面积应该比步入式小。

4. 步入式衣帽间

步入式衣帽间是家居环境中独立成间的，因此具有封闭性的优点。其面积不小于一个卫生间，集储物、收纳、换衣等多种功能于一体，营造出一种井然有序的家居环境。步入式衣帽间更符合人性化和个性化的居室需求，是情调与实用并重的空间布局，还可以加入梳妆台，融化妆与换衣于一体，会更加合人心意。因此，越来越多的家庭接受并渴望拥有一个衣帽间，不一定是大户型、大空间才能设计出步入式衣帽间，只要对空间进行合理的利用和分配，一般居室户型（一般需 90 平方米以上，且要设计巧妙）也可以拥有。

整体衣帽间的产生让我们有了足够的储衣、更衣空间，通过数个新概念的衣柜围合而成一个立体空间。虽然生活在现代快节奏里，但从容不乱的配衣过程以及独立宽裕的试衣空间使我们的生活更舒适。

八、阳台

阳台是居住者接受光照，吸收新鲜空气，进行户外锻炼、观赏、纳凉、晾晒衣物等活动的场所。阳台一般有悬挑式、嵌入式和转角式三类，而随着居住品质的提高，人们对居室的细部设计理念更加追求舒适、安全、实用，原本以晾晒、洗衣和收储为主的传统意义上的阳台，由开发商、建筑师、设计师别出心裁地变脸成观景台、阳光室、健身房、储藏室、阳光书房等功能多样、空间变化丰富灵活的新一代阳台，使阳台设计无论从建筑立面、阳台外形，还是使用功能上，都令人耳目一新，有一种别样的味道。

（一）传统功能划分法：生活、服务两不误

阳台可以从使用功能、建筑立面以及表现形式等方面进行分类，其中不乏一些别具特色的新式阳台。从使用功能上，阳台可以划分为生活阳台和服务阳台，在房屋进深的两端。生活阳台一般（多在阳面）供人们休闲、赏景、晾晒衣物、养花种草等，多与起居室相连，面积不应低于 2.5 平方米；服务阳台（多在阴面）可兼具洗晾衣、储藏等功能。

阴面服务阳台设计最好与厨房相连，可以成为厨房用品的御用大仓库，冬天更可以储存水果、食物等物品。不少面积较小的户型把与厨房相连的服务阳台当作炒菜操作间使用，区分了油烟区与无油烟区，也使原本窄小的厨房空间不那么拥挤，服务阳台的使用面积不应低于 1.5 平方米。一个家庭最好兼有一个服务阳台和一个生活阳台。

（二）建筑立面划分法：有凸也有凹

1. 外凸式阳台

从建筑外立面和阳台的外形来看，最常见的形式是凸阳台，也就是以向外伸出的悬挑板、悬挑梁板作为阳台的地面，再由各式各样的围板、围栏组成一个半室外空间。空间比较独立，能够灵活布局；在计算住宅的建筑面积时，如果阳台没有封起来，那就只计算一半面积，省下了几个平方米的房价。

2. 凹阳台

凹阳台是指占用住宅套内面积的半开敞式建筑空间，比较常见。与凸阳台相比，凹阳台无论从建筑本身还是人的感觉上都更显得牢固可靠，安全系数可能会大一些；当然，没有了转角、直角等处外凸的采光，景观、视野上会窄一些。

当凹阳台的对外敞开面宽度（阳台宽度）小于 2.0 米时，其凹入深度（进深）不应超过 2.0 米；当其对外敞开面宽度大于或等于 2.0 米且小于 5.0 米时，其凹入深度不应超过 2.5 米；当其对外敞开面宽度大于或等于 5.0 米时，其凹入深度不应超过 3.0

米。否则，无论上盖高度如何，阳台进深超过允许值以内的部分均视为内廊，一律计入全部建筑面积。深圳中信红树湾就出现了大气浩然的空中庭院、空中院馆的户型。

3. 半凸半凹式阳台

半凸半凹式阳台是指阳台的一部分悬在外面，另一部分占用室内空间，它集凸、凹两类阳台的优点于一身，阳台的进深与宽度都达到了足够多的量，使用、布局更加灵活自如，空间显得有所变化。一些阳光房（下述）就是这样的典型设计，即利用了外凸的采光，又借用了内凹的进深，形成休闲的阳光房空间。

4. 异形阳台划分法：形状功能有创新

转角（方形或弧状）阳台位于建筑体的特殊部位，如今的楼盘在设计中越来越多地运用了这种阳台形式，主要是为了建筑立面设计的需要，再就是视野上的开阔给人带来的一种全新阳台的感受。而这种大视角阳台运用于住宅设计中，就立刻吸引了买房人的眼光，如开发商不断推出特色转角阳台，180°、270°转角的观景阳台，落地窗观景台等，还有主卧室外接180°转角阳台和封闭保温观景落地窗阳台。

九、阳光房

它的建筑立面甚至包括顶部，全部为玻璃结构。由于房间要采光通风，而且要有很好的密封效果，阳光房立面、顶部大部分由可开启的门窗组合而成，门窗质量的优劣决定着阳光房构建的成败，好的阳光房要设计新颖、选材严格。

小看板

所谓阳光房是对别墅、复式楼寓露台等高档居住空间的二度创作，阳光房俗称玻璃房，阳光房可以搭建在复式楼的露台、一楼的私人花园、楼宇的顶层、私人别墅等地。

十、健身房

健身房一般是高档住宅的附加产品。顶层或地下室是最理想的构造空间，因为顶层一般隔热防水要求高，且屋顶会有不规则的角度，所以健身房不宜放在顶层；而地下室的采光不足，地面可以承受重物和设备，适于做休闲场所。10平方米左右的面积是较理想的家庭健身房布局，家庭条件允许的情况下空间面积更大一些当然更舒适。健身房须尽可能地保留大部分的伸展面积，确保当做伸展运动的时候，不会碰到任何运动器材。

十一、车库及工人房

车库及工人房也属于高档住宅的附加产品。车库的标准尺寸至少要开间3米，进深6.6米。看房的同时，当然得看车位或车库。车库里有两个车位还是只有一个？或者是只有车位、没有车库？如果有车库，从车库里是不是可以直接进到房间？这样买了大包、小包东西回来时，就不必一趟趟地非得从前门搬回去了。

选择豪宅房型时要配置工人房，最好有单独出入口，通过工人房直接进入厨房，避免对主人活动空间的干扰。

思考与训练

思考题

1. 入户门和玄关的部位设计如何体现功能与美感的结合？
2. 什么样的房子适合开放式厨房？
3. 主卧中的衣帽间多大平方米合适？
4. 如何有效利用阳台？
5. 房型中的动与静部分如何减少冲突、增加和谐？
6. 如何增加小户型的储物空间？

模块四　住宅销售

引　言

住宅是与人们生活息息相关的话题，适合人们居住的住宅有不同的类型，它们的形态、大小、地段及价格都各不相同，因此其针对的目标客户也有很大差别。房地产销售人员应熟悉各种类型住宅的特征及目标客户的需求，灵活运用销售技巧从而达到成功销售的目的。

学习任务

◇ 了解现房和期房销售的原则和销售要点。

◇ 掌握样板间接待礼仪与技巧，并学会适应不同目标客户类型与需求。

◇ 熟练运用住宅的销售技巧进行模拟销售。

◇ 能分析酒店式公寓的特征，辨别目标客户类型。

◇ 熟练运用酒店式公寓的技巧进行模拟销售。

◇ 对别墅的特征与目标客户群有较准确的把握，能熟练运用别墅的推介重点和推介技巧进行模拟销售，同时能对别墅的新型销售方式灵活运用。

案例导入

传统的房地产推销员很像一个被困在一片沼泽地中饿了三天的人，他手里只有一根渔竿和一张渔网，然后他拼命地下钓撒网。他并不知道水塘里有没有鱼、有什么样的鱼，他只相信“有志者事竟成”，说不定有一条饿鱼碰巧被他撞上。对他来说，推销只是一种体力活动。现代房地产企业销售员并不是这样，他很像在一个鱼塘里钓鱼的人，他很清楚鱼塘里有什么鱼、吃什么饵、什么时间吃饵，然后他在合适的时间用合适的鱼饵钓上他们要钓的鱼。对他来说，房地产项目的销售是一种有规则的游戏，他越是深刻领悟这种规则，也就越能体验游戏的快乐，胜券在握，业绩远远超过其他的推销员，并且能时刻感受到推销员生涯的挑战与快乐。

思考题：作为一名房地产销售员应把握哪些销售规则与技巧呢？

任务一　认识住宅与住宅小区

住宅就是供人居住的房子。人在任何房子里都可居住，但并不是所有的房子都可称为住宅。可供人们居住的房子，应当具备可供人们生活起居的功能和设施，如卧室、起居室、餐厅、卫生间、厨房、采光的窗户等；那些不具备居住用途的房子，如办公室、商店、厂房等，一般不具备这些功能设施，这是划分住宅与非住宅的一个根本标志。人们为自身生活起居设计、建造住宅也经历了一个从无到有的过程，最初的树洞、岩穴只是为我们的祖先提供了天然的栖身之地；随着人类的进化和劳动本领的增强，人们逐步意识到要通过劳动来创造和改变自身的居住条件，于是通过人工的劳动与大自然提供的资源相结合，才形成我们今天定义的住宅。因此，住宅应是人工建造而不是自然形成的。人类不断地建造和完善住宅及其各项功能，住宅作为人类劳动的结晶，反过来又为人类的生存、享受和发展提供必备的条件。

一、住宅类型

（一）按照住宅层数分类

按照住宅层数可将住宅分为：低层住宅（含庭园式住宅）、多层住宅和高层住宅（含超高层住宅）。

如何确定住宅高度，国内外并不统一。一般来说，1～3层称为低层住宅，4～6层称为多层住宅，但根据我国制订的《高层民用建筑设计防火规范》，10层以下或楼高低于24米都称作多层住宅，超过这一高度为高层住宅。至于超高层住宅，一般应达到25层以上，楼体高度达到100米以上。

1. 低层住宅

低层住宅一般指1～3层的住宅，与较低的城市人口密度相适应，多存在于城市郊区和小城镇。

小看板

低层住宅的优劣势

低底层住宅的优点是：

1. 居住行为方面，住户接近自然；
2. 居住心理方面，容易产生亲切感，回归、归属、领地感较强；
3. 整体环境上，与自然环境协调性较好，尤其是与特殊地形协调具有优势；
4. 结构上，自重较轻，利于地基处理和结构设计；施工简单；土建造价低，便于发展。

低层住宅的缺点是：

1. 密度低，不利于节约用地；
2. 相对多、高层建筑而言，顶层、底层占比例大，处理费用所占比例高；
3. 对城市来说，增加了公用设施建设量，但利用率不高。

2. 多层住宅

多层住宅指高于 10 米、不高于 24 米的建筑物。多层房屋一般为 4~6 层，一般采用砖混结构，少数采用钢筋混凝土结构。多层房屋一般规格（房型）整齐，通风采光状况好，空间紧凑而不闭塞。与高层相比，多层房屋公用分摊面积少，出房率相应提高，这是很多人喜欢多层房屋的主要原因。

3. 高层住宅

高层住宅是城市化、工业现代化的产物，按它的外部体形可分为塔式、板式和墙式；按它的内部空间组合可分为单元式和走廊式。高层住宅一般设有电梯作为垂直交通工具，为此国家还明确规定：12 层及 12 层以上的高层住宅，每幢楼设置电梯不少于两部。高层住宅的优点是可以节约土地，增加住房和居住人口。建造和使用高层住宅也有不足之处，如投资大，高层建筑的钢材和混凝土消耗量都高于多层建筑，加上要配置电梯、高压水泵，增加公共走道和门窗，一次性投入很大；另外使用后，还要为电梯、泵站修缮养护付出一笔经常性费用等。

议一议：观察一下高层住宅的各种建筑形式，大家讨论一下各种形式的外观特点与该形式的优缺点。

小看板

板式高层与塔楼的区别

我们目前常说的“板式小高层”是指由多个住宅单元组合而成，每单元均设有楼梯、电梯的小高层住宅，目前大多在 9~12 层。“塔楼”主要是指以共用楼梯、电梯为核心，布置多套住房的高层住宅。通俗地说，塔楼以电梯、楼梯为布局核心，每层户数可以多一些，上到楼层之后，向四面走可以直接进入户内；而板楼由许多单元组成，每个单元用自己单独的楼梯、电梯，每层交通合一般 2~3 户共用。但从其外观上看，不一定都呈“一”字形，也可以是拐角、围合等形状。

（二）按住宅的结构形式分

按住宅的结构形式分，住宅可以分为框架结构住宅与砖混结构住宅，前者造价一般高于后者。

1. 砖混住宅

砖混结构住宅中的“砖”，是指一种统一尺寸的建筑材料，也有其他尺寸的异型黏土砖如空心砖等。“混”是指由钢筋、水泥、砂石和水按一定比例配制的钢筋混凝土配件，包括楼板、过梁、楼梯、阳台、挑檐等，这些配件与砖做的承重墙相结合，称为砖混结构住宅。由于抗震的要求，砖混住宅一般在 5~6 层。

砖混结构住宅，采用板—（梁）—砖墙承重，钢筋混凝土砖结构体系。

2. 框架结构住宅

框架结构住宅是指以钢筋混凝土浇筑成承重梁柱，再用预制的加气混凝土、膨胀珍珠岩、浮石、蛭石、陶粒等轻质板材隔墙分户装配而成的住宅，其采用板—（梁）—柱框架承重，钢筋混凝土框架结构体系。

（三）按照住宅的用途和功能分类

按照住宅的用途和功能分类可分为：别墅式住宅（庭园式住宅）、公寓式住宅等。

1. 花园式住宅

花园式住宅也叫西式洋房或小洋楼，也称花园别墅。一般都是带有花园草坪和车库的独院式平房或二、三层小楼，建筑密度很低，内部居住功能完备，装修豪华并富有变化，住宅水、电、暖气一应俱全，户外道路、通信、购物、绿化也都有较高的标准。

2. 公寓式住宅

公寓式住宅是相对于独院独户的西式别墅住宅而言的。公寓式住宅一般建在大城市，大多数是高层大楼，标准较高，每一层内有若干单户使用的套房，包括卧室、起居室、客厅、浴室、厕所、厨房、阳台等，还有一部分附设于旅馆酒店内，供常常往来的中外客商及家眷中短期租用。

二、住宅小区

（一）住宅区的类型与规模

1. 居住区

居住区是一个城市住房集中，并设有一定数量及相应规模的公共服务设施和公用设施的地区，是一个在一定地域范围内为居民提供居住、休息和日常生活服务的社区。它由若干个居住小区或若干个居住社团组成，规模一般：人口为 3 万~5 万人，户数为 1 万~1.5 万户，用地为 50~100 公顷。

2. 居住小区

居住小区是指由城市道路或自然界限（如河流等）划分的，具有一定规模，并不为城市交通干道所穿越的完整地段。小区内设有整套满足居民日常生活需要的基础服务设施和公共绿地，它由若干居住组团组成，是构成居民区的一个单位，规模一般：人口为 7 000~15 000 人，户数为 2 000~4 000 户，用地为 10~35 公顷。

3. 居住组团

居住组团是指由若干栋住宅组合而成，不被小区道路所穿越的地块。内设为居民服务的最基本的管理服务设施和庭院，它是构成居住小区的基本单位，规模一般：人口为 1 000~3 000 人，户数为 300~700 户，用地为 4~6 公顷。

（二）居住密度

居住密度是关于住宅区环境质量的重要指标之一，是指单位用地面积上居民和住宅的密集程度，是一个包含了人口密度、建筑密度等指标的综合概念。居住密度的高低取决于土地的价值和土地资源的状况、生活环境质量的定位以及对城市型生活氛围的营造。一般而言，越接近城市中心的住宅区，其居住密度越高；土地资源越紧张的城市其居住密度越高；环境质量标准越高的住宅区，其局部居住密度应较小。

想一想：居住密度是受哪些因素影响的？

（三）设施布局

1. 公共服务设施用地

公共服务设施用地一般称公建用地，是与居住人口规模相对应配建的，为居民服务和使用的各类配套设施的用地，包括建筑基底占地及其所属场院、绿地和配建停车场等。另外，商业类公建包括超市、商场等，福利类公建包括幼儿园、学校、医院等。

2. 智能化住宅

根据建设部全国住宅小区智能化系统示范工程要求，智能化住宅要达到安全防范、信息管理和信息网络覆盖的要求，也即智能化住宅是将各种家庭自动化设备、计算机及其网络系统与建筑技术和艺术有机结合的产物，从而实现住户可以在任何时间任何地点进行家庭遥控管理，或与外界进行联系的住宅。

智能小区由众多智能楼宇组成，其旨在通过高度集成的通信和计算机网络，把社区的保安、物业、服务及公共设施连接起来，实现智能化和最优化管理，使小区内居民可以 24 小时与社区医院、学校、超市、娱乐场所等处联络。

3. 户型比

户型比是指各种户型在总户数中所占百分比，反映到住宅设计上，就是体现在一定数量住宅建筑中，各种不同套型住宅占住宅总套数的比重，如一栋住宅楼中，小套（或一室户）占 25%，中套（二室户）占 47%，大套（三室或四室户）占 28%。

任务二　了解住宅销售流程与发展趋势

一、住宅销售一般流程

（一）寻找客户

要想把房子销售出去，首先要寻找到有效的客户。客户的来源有许多渠道，如咨询电话、房地产展会、现场接待、促销活动、上门拜访、朋友介绍等。

客户大多通过开发商在报纸、电视等媒体上的广告信息打来电话，或是在房展会上、促销活动中得到项目的资料，如果感觉符合自己的要求，则会抽出时间亲自到项目现场售楼处参观，或是通过朋友介绍而来。一般而言，打来电话的客户只是想对项目有一个初步的了解，如果感兴趣，才会来现场参观；而通过朋友介绍来的客户，则是对项目已经有了较多的了解，并基本符合自己的要求，购房意向性较强。

小看板

房地产销售员开发客户的七个方法

在房地产销售过程中，开发潜在客户是一件不容易的事情，挖掘有效的目标客户更是十分重要的。那么作为一名售楼员，该如何去开发客户呢？

1. 权威介绍法：充分利用人们对各种行业权威的崇拜心理，有针对性地邀请权威人士向相应的人员介绍商品、吸引顾客。

2. 展销会：集中展示模型、样板，联络双方感情、抓住重点，根据需求意向，有针对性地追踪、推销。

3. 组织关系网络：善于利用各种关系，争取利用它们自身优势和有效渠道，协助寻找顾客。

4. 滚雪球法：利用老客户及其关系，通过他的宣传，不断寻找和争取新顾客，层层扩展，像滚雪球一样，使顾客队伍不断扩大。

5. 交叉合作法：不同行业的推销员都具有人面广、市场信息灵的优势，售楼员可利用这一点加强相互间的信息、情报的交换，互相推荐和介绍顾客。

6. 重点访问法：对现有的顾客，有重点地适当选择一部分直接上门拜访或约谈，开展推销"攻势"。

7. 宣传广告法：通过广告方式广而告之，然后坐等上门，展开推销。

（二）接听热线电话

接听电话必须态度和蔼、语音亲切。一般先主动问候："××花园或公寓，你好"，而后再开始交谈。通常，客户在电话中会问及价格、地点、面积、格局、进度、贷款等方面的问题，销售人员应扬长避短，在回答中将产品的卖点巧妙地融入。在与客户交谈中，设法取得我们想要的资讯：客户的姓名、地址、联系电话等个人背景情况的资讯；客户能够接受的价格、面积、格局等对产品的具体要求的资讯等，其中与客户联系方式的确定最为重要。

挂电话之前应报出业务员自己的姓名（有可能的话可给客户留下业务员自己的手机号、呼机号，以便客户随时咨询），并再次表达希望客户来售楼处看房的愿望。马上将所得资讯记录在客户来电表上，最好的做法是直接约请客户来现场看房。

（三）现场接待

现场接待作为销售环节中最为重要的一环，尤其应引起销售人员的重视。前期所有的工作都是为了客户上门做准备。

1. 迎接客户

客户进门，每一个看见的销售人员都应主动招呼"欢迎光临"，提醒其他销售人员注意。销售人员立即上前，热情接待，帮助客户收拾雨具、放置衣帽等。通过随口招呼，区别客户动意（属购房、参观、社调等），了解客户来自的区域和接受的媒体（从何媒体了解到本楼盘的）。询问客户是否与其他业务员联系过，如果是其他业务员的客户，请客户稍等，由该业务员接待；如果不是其他业务员的客户或该业务员不在，应热情为客户做介绍。

议一议：现场接待的礼仪应注意哪些方面？

2. 介绍项目

礼貌的寒暄之后，可配合沙盘模型等做简单的项目讲解（如朝向、户型、楼高、配套、周边环境等），使客户对项目形成一个大致的概念。

议一议： 介绍项目一般需要销售说辞，你能结合一个项目，拟写一份销售说辞吗？内容包括项目坐落位置、周边配套、项目内建筑特点、户型特点、项目内环境设计等。

（四）带看现场

在售楼处做完基本介绍，并参观样板间后，应带领客户参观项目现场。

（1）准备好安全帽、销售用具、纸、笔和卷尺。随身携带房型资料，可给客户更为直观的感受。

（2）要清楚从售楼处到工地的路线。选择避免或转化产品不利因素的带看路线，为客户选择安全、易走的线路。并不时提醒客户注意安全、戴好安全帽，一方面可以拉近与客户的关系，另一方面也有减少危险发生的作用。

（3）要确切了解工程的电梯运行时间。

（4）记录每套户型号和不足的地方（好的地方加以归纳、总结，不足的地方要考虑用何种说词加以弥补）。

（5）记录自己看不懂的地方，并找人加以解答。

（6）根据楼层、朝向、位置的不同，选择具有代表性的户型进行实地比较。

（7）选择不同的时间段（如早、中、晚）去感受不同的细节。

（8）要和工地的施工人员友好相处，特别是门卫和开电梯的工人。

（9）要知道每间房的面积、走道的宽度和室内的高度。

（五）谈判

1. 初步洽谈

样板间及现场参观完毕后，可引导客户到谈判区进行初步洽谈。引导客户在销售桌前入座，给其项目资料，并对项目的价格及付款方式做介绍。在客户未主动表示时，应该立刻主动地选择一种户型做试探性介绍。根据客户所喜欢的单元，在肯定的基础上，做更详尽的说明。根据客户要求，算出其满意的楼层单元的价格、首付款、月均还款及各种相关手续费用。针对客户的疑惑点进行相关解释，帮助其逐一克服购买障碍。适时制造现场气氛，强化其购买欲望。在客户对产品有 70% 的认可度的基础上，设法说服他下定金购买。

小看板

房地产销售谈判中对客户诉求点的把握

以投资为主要诉求点：

销售员：××先生！这地段在十年前每平方米的价格是××元，现在已经涨到每平方米××元，上季度受调控影响稍有回落，但附近地铁要开通了，还有增值空间。所以您应该把握住这次投资的机会，这比信托及股票的投资可靠多了。

以健康及教育效果为主要诉求点：

销售员：的确，如果您想要前往闹市区是有点不方便，但这里的空气非常新鲜，住在这里的人都说这儿的空气比都市的空气要干净得多，所以外出、用餐等都会比较安心，总之对身体健康的助益很大。同时这里距离小学、中学都很近，附近还有许多树林和田野，所以我认为对小孩子的身心成长与健康都有很大的好处。

以社会地位、威信及展现人生价值为主要诉求点：

销售员：价格虽然上涨了不少，但这间房子的大小、装潢都非常适合您的身份、地位，不少有成就、名望的人都是我们的客户了，这个社交圈子很适合您，而且我认为这庭院的面积及考究的布置一定能符合您及家人的品位，您认为如何呢？

销售员如果能够熟练运用上述的诸多商谈要点来开启与客户的契合点，则销售工作一定能够进行得较为有成效。这里需要我们牢记的是，销售员应配合对方对房屋的需求来进行销售活动。

2. 暂未成交

如果暂时没有成交，可以将销售海报等资料备齐一份给客户，让其仔细考虑或代为传播。再次告诉客户联系方式和联系电话，承诺为其做义务购房咨询，对有意的客户再次约定看房时间，送客至大门外或电梯间。

练一练：同学之间进行角色扮演，一人扮演客户，一人扮演售楼员。要求在角色扮演中售楼员结合客户的需求、购买能力、客户职业及身份特征等，为客户推荐合适的户型，并进行谈判演练。

（六）客户追踪

不同情况下的客户追踪：

1. 来电但仍未到过现场的客户

追踪时间一般在客户来电后的2~3天，或者客户来电约到现场的前一两天，来电当周的周五下午进行追踪也是不错的选择。

首先让他回忆起曾打过电话询问本楼盘的情况，然后向他再次介绍产品，并向其反映楼盘热销的情况，约其到现场来参观，在电话中向客户说明到现场的路线和方式，注意在约时间时尽量帮他选定时间。如：“您看这个周末您有空就过来参观一下吧！”“那就星期六下午3点左右我在这边等您”等。

此类追踪需要达到的目的是力邀客户到现场参观，并争取让客户记住自己（业务员）的姓名。

议一议：你可以用哪些理由调动客户来售楼现场参观呢？

2. 到现场来过但未小定的客户

追踪时间是当天以及到现场后的 3~5 天，或来现场后的第二周。要先了解他来后对产品的感觉，可针对上次现场接待过程中客户感兴趣的问题做进一步的探讨，同时进一步加强产品卖点介绍。了解他在最近一段时间内有无看过其他楼盘，并进行比较，帮其分析市场。向其反映最近本案热销的情况，动员其带家人、朋友再次到现场，帮其做决定。

此类追踪达到的目的是约定客户再次到现场的兴趣并约定时间，让其感觉到现场热销的气氛。

小看板

小定与大定的区别

由于房地产项目与其他产品不同，其唯一性明显，因此当客户中意某一套物业时，为了保留住这一单位，往往需要向该项目楼盘销售方交纳一定金额作为定金。定金的数量可多可少，一般各房地产项目均有限定。但有时客户在没有充分资金准备时看中一套物业，且该物业的销售状况又非常火爆，销售人员可以建议客户交纳少量定金，如 500~5 000 元，即可保留住该物业不被其他客户抢购，交纳该笔小额定金即为小定，并要求客户在短期内如 1~3 天补足定金余额。而大定则是指欲购买物业的客户按照各房地产项目的要求交足既定金额的定金（1 万元以上），即可保留该套物业的购买权。

议一议：下定是销售中最重要的一环，也是考察售楼员技巧和能力的基本指标，在客户犹豫不决时，你可以用哪些技巧帮助他下定决心呢？

3. 小定补足追踪

追踪时间是小定次日。一般已经交小定的客户，对产品已是比较认可，而且是极有可能最终购买的客户，诚意度较高；但仍在对产品进行分析，对市场进行比较，所以有一定的不稳定性。对于这样的客户，小定到补足的时间是最为关键的。在追踪过程中需注意其心理变化，尽可能地把一些不利于补足的问题及时解决。

约定补足时间也是非常重要的，一般为小定后的三天内，如客户有特殊原因也尽可能越短越好，以免节外生枝，力争在最短的时间内约客户到现场补足。

4. 大定签约追踪

追踪时间是签约前 2~3 天。这次追踪主要是确定签约时间，告知所需资料及付款金额。在本次追踪时注意除了约定签约时间外，更重要的是再次提醒客户签约所需资料及付款的金额。

此类追踪的目的是确定签约时间，提醒客户带齐签约资料。

案例

加一个鸡蛋还是两个鸡蛋

有位客户是第一次到项目来看房，销售员小李把整个项目的详细情况给他做了介绍，了解客户准备购买一套两房的住宅以后，便推荐了几套两房的户型给他。但可能是当时的楼层还有很多选择，经过一系列的详细交谈之后，小李除了知道客户非常有购买意向外，还了解到其在犹豫是否购买和买第几层的几号房。小李马上改变了询问客户的方法，大多销售员会问客户今天定还是不定，但当时小李却问今天交小定还是大定、现金还是刷卡，好向领导申请。因客户是第一次到访，需与家人商量，最终选择了交小定，并在第二天补足了定金。

小李的做法是受到一个故事的启发：有两家卖粥的小店，左边这个和右边那个每天的顾客相差不多，都是川流不息、人进人出。然而晚上结算的时候，左边这个总是比右边那个多出了百十元来，天天如此。有一天，一个人出于好奇，走进了右边那个粥店。服务小姐微笑着迎出来，盛好一碗粥，问："加不加鸡蛋？"客人说："不加。"于是只喝了一碗粥。每进来一个顾客，服务员都要问一句"加不加鸡蛋？"也有说加的也有说不加的，比例大概各占一半。第二天这个人又走进了左边那个小店，服务小姐同样微笑着把人迎进去，盛好一碗粥，问："加一个鸡蛋，还是加两个鸡蛋？"这个人在毫无思考的情况下，条件反射地说了一声："加一个。"再进来一个顾客，服务员又问一句："加一个鸡蛋还是加两个鸡蛋？"爱吃鸡蛋的就加两个，不爱吃的就要一个。一天下来，左边这个小店就要比右边那个多卖出很多个鸡蛋。

（七）签约

1. 收取定金

客户决定购买时，视具体情况收取客户的小定金或大定金，并告诉客户对买卖双方的行为约束。当客户对某套单元稍有兴趣或决定购买，但未带足资金时，鼓励客户支付小额定金（500元以上）是一个行之有效的办法，小定金金额不在于多，其主要目的是使客户牵挂所看中的楼盘。定金（大定金）为合约的一部分，若双方任何一方无故毁约都将按定金予以赔偿。定金收取金额的下限一般为一万元，上限为房屋总价款的2%～5%，目的是确保客户最终签约成交。定金保留日期一般以3～7天为限，超过期限，商家有权没收定金，所保留单元将自由介绍给其他客户。

详尽解释定单填写的各项条款和内容；收取定金时，请客户、经办销售人员、现场经理三方签名确认；填写完定单，将定单连同定金送交现场经理点收备案。将定单第一联（定户联）交客户收执，并告诉客户于补足或签约时将定单带来。确定定金补足日或签约日，并详细告诉客户各种注意事项和所需带齐的各类证件。

议一议：在哪些情况下，定金是可以返还的呢？

2. 签订合约

验对客户身份证原件，审核其购房资格；出示商品房预售示范合同文本，逐条解释合同的主要条款；与客户商讨并确定所有内容，在职权范围内做适当让步；签约成交，并按合同规定收取第一期房款，同时相应抵付定金。

（八）入住

客户凭入住通知书、身份证明、合同副本、交款证明等到物业公司办理入住手续——发展商向客户出具房屋质量检验合格书、验收项目说明（可选项）、房屋使用说明书等——客户补足房款总额——物业公司与客户签署物业管理公约——物业公司向客户提供物业管理收费标准——定租车位（可选项）——客户缴纳物业管理费（按物业公司要求季付或半年付，还有的物业公司引导客户趸交一年物业费，会有折扣）、公共维修基金、车位租金（可选项）、装修质押金（可选项）等——领取所购房屋钥匙。

二、住宅销售的发展趋势

市场竞争日益激烈，不断变化的房地产市场环境给众多房地产企业提出了严峻的挑战。为了适应市场环境的变化，一些房地产企业通过调整销售来应对种种挑战。

（一）从交易营销到关系营销

迄今为止，在房地产营销实践中，企业与顾客之间仍然维系着一种建立在生意之上的交易活动，企业关心的是每一次交易的利润最大化，每一笔交易都要对顾客锱铢必较，而交易完成后就将顾客扔掉，这种短期行为就是交易营销。然而，随着房地产市场竞争日趋激烈，企业有必要抛弃这种急功近利的做法，实施顾客关系营销，即企业与顾客之间的联系，由以交易为中心转向以关系为中心，从而努力与顾客保持长期、双向、维系不散的友好关系。

房地产交易营销与顾客关系营销相区别的要点在于：前者关注一次性交易，较少强调顾客服务，进行有限的顾客承诺和适度的顾客联系，产品质量只有生产部门才去关心；而顾客关系营销则关注保持与顾客的关系，高度重视顾客服务，履行高度的顾客承诺和顾客联系，同时企业的所有部门都来关心质量。因此房地产销售人员不再强调短期内一次性的房地产销售，而是看中客户长期的需求，希望能够向目标客户表明其有能力通过优质的服务更好地满足其需要，双方建立一种长期的合作关系，他们正在从关注现有客户转向关注为企业的明天创造价值的客户，传统的交易推销正在逐渐被关系推销所取代。

关系推销有两种形式。一种是房地产项目销售组织积极主动地与客户建立一种关系推销战略，长期保持与客户的关系。另一种是房产售出后，销售人员主动与客户联系，询问其对住房和服务是否满意、是否有其他亲朋好友对此项目有需求等。如客户不满意，企业会千方百计采取措施，尽量让客户满意。

案例

曾经的万科“万客会”

深圳万科企业在顾客关系营销上进行了富有成效的尝试，成立了顾客俱乐部性质的“万客会”。目的是为了与万科老客户或想了解万科的消费者交流沟通，倾听他们的声音；同时让客户了解和直接感受万科房产，使万科与客户进行长期有效的接触，从而更精准地掌控市场。这种做法现已取得较好的业绩：会员正以每天10~20人的速度递增，其中90%为非万科物业现业主的潜在消费者；同时，有20家家具、床上用品、装潢材料、灯饰等商家与“万客会”结盟；更令人惊羡的是，“万客会”在较短时间内，成功促销100余套住房，并让结盟商家大获其利。目前，“万客会”的地域空间已拓展到成都、沈阳等大中城市，它的会员不断增加，其中不少已成为万科的潜在客户。通过这些会员，万科成功促销了大量住房，建立了顾客忠诚度，用顾客宣传自己，真正实现了营销双赢。据万科调查，万科每个老业主会向6.28个客户推荐其产品和服务，并且成功率达20%。

（二）从关注销售量到关注销售效率

销售量指标对一个地产企业非常重要，销售人员和销售经理的评估标准通常是在一定时间内完成的销售量。但是，许多房地产企业发现销售人员和销售组织的销售效率并不一样，同样的销售量和销售额，有些销售就比其他销售能获得更多的盈利。因此，企业销售组织不再只关注“为销售而销售”，而是开始关注销售利润和销售效率。销售效率强调通过更有效率地做事，在成本水平一定的条件下能够完成更多的销售量。

案例

招商地产租赁业务客户关系管理系统（CRM）

从客户信息收集到来访客户和意向客户管理，再到租赁客户管理，招商地产一直是房地产CRM实践的探索者和领跑者，会员关系管理也将在深圳以外的项目中实施。招商地产的CRM的实施能够让销售人员把笔记本丢掉，在销售过程中实现无纸化。另外客户资源能够得到循环利用，避免了由于销售员的流失而导致客户流失的状况，可以在楼盘再开发时循环利用客户资源，节省了营销成本。CRM的实施也提高了销售人员的销售效率，系统会告诉销售人员在哪一个环节出现问题、要重点去改进哪个阶段，保持适度的沟通。另外系统改善和提升了售后服务质量，客户满意度提高后，销售也会随之提高。在招商地产楼盘销售调查中发现，CRM系统客户成交效率比外来的、广告拉来的客户要高一倍以上。

（三）从自行销售、点子策划、精英操盘阶段步入专业团队阶段

房地产营销在十余年的发展中，可以划分为四个明显的发展阶段：第一阶段，20

世纪90年代末期至21世纪初期的自然销售阶段，没有鲜明的营销理念和战略组合，只安排售楼员接待和签合同，房子很容易就能销售出去。第二阶段，点子策划人阶段，一个点子或一个营销概念就能引起市场的轰动，如："我们卖的不是钢筋水泥，而是一种生活方式！"或"做一个模型，救活一个楼盘。"等。第三阶段，精英操盘手阶段，凭操盘手个人的专业水准来推动楼盘营销，走的是个人英雄主义路线。第四阶段，专业团队阶段，靠专业团队的集体力量来推动项目的营销，这是目前房地产营销的主流。专业团队是指由策划师、销售管理、市场调研、广告整合推广甚至是建筑设计等专业成员构成的团队，能最大限度地保障项目高标准、高效率的运行。

专业团队在项目操作中，地产开发企业和消费者对其都有严格的要求。地产开发商对专业营销团队的要求主要有：专业知识技能，包括对市场的理性分析和准确判断、科学的差异化的营销策略、承担项目运营责任的能力及实现开发商的利益最大化并实现品牌提升的能力。消费者对专业营销团队的要求：首先是诚信，对项目本身的实际情况给出充分的介绍，包括项目的优缺点；其次是遵守承诺；最后是客户的满意度，必须建立在完善的售后服务上。有专家称，目前，专业营销团队已经成为房地产营销市场的主流，并在市场的规范化、标准化发展中发挥着越来越重要的作用。

议一议：你知道哪些楼盘的销售是采用开发商外包给专业销售公司做的？这样做对开发商有什么好处？有什么不足？

案例

销售外包

一些专业公司都会采取"销售外包"方式。万科曾对此的解释十分简单：专业的人做专业的事，代理销售公司在营销方面是非常专业的，而房地产企业则应专注于自己的产品。万科作为全国知名的房地产品牌企业之一，也采取将销售外包的做法，一方面预示了营销代理将成为一种趋势，而另一方面也表明了万科欲"轻装上阵"的想法。万科制定的"和合作伙伴共同成长"的战略之一就是将销售外包出去。事实上，房地产公司将销售外包，更深层次上说明了中国房地产已经从开始的"淘金时代"转向一个成熟的阶段。营销代理公司的特点就是专业，尤其是这些公司拥有较强的市场分析判断能力和强大的市场调研部门。如上海某著名营销代理机构曾投入巨资建设了一个巨大的城市数据库，一个城市中每年所有的项目，项目所有的资料，甚至包括广告投放次数、投放内容，都有完整的记录。在国内一些大的房地产企业也认识到这一点，都有项目通过营销代理公司来代理销售，进行细节分化。可以预见的是，营销外包只是一个信号，中国的房地产市场，竞争将更加激烈，比智慧、拼实力、重细节的较量将成为市场未来竞争的焦点。

（四）从本地销售到全球销售

现在的市场是全球性的市场，过去认为房地产的产品由于其地域性极强的原因不会参与国际竞争，而如今有些房地产企业开始将产品的定位转向了国际市场和全球的客户。一个日益明显的变化趋势是一个全球化的销售组织在许多方面都要求高效率地与国际同行业者进行竞争，服务于来自不同国家和文化背景的客户，管理各种各样的销售团队。

案例

全球范围的房地产竞争开始了！

如今报个团到美国旅游，看看自己在美国留学的儿女，顺便考察美国的房地产市场，购买一处美国房产，将来在美国与儿女共同居住成为许多中国人的想法。他们纷纷加入旅行社组织的美国旅游购房团。同时，中国经济的率先复苏和发展，也引来了国外地产商的关注。一位房地产部门负责人说，在一次广州秋交会上，一家名为“美国海湾地产集团公司”的参展商，带来了100多套分布在美国各州的房子，涵盖了美国15家建筑商，这是广秋会历史上，第一次有美国地产公司卖“洋房”。而就在同年，澳洲中正房地产集团也在北京中国大饭店举行大型澳洲房地产信息说明会，吸引了不少有意在澳大利亚购置房产的中国富裕家庭。这表明近年来，中国人在海外购买房产已成为一股新潮流。尤其在经历金融危机后，北美及欧洲一些国家经济衰退、市场萧条，丧失市场或市场价大大下跌的各国房产，成为中国不少有钱人眼中极具诱惑力的购买对象。据参加广秋会的美国地产公司管理人员介绍，他们带过来的都是美国主流建筑商建造的中高档新房，从价位来看，具有相当的吸引力。价位最低的美国西北部爱达荷一套95平方米的公寓，售价仅10.2万美元，折合人民币约70万元，均价为每平方米6 000多元人民币，这还不算赠送的约100多平方米的院子。他说，在北京或者上海，公寓的均价为每平方米3 500美元，土地使用期限为70年，而在洛杉矶最好的学区圣马丽艾诺，一栋独户房子每平方米约为2 600美元，并且拥有永久土地所有权。如像宾夕法尼亚的匹兹堡这样的中型城市，一栋四间卧室、两间卫生间、双车车库的独户住房，大约20万美元，仅为中国大都市市郊同类房产的三分之一。由于美国房产市场次贷危机和银行收楼的激增，导致大多数房产打折30%～50%，这对看好海外置业的中国投资者极具诱惑力。

任务三　普通住宅销售

一、现房销售

（一）现房的含义

所谓现房是指已经完工的房地产项目。在经过有关部门验收后，可取得房地产权证，办理初始登记；购房者在这一阶段购买商品房时应签出售合同。

现今，愈发理性的消费者们为了能够最大限度地实现投入与收益比，更加倾向于直接购买现房。现房“看得见、摸得着”，房子结构已经成型，朝向位置、户型优缺点、环境、配套设施、物业管理等各方面都一目了然，避免了期房与实际交付的现房间差别甚大这一通病，不存在购房风险，即买即住。

由于现房销售可以现场体验所购房产的真实情况，这对开发商的规划施工要求会更加苛刻，比如施工细节、配套绿化、物业管理、合同承诺等。因此也可以说，现房时代比拼的是开发商的真正实力和楼盘的真实品质。

同时对开发企业来讲，若想实现“现房销售”，就必须在项目前期投入巨额资金，这就自然而然会导致项目运作风险加大。从这个角度看，能否实现“现房销售”也是对一家企业综合实力的最好验证。

小看板

现房销售的条件

根据《商品房销售管理办法》规定，商品房现售，应当符合以下条件：

(1) 现售商品房的房地产开发企业应当具有企业法人营业执照和房地产开发企业资质证书；

(2) 取得土地使用权证书或者使用土地的批准文件；

(3) 持有建设工程规划许可证和施工许可证；

(4) 已通过竣工验收；

(5) 拆迁安置已经落实；

(6) 供水、供电、供热、燃气、通信等配套基础设施具备交付使用条件，其他配套基础设施和公共设施具备交付使用条件或者已确定施工进度和交付日期；

(7) 物业管理方案已经落实。

（二）现房的优点

1. 可以节省更多资金

现房可以即买即住，而购买期房要立即缴纳房款，往往要等上两年甚至更久的时间才能入住，而期间资金占用或成本支出也是一笔不小的费用。如：阮先生目前和家人租房子住，一个月的租金是 1 200 元。购买期房的话，少则要等上一年半载，多则要等上两三年，光是这期间所花费的房租，就是几千甚至数万元。另外，如果购买的是期房，在等待交房的这段时间内就要缴纳房屋贷款，按照每个月 2 500 元的还款额来算，再加上 1 200 元的租金，光是这两项花销就将近 4 000 元，影响了家庭其他方面的支出。而阮先生如果购买现房，不久就可以入住，可以避免这两项支出叠加在一起带来的压力，也可以节省一大笔因为等待而浪费的租金。

2. 现场看房更为直观

期房销售时，未来的楼盘到底如何，很多都只能通过模型和图纸向买房人进行描述。但模型、图纸毕竟和现实有一定的差异，这就可能导致买房人在交房时实地的感受和购房时的所见所闻形成落差，从而导致出现一些纠纷。而现房销售则可以有效地避免这些问题，买房人想知道小区到底怎么样、户型的通风采光如何、建筑的工程质量好不好，只要到现场实地参观一下，就可以有身临其境的体会，这比销售人员的解说、售楼处的模型来得更加直观、更有保障，这也是现房销售受到买房人欢迎的另一个重要原因。

3. 避免买到烂尾楼盘

对于购买期房的买房人来讲，最怕的就是碰到实力不足的开发商因为资金链出问题，由此导致工程延期，甚至出现烂尾楼等状况。期房销售时，楼盘的工程进度只要满足预售证领取的要求，开发商办理齐了相关的证件，就可以对外进行发售。这样，开发商可以将回笼来的资金继续投入到后续的开发中去，从而保证工程的顺利进行。但是，这个过程存在着各种各样的风险，有可能是市场环境的变化、有可能是开发商内部资金吃紧，不管怎么样，一旦资金链被卡住，楼盘的开发就可能受到影响。而现房在很大程度上可以避免这类风险，保障买房人的资金安全。

（三）现房的类型

虽说现房销售有它的诸多优势，但买房人仍然需要看到它存在的一些不足之处。现房销售总有各种各样的原因，比较常见的有以下四种。

1. 销售不畅的楼盘

受区域、地段或楼盘品质等因素影响，楼盘整体销售状况不佳，房源积压较多。

2. 有明显不足的房源

因朝向不好、楼层不佳、结构不合理、房型过大或过小等“硬伤”，不被购房者认可的房源。

3. 开发商预留房源

开发商最初预留而最后没有销售出去的房源，通常这部分房源户型、位置都比较好，却由于市场原因被滞留。

4. 曾被抵押的房源

曾被开发商用来抵押成为限制房，现进入销售。

（四）销售现房的技巧

1. 语言亲切适度，不用艰涩难懂的语言

房地产销售人员要运用一些通俗易懂的词汇，不要夹杂过多的专业术语和法律条文。如果客户听不懂房地产销售人员的话，他们会感到有压力，就不会购买房子。房地产销售人员的工作是卖房，同时给客户带去满意的感觉，不是卖弄学问。

同样，华丽的修辞也不重要。许多成功的房地产销售人员语言表达并不出色，但客户们能听得懂他们的意思就足够了。

2. 尊重了解客户

即使房地产销售人员觉得客户是无知的，也千万不要奚落他们。当对客户露出不屑时，客户会感觉到，没有人会把钱交给不尊重他们的人。

要善于倾听客户讲话，千万不要打断他们的谈话，因为对销售人员来说，他们说的每一句话都很重要。此外，要读懂客户的身体语言，仔细观察客户，他们的行动能告诉销售人员很多内容，如双腿交叉可能表明客户感到厌烦；不停地看表说明客户想结束这次谈话或看房；双臂抱在前胸说明与销售人员在一起客户并不放心或没有接受这个房产等。

3. 化解价格阻力

客户可能因为房屋价格过高而不想看房，那么销售人员可以这样说："先暂时不要考虑价格问题吧，最重要的是看它能否满足您的需求。"

4. 介绍房屋特色时要重点突出

要体现出对该楼盘的热爱及欣赏，买房是实现一个生活梦想，着力指出每一间房间的特征。例如，比较平淡无奇的介绍是"这是一间客厅"或者"这是一间很不错的卧室"，一个更好的办法是这样说："这间客厅足够大，足够您开生日派对。"

5. 让客户感觉已拥有这栋房子

销售员可以这样来介绍：

"您女儿的新学校离这儿只有两站地的距离。"

"您上班可以搭乘地铁。"

6. 强调楼盘的优势

每一处地段都会有一些优势，例如，美好的景致、好的邻居、良好的教育资源、较低的付款额度、良好的社会形象、建筑方面的优势等。

优势销售员也可以适当强调一个不足之处，来促进销售。不足之处必须是一个较小的缺点，或者是一个并非每个客户都视为不足的地方，客户最后发现实际上没有向房产销售员描述的那样差，他们会得到一个惊喜。

小看板

常用借口分析解决

(1) 客户推托很忙，没有时间。

给予紧迫感，如"您看好的房子由于销售得好，还剩两套了"。

马上要涨价，如"您看上的那套房子马上就要涨价了"。

说明其工作繁忙的目的，如"您辛辛苦苦的奔忙，不就是为了让家人过上幸福的生活嘛"。

帮客户定时间，如"要不您现在定个时间，我可以过去"。

利用客户的一切资源，如"要不这样，您留一下您的传真或邮箱，我把资料发给您"。

(2) 客户自己做不了主，要与家人商量。

说这话的人一定是能够做主的人，请他一定带上家人来现场。

我们可以去接他的家人。

我们可以亲自上门拜访。

先说服客户，然后督促他说服家里人。

(3) 客户说人在外地。

现在资讯非常发达，可以很便捷地与家人沟通联系。

您完全应该相信自己的判断力。

“快涨价了”或“您看上的房子卖得特别好”，使客户尽快下决定。

我可以给他打电话、发微信或发邮件。

确定回来的日期，如“我尽量向经理申请一下，给您多保留几天”。

(4) 客户说已买了其他房子。

首先，肯定还没买，只是看到并可能有兴趣。

探测其对本项目的意见和其关注的其他楼盘。如“您觉得我们项目还有哪些地方应该改善?”“您买的是哪个项目的房子，我可以帮您参谋一下”等。

与他感兴趣的项目做对比，扩大本项目的优势及其他项目的劣势，缩小别的项目的优势及本项目的劣势。不要说得很肯定，用“听说”“好像”“某些”等词语。

根据我的观察，您绝对有实力买两套房子。

其实我们这套房子用来投资也很不错呀!

交首付才是真正的购买，只要还有争取的机会，就不要轻易放弃!

练一练：结合客户经常使用的借口进行销售演练，要做到冷静应对、灵活处理。

二、期房销售

（一）期房的含义

期房是指房地产开发商从取得商品房预售许可证开始至取得房地产权证为止，所出售商品房称为期房。

期房在港澳地区被称为买“楼花”，这是房地产开发商市场初期普遍采用的一种房屋销售方式，购买期房也就是购房者购买尚处于建造之中的房地产项目。

从工程的角度来说，期房则是从开发商拿地，做好项目设计方案以后一直到工程施工完成主体建筑、做好房屋设备安装、配套设施（即符合交房条件）之前，都属于期房。

（二）期房的优势

1. 价格优势

期房在开发之初卖出去，是开发商募集资金的一个渠道。资金对哪家开发商而言都是很有吸引力的，为了更多地吸引资金，在期房的销售中，房产开发商都在价格上有较大的优惠。一般来说，买期房比买现房在价格上可优惠很多，因此说，在如今利息连连下调的今天，买期房其实也是一种投资。

2. 房型设计上的优点

从市场角度来看，房地产开发商们对设计是十分看重的，因为设计好坏直接影响产品的销售，所以相对而言，期房大多避开了当前市场上现房的设计弱点。

3. 选择上的优势

人们通常可发现在一栋已建好的现房中去选房时，往往层次好和朝向较好的房子基本上早已卖出，余下的大多是一些层次不太理想、朝向不佳的房子了。而买房可说是每个家庭的大事，住房层次朝向是否适合将影响采光、通风，而这些直接影响生活质量。如果买期房则可以在买主很少的时候介入，这时可以选定位置较好的房子。从市场反馈的信息来看，一些位置较好的房子大多是作期房出售的。

4. 升值的优势

买期房如果买得合理、适当，其升值潜力比现房要大。在一些尚未形成规模的地带，当时的期房售价较低，随着开发住宅的增多，形成了一定的规模，各种相关条件得以改善后，房价也会相应上涨，买期房者可以从中品味到升值的乐趣。

议一议：期房与现房相比较，总结出各自的优势与不足。

小看板

售楼处需主动出示开发商的以下证件

1. 开发商的营业执照。

营业执照是国家政府部门批准一个单位依法经营的证明。查看营业执照的目的有二：一是看这个单位是否存在，再就是看该单位的营业范围。同时，还应注意企业营业执照是否经过年检，若未经年检则为无效。当一个企业的营业执照为临时营业执照的时候，该企业注册资金还未全部到位，这时的企业还未正式成立。若是开发商委托销售代理机构销售该住宅，需要查看代理销售委托书及该机构的营业执照。

2. 开发商的建设用地规划许可证。

依据法律规定，城市土地的利用必须符合城市规划，开发商所使用的土地在用途、位置和界限上应与建设用地规划许可证相互一致。

3. 开发商的建设工程规划许可证。

它可以确认有关建设活动的合法地位，并作为建设活动进行过程中接受监督检查时的法定依据。

4. 国有土地使用证。

依据我国法律，只有经过出让的土地才能从事房地产开发。开发商在向政府缴纳一定地价款后，才能获得国有土地使用证，没有此证的企业开发的房子不能买卖。

5. 建设工程施工许可证。

购买期房应查看开工证，以确定开工手续是否齐全、是否纳入年度施工计划。买现房检查工程质量检验单看房子质量是否合格。

6. 商品房预售许可证。

无论是销售现房还是预售期房，都应报政府有关部门批准，并取得相应许可证，才能从事销售和预售，否则其销售行为违法，最终影响产权证的办理。

（三）销售期房的技巧

1. 介绍地段

对地段的介绍往往包含两个层面：一是宏观面的地域介绍，二是微观面的地块介绍。但对房地产销售人员来讲，微观面的地块介绍，更具有实际认识意义，具体可从地点、交通、位置和环境这四个方面介绍。

这里的地点，不单是指绝对意义上的地址，即某区某路门牌号码，还指由这个点所引发的相对意义上的距离概念，即这个点距离某商业街、某火车站等主要标志物的相对直线距离；交通指的是楼盘附近的主要交通工具和交通方式，如公交、铁路、主要公路等；位置主要指楼盘具体坐落方位、地块的形状和大小、楼盘的主要朝向、相邻的其他房产状况等；环境指楼盘周边的物质和非物质生活配套。

2. 介绍公司

房地产投资建设是资金大、周期长的工程，没有足够实力的公司投资房地产项目，往往隐藏着较大的风险。因此，销售员应介绍与房地产建设相关的公司，主要包括：发展商、设计单位、承建单位、物业公司等，这些相关公司分别是指项目在投资建设、建筑设计、工程营造和最终物业管理四个方面主要营运组合公司。一般而言，营运组合的强力搭配，各个公司的强劲实力和良好的业绩，都是楼盘日后品质的绝对保证。而在这四个营运组合中，发展商又是最为关键的，它的品质也往往决定了其他三个公司和外围公司的选择。

3. 介绍房地产的基本参数

针对期房的特点，介绍期房时主要介绍占地面积、总建筑面积、规划形态、容积率、覆盖率等基本参数。

4. 介绍房型和面积

面积大小和房型，不但是房地产产品买卖计算的一个基本尺度，而且也是判断产品品质的一个重要角度。这些指标具体包括：居住面积、使用面积、建筑面积、出房率、绿地和花园面积等。

5. 介绍建材及装潢

建材装潢可分为公共空间的外部装潢和私家单元的内部装潢两大部分。公共空间的外部装潢包括大门的造型、楼盘的外立面颜色和材料，电梯的品牌、数量和修饰，大堂、走廊等公共活动空间的地面及墙面和天花板的装潢美化等。外部装潢是社区的门面，大多数发展商都倾力而为，使其在日后的销售中有良好的亮相。

6. 介绍公用设施

公用设施可分为两大部分：一是指日常生活中最基本的配套设施，如水电、煤气、通信、电视、保安、车库等；二是指为社区的住户专门设立的额外公用设施，如室内俱乐部、室外运动场、商务中心或其他设施。这些设施一般不对外营业，仅为更全面地满足业主日常生活和休闲娱乐所需而设，它从另一方面映衬着小区品质高低。

7. 介绍交房日期

交房日期是客户买卖商品房关注的重要因素。但是，应当注意施工进度往往受各种原因的干扰，很容易停工，造成交房日期的拖延。因此对于交房日期的确定性要给予重视，并在合同中有确定的表示。

8. 介绍价格

价格是房地产销售中最基本、最活跃的一个因素。房地产销售员一般可从单价、总价两个方面来介绍，同时要顺便把现有的销售折扣、促销方式介绍好。

9. 介绍付款方式

付款方式是房屋总价在时间上的一种分配，可用以缓解购买者的付款压力，扩大购买客户群的范围。

目前，主要的付款方式有一次性付款和分期付款两种方式，其中分期付款是房地产买方与销售方商定的灵活付款方式。

10. 介绍销售情况

销售员向客户介绍销售情况主要包括以下内容：

售出户数：即已售出住宅的户数，可以看出楼盘的人气高低。

销售率：即售出户数与总户数之比，可以看出销售的进度如何。

销售顺序：指不同总价、不同格局和不同面积的销售单元，在销售时最先成交、其次成交，以及最后成交的先后顺序。据此，人们接受与否的重点考虑因素究竟是房型格局还是单价（总价），便一目了然了。

练一练： 学生两人一组，结合某一项目的具体情况，演练以上销售重点。

三、样板房管理

样板房是商品房的一个包装，也是购房者装修效果的参照实例。样板房是一个楼盘的脸面，其装饰的好坏直接影响商品房的销售。样板房是楼市发展的一个产物，也是住宅文化的一种表现，作为楼盘销售过程中的一个重要因素，样板房已越来越受到房地产开发商的重视和广大购房客户的喜爱。

（一）样板房在期房销售中的使用要领

（1）锁定户型后可以有针对性地带看样板房，在去样板房的路上和看样板房的过程中继续介绍小区，和前面的说辞相呼应，加深客户印象；与客户交流，了解家庭人口状况、预算等为后面销售做准备。根据推荐的房位等情况带看1~2套样板房，最多不超过3套。

（2）将客户引领到样板房门口时，首先根据样板房外张贴的房型示意图再次介绍该套房屋的结构和总建筑面积，并同时请客户落座更换鞋套。

（3）注意引导，不要让客户随意走动。

样板房对于客户有相当的冲击力，具有参考性，在突出样板房的效果及房型的利多点的同时，可以帮助客户安排房间功能分布，如儿童房、老人房、书房等；此外，家具如何放置，站在客户的立场帮他安排，会极富亲切感。注意生活场景的描述和梦想的营造，并突出每间房屋的特点和优势。

（4）在看样板房的过程中，客户会问比较多的问题，要做到一一解答，如果不知道不要冒失地回答，等确认了再告诉他。

（5）介绍样板房时，要适时告诉客户该种房型因为哪些方面利多而热销，为引导客户下定做准备。

（二）样板房服务接待流程

（1）当客人行至离样板房岗位三米处，微笑站立迎接客人："您好，欢迎光临××样板房。"

（2）待客人进入样板房休息区域，提醒客人："您好！请您穿上鞋套。"并依次将鞋套双手递给客人。

（3）如果客人较多，须依次提醒客人："请稍等，请您穿上鞋套。"并随最后一位客人进入样板房。

（4）如果有售楼员陪同进入，接待员在门口保持等待状态；如果有老人或儿童，须随时给予照顾和看护。

（5）如果没有售楼员陪同，接待员须主动与客人交流。

想一想： 样板间的风格设计与客户需求有关吗？样板间的设计在哪些方面可以促进销售？

议一议： 在实际房地产销售项目中，通常会设3~5个不同装修风格的样板间，不同客户会喜欢不同样板间的装修风格，分析每种客户的喜欢类型。

小看板

样板间讲解顺序

样板间讲解要配合客户的参观路线，保证流畅度和便利度，一般按照以下次序进行，即依次对外观、周边、户型结构、朝向、面积等进行介绍，介绍路线一般可以如下设计：门厅—客厅—主卧—主卫—次卧—次卫—餐厅—厨房—阳台等。

任务四　酒店式公寓销售

一、酒店式公寓特点

（一）酒店服务式公寓的含义及起源

追根溯源，最早的酒店服务式公寓起源于欧洲，本意为"酒店式的服务，公寓式的管理”，是一种只做服务、没有酒店经营的纯服务公寓。其是在当时旅游区内租给游客、供其临时休息的物业类型，由专门的管理公司进行统一上门管理，既有酒店的性质又相当于个人的“临时住宅”。而在我国，酒店服务式公寓最早出现在深圳，后来又出现在上海、北京等地，并随着经济和房地产市场的发展而愈加成熟。

酒店式服务公寓是集住宅、酒店、会所多功能于一体的，自用和投资皆可，具有全面体贴服务功能的高级公寓。与传统的酒店相比，酒店式服务公寓在硬件配套设施上毫不逊色，而服务就更胜一筹了。所谓酒店式服务公寓是指提供酒店式管理服务的公寓，除了提供传统酒店的各项服务外，更重要的是向住客提供家庭式的居住布局、家居式的服务，真正实现宾至如归的感觉，其最大的特点是要比传统的酒店更多了家的味道。由于它吸收了传统酒店与传统公寓的长处，因此备受商务人士的青睐。

（二）酒店式公寓基本特点

1. 业主拥有独立产权

投资者通过一次性付款或分期或按揭的方式获取客房的独立产权。目前在市场上还有一种物业就是公寓式酒店，从服务内容上来看，和酒店式公寓没有太多差别。本质区别在于：酒店式公寓可将每个客房出售给投资者，投资者拥有产权，可自住、可出租、可转售，所以它是拥有私家产权的住宅，公寓式酒店却没有产权。不过也有些酒店式公寓，如分时度假式酒店，投资者在一定期限内只拥有客房的所有权，而没有经营权，交由酒店管理集团统一经营，保证产权人有固定回报和固定天数的居住使用权。在实践中，由于操作的难度，此类酒店式公寓已经较少见了。

2. 酒店式管理

酒店式公寓属于提供酒店式服务的一种高档公寓，如家居清洁、送餐、洗烫衣物、更换被单、叫醒服务，以及各种钟点服务等。由于酒店式公寓的公共设施均类似酒店，故可以彰显居住者的身份和气派。

3. 兼具居住度假与投资两种功能

酒店式公寓既可以用来居住度假，也可以用来投资，或两者兼而有之。不同的购买者，想法有所不同；同一购买者，在不同的时段用途也有所不同。有的购买者纯粹是用来自住，有的则是用来投资保值。

4. 总价低、投资灵活

酒店式公寓一般以小户型为主，面积一般在 50 平方米左右，由于总价较低，不少投资者受出租回报的吸引对其热力追捧。近两年来，沿海地区酒店式公寓项目销售一个比一个火爆。当然也有一些单位面积大的项目，此类应划入高档住宅项目更准确。

5. 空间分割灵活

由于很多酒店式公寓项目在产品设计时就考虑以办公为主，所以在空间分割上比传统的公寓具有更大的灵活性；建筑设计的创新和工程技术的全面应用，也给了该类物业更大的发挥空间。因此市场出现了分割自如、大小随意的项目，小到 30～40 平方米，大到逾 1 000 平方米，这类项目不仅适合小公司，也适合一些中型公司。

6. 良好的生活和商务环境

众多酒店式公寓在其广告中都提出诸如“拎了皮箱就入住”“全方位家庭保姆式物

业管理”等诱人口号。与一般公寓有区别的是，酒店式公寓在提供这些物业、家政服务的渠道上比较畅通，只要你想得到，基本上酒店管理公司都能办得到。酒店式公寓不仅有商务中心等配套，很多项目还为商务办公和区内员工提供打字、复印、传真、票务定购和酒店咨询等业务。还有些项目通过合作方式引进与商务办公有关的商业配套，如办公用品租赁和采购、小型超市、24 小时员工餐厅、快递公司等。

议一议：酒店式公寓与普通住宅的区别。

（三）酒店式公寓的分类

一般来说，酒店式公寓可以分为商住、商务及新生代酒店式公寓三种类型。

1. 商务酒店式公寓

商务酒店式公寓与商住酒店式公寓相比，有更好的商务氛围。大城市中央商务区（CBD）及周边地带大中小型企业聚集，便利的交通、优越的地理位置以及齐全的配套设施形成了浓郁的商务氛围。

目前在许多大型中心城市中，很多项目定位在商务酒店式公寓上。因为商务酒店式公寓面对的客户主要是中小型公司，而中小型公司过去都在办公楼里办公，办公租金水平较高；如果购买商务酒店式公寓的话，大约办公楼七八年的租金足以买下一百多平方米的商务酒店式公寓，这些公司就认为买比租更合算。所以目前酒店式公寓一般都以商务酒店式公寓为主。

2. 商住酒店式公寓

这类物业基本上具有住的功能，但是由于地处繁华商业地段，因此具备了既可居住、又可商用的价值，所以称之为商住的物业。虽然商住酒店式公寓商务环境还不错，但却没有写字楼、商务酒店式公寓的那种商务气氛。商住混合在一座楼中，办公环境就大打折扣，它只在特定区域内存在，其物业功能模糊，办公、居住混合，环境杂乱。办公的人经常能闻到邻居住户家里飘出的炒菜味，而住户则要面对川流不息的陌生面孔；通信、网络、物业管理、消防、安全、停车等难以让商、住两方的客户都满意。但由于商住酒店式公寓投入少、成本低、资金回收快、风险相对较低，以中小户型为主，房款总价不高，使其在市场上具有一定的竞争力，甚至从中低档写字楼中抢了一部分市场，这说明商住酒店式公寓受人青睐是有其独特的背景与生存空间的。

3. 新生代酒店式公寓

近期房地产市场上又出现了一种集酒店、公寓、写字楼三类物业于一体的公寓新品种，即“三合一”的新生代酒店式公寓。在同样品质的环境与氛围中，新生代酒店式公寓在生活与工作上又比商务酒店式公寓更便捷。在生活上，新生代酒店式公寓有一般商住酒店式公寓所没有的精装修，全套的品牌家具、电器，再加上商务酒店式公寓所没有的与之相匹配的酒店式高档、体贴、细致的服务项目和全天候商务服务，它可以作为老板或高级员工的日常居住场所，为人们赢得了较多的工作与休息时间。

（四）酒店式公寓的不足

从经济性方面看，就产品的供应方来讲，每层空间的大分割量增加了小户型的造价成本，包括重新安装管道（水、电、煤）、增加消防通道等；就需求方而言，由于户型不规则，造成使用率较低。从舒适性来说，暗卫出现，影响居住生活的舒适度；在技术指标控制范围内，开发商选择利润最大化的设计原则，于是，在有限空间分割出更多单元，导致小户型在设计上对生活实用性的考虑较少，其格局更接近于家庭旅馆。从实用性来说，每天上下班高峰时大量人流，上下电梯等待时间太长，极不方便。从观赏性来说，因为窗户的增加占据更多外墙面，破坏了原本很规则的建筑立面。从安全性来说，标准层户数的增多，造成居住人群参差不齐，如果增加电梯，会对施工造成隐患。从服务性来讲，因为容积率的制约，服务配套很难跟上需求。还有，许多酒店式公寓的土地性质是商业用地（40 年）或综合用地（50 年），土地使用年限少于住宅用地的 70 年年限。

小看板

表 4-1　　酒店式公寓与普通住宅生活成本比较分析（以天津为例）

属性	商业立项或其他用途住宅立项	普通住宅
产权	40 年或 50 年	70 年
首付款（最低）	40%或 50%	一般为 30%
贷款年限	10 年	最长 30 年
电费	0.72 元/度	0.49 元/度
水费	7.9 元/吨	4.9 元/吨
生活用气	大部分商业立项的酒店式公寓无天然气，而是使用电磁炉和罐装煤气	天然气 2.61 元/立方米
物业费	每月 3 元/平方米~8 元/平方米，有的采用酒店式物业管理	《天津市物业管理条例》规定，每月 0.5 元/平方米~1.2 元/平方米，可上下浮动 20%

二、酒店式公寓销售

（一）酒店式公寓目标客户分析

酒店式公寓的市场需求者主要有以下几类。

1. 海内外常驻机构的商务人员、管理人员和技术人员

国内及海外常驻机构规模较大、派驻人员较多，一般有专门的办公和居住场所，二者分离。作为办公场所，这些派驻人员可能选择办公楼、商住楼或商务酒店式公寓；作为住所，可选择住宅或居住功能齐全的酒店式公寓，现在很多一般不会选择酒店。

规模小、派驻人员少的海内外驻本地机构往往将居住空间与办公室合为一体，需要的户型面积小，可选择商住楼或酒店式公寓。实力较强，注重形象的机构更倾向于酒店式公寓。

2. 国内及海外商务人员

由于业务关系，国内及海外都有不少商务人员会选择住酒店，也可能在商住楼或酒店式公寓中购买或租用一套房，以方便居住和办公。

3. 投资者

不少人购买房屋用于投资，他们一般选择户型面积较小、总价较低的物业，酒店式公寓是投资者，尤其是香港投资者，乐于购买的物业。现在很多城市的投资需求也很大，只要抓住机会，中产阶级也很乐意购买。

4. 小企业和 SOHO 族

少数盈利能力强的小企业会购买或租用酒店式商务公寓，用于办公及休息居住。随着科技发展和计算机网络普及，家庭办公室已成现实，已有少数人在家办公，这部分人即 SOHO（Small Office，Home Office，家庭办公室）族。酒店式公寓兼具居住和办公两种功能，适合 SOHO 族。

5. 居家自住者

带有厨房、卫生间甚至阳台，居住功能齐全的酒店式公寓也可用于家庭居住，但其单价、总价和物业管理费都相当高，只有少数人会作为纯粹居家之用，此类需求者一般较少。

上述几类酒店式公寓的需求者中，海内外机构是市场主力，投资者也占较高比例，其他人员或机构不是主要角色，因此酒店式公寓的市场推广还需要一定的时间。

议一议：针对不同的客户类型，在销售酒店式公寓中应分别把握哪些销售要点？

案例

委托管理的酒店式公寓常用的投资回报模式分析

酒店式公寓如委托专业管理公司进行管理和经营，会给业主带来比较丰厚的回报，投资回报模式结合具体的项目及管理公司不同，可以有以下操作方式：

（1）年 5%固定回报+30%客房利润+60 天/年免费住宿权。业主首期付 30%的总价款，其余 70%价款可由银行 20 年按揭贷款；业主每年拥有 5%的固定回报以及享受 60 天的酒店客房免费入住权，另外还有酒店客房经营纯利润的 30%的分成。如果业主将每年 60 天的使用权转让，还能更快的收回投资，如深圳大梅沙海景酒店。

（2）送一成首期+20 年免月供+20 天/年免费居住权+VIP 消费卡。首付二成房款即可获得如下回报：一成首期款+20 年月供款+20 年每年 20 天共 400 天的五星级酒店免费居住权+5 万元 VIP 消费卡（视购买套数而定，酒店消费卡）+20 年之后的完整产权，如深圳的东方银座酒店。

（3）送5%首期款+15年免月供+每月四天免费居住权。这是开发商所倡导的一种“永不供楼”理念，即投资者只需拿出总房款的25%（首期实为三成，另外5%发展商不再收取）即可拥有一套酒店式公寓，然后与酒店管理公司签订认购物业15年的租赁合约（发展商作担保），有酒店经营方帮助经营，经营收入代为支付按揭供款。租赁期间，业主每月有四天可以免费享受自己的物业，同时享受五星级的酒店服务，如深圳丹枫白露。

（4）永久委托，阶段性回报方式。首付17.8%（另外12.2%由开发商支付），20年永不供楼，每年18天免费入住。并与酒店管理公司签永久合同，第21年至第43年（土地年限），5%的年固定回报+50%的经营利润分成，如深圳虹楼。

需要说明的是：上述方式，由于合作期限长，需要被委托者有厚实的经营功底和良好的市场保证做前提，一旦出现经营问题，则客户的权益很难保证。

（二）酒店式公寓经营方式

酒店式公寓的经营方式一般有出售、出租、租售并举三种。

1. 出售方式

采用出售方式可以尽快收回投资、取得回报、减小市场风险，这是大部分采用的经营方式。建成后的酒店式公寓交给酒店管理公司去经营管理，开发商不参与后期管理。由于开发商和酒店管理公司在出售时对服务内容没有明确承诺，致使后期管理中存在一些不确定因素和隐患，小业主的权益难以得到保障，这种模式往往在后期经营中给开发商带来一些负面的影响。

2. 出租方式

在出租方式下，投资回收期长，而且存在较大的市场风险。例如一线城市房地产市场一直存在盲目跟风现象，一种物业市场前景好，众多发展商一哄而上，致使该种物业的市场供给量激增，大于需求的增长，导致售价和租金快速下降。酒店式公寓也是这样，如众多开发商采用出租方式经营酒店式公寓，出租市场供大于求，出租率和租金收入可能会不断下降，市场风险变大。另外，采用出租方式，装修也是困扰开发商的一大难题，不装修没有客户租，带装修又怕不合客户心意，新的客户往往要求新的装修，致使装修更换频繁，给经营管理带来很多麻烦。因此，出租方式往往不在开发商考虑范畴。

3. 租售并举

租售并举也是酒店式公寓的一种经营模式。通常情况下，开发商都希望将所有户型单位卖掉，由业主去打理，而采取租售并举，往往是一种无奈之举。同时也有实力较强的开发商对酒店式公寓实行部分出售、部分出租，售出的单位由业主自用或出租，不出售的单位就由开发商直接出租经营。一般开发商会将租售公寓按照楼栋、层数相对分开，以便集中精力更好地做好出租部分的物业服务。

采取何种经营方式，主要根据市场情况而定。一般情况下宜选择出售，避免风险；如果市场上酒店式公寓供过于求，租售并举也是扩大市场占有率的一种方式；全部出租的方式很少有开发商采纳（有品牌、有运营能力和资金充裕的开发商除外）。

（三）销售酒店式公寓的技巧

1. 针对投资客户

投资的客户非常在意酒店的回报，在销售中可着重介绍以下要点：地理位置、主要客户定位、出租回报、出租对象与市场需求分析、周边教育资源、内部环境和物业服务、酒店大堂等。

2. 针对年轻人

由于年轻人初入社会、经济实力较弱，因此此类人群是小面积酒店式公寓的主要消费人群。针对此类客户可着重介绍以下要点：作为办公地点的可能性、首付与日后贷款的轻松（与普通房子对比）、将来出售更容易、装修风格与投资的价值等。

3. 针对老板

这类人群一般比较注重形象和业务往来的方便，因此针对此类客户可强调以下要点：酒店式公寓作为接待客房的便利性、给客户的形象、投资升值空间、作为私人空间释放压力的隐秘空间、地段体现的身份象征等。

4. 针对身居要职的客户

这类客户一般都有第一住所，所以这类人群在选择酒店式公寓时比较在意资产的保值与增值，同时比较追求个人的享受。在接待这类客户可以重点强调以下因素：地段稀缺、升值潜力、投资收益、房产升值、第二住所的优美环境和完善服务、孩子的独立空间、朋友的休息之所等。

练一练：结合客户的不同需求，对酒店式公寓的销售过程与重点进行演练。

任务五　别墅销售

一、别墅类型与特点

别墅是居宅之外用来享受生活的居所，一般是第二居所。追溯其起源，其实并没有一个明确的时间起始点，我国古代很早就出现了别墅，大的有帝王的行宫、将相的府邸，小的有富商巨贾地主乡绅的山庄、庄园等。别墅在国外的出现已经有很长的历史，现代意义上的别墅主要是师承国外工业革命后的开发理念。

（一）按别墅的形态分类

1. 独栋别墅

独栋别墅即独门独院，没有与邻家共用的墙面和土地。上有独立空间，下有私家花园领地，是私密性很强的独立式住宅，表现为上下左右前后都属于独立空间，一般房屋周围都有面积不等的绿地、院落等。这一类型是别墅历史最悠久的一种，也是别墅建筑的终极形式，它的特征是私密性强、市场价格较高，定位多为高端品质。

2. 联排别墅

联排别墅的每户独门独院，设有一至两个车位，还有地下室。它是由几幢小于三层的单户别墅并联组成的联排或住宅，一排二至四层联结在一起，每几个单元共用外墙，有统一的平面设计和独立的门户。建筑面积一般是每户 200 平方米到 300 平方米以上。它的特征是比较注重项目选址，价位一般较独栋、双拼别墅低，户型设计丰富前卫，有特色。

3. 双拼别墅

它是联排别墅与独栋别墅之间的中间产品，是由两个单元的别墅拼联组成的单栋别墅。它的特征是：首先，它与联排、独栋对比而言，除了有天、有地、有独立的院落外，最关键是降低了社区密度，增加了住宅采光面，使其拥有了更宽阔的室外空间；其次，低层小楼加上私家花园，这种相对独立的双拼别墅，在保证拥有私家花园的基础上，既加强了户外空间的交流，使私家小环境与社区大环境融合，也改变了兵营式排列的呆板面孔。另外，双拼别墅基本是三面采光，外侧的居室通常会有两个以上的采光面，一般来说，窗户较多，通风不会差，重要的是采光和观景。

4. 叠加式别墅

它是叠拼式的一种延伸，是在综合情景洋房公寓与联排别墅特点的基础上产生的。其由多层的复式住宅上下叠加在一起组合而成，下层有花园，上层有屋顶花园，一般为四层带阁楼建筑，这种开间与联排别墅相比，独立面造型更丰富一些，同时一定程度上克服了联排别墅窄进深的缺点。它的特征是：首先，购买人群是社会上的中产阶级；其次，稀缺性、私密性较单体别墅要差，定位也多是第一居所。另外，叠拼户型比联排别墅的优势在于布局更为合理，不存在联排进深长的普遍缺陷；而且，叠下有半地下室，叠上有露台，虽然没有联排的见天见地，但是更为灵活多变。

5. 空中别墅

空中别墅发源于美国，原指位于城市中心地带、高层顶端的豪宅，一般指建在高层楼顶端具有别墅形态的跃式住宅。这种空中别墅发源于美国，以“第一居所”和“稀缺性的城市黄金地段”为特征，是一种把繁华都市生活推向极致的建筑类型。它要求产品符合别墅的基本要求，即全景观，目前这类产品主要存在于成立的高档公寓顶层，在别墅区中还比较少。空中别墅的建筑形式弥补了高层建筑的诸多弊端，与普通别墅相比，具有地理位置好、视野开阔、通透等优势，给人高高在上、饱览都市风景的感觉，显示出强大的市场竞争力。空中别墅挑高层高：一般住宅的层高是 2.7~2.9 米，空中别墅的标准是 3 米多，有 3.1 米、3.3 米、3.6 米等，比普通房挑高要高几十厘米，意味着通风更顺畅、采光度很好。在平面设计中，常插入较大面积的观光阳台、楼顶花园等，使人有接触地面绿化效果的感觉。

（二）按别墅功能分类

1. 生活型别墅

购买这类别墅的人就是把别墅作为需求的第一居所。这类别墅一般面积适中，起步价在 150 万元左右，交通便利，适合少量经营实体或贸易人，以及从事金融、证券、保险业的高收入人士。

2. 度假型别墅

购买这类别墅的人基本上有两套房，一套在市区，一套在郊区。这类别墅适合人群比较散，既有私营企业老板，也有文化界成功人士，还有持外国护照的内地做生意的华人等。

3. 出租型别墅

这类别墅虽然价格较高，但由于环境和管理水平优于普通住宅，再加上出租价格不低，很适合投资，租客大都是外资企业的高级职员或高层管理人员。

4. 经营型别墅

经营型别墅是在旅游风景区或度假区建造的带有经营性质的别墅。一般来说，别墅不仅仅是度假区的一个组成部分，还有如酒店、娱乐设施等相关营业性配套建筑共同组成，而且通常不公开出售，每栋不分割产权。

5. 商住型别墅

一般是一个大公司把一栋别墅买下来自用，既有了花园式的办公环境，又有了高级管理人员的寓所。

（三）别墅的特点

与普通多层住宅相比，别墅具有以下特点。

1. 结构合理，功能齐全

普通多层住宅往往结构比较简单、功能单一，在设计上几乎是千篇一律、没有变化；别墅则具有个性化、风格各异、功能齐全、生活设施齐备等特点。普通住宅由于受规划统一、房型单一的限制，其房屋的内部结构，如门向、客厅、厨房、卧室等位置比较固定，不管是否符合风水要求都很难改变；而高档的别墅住宅，则可以在建筑设计时，根据风水的要求，按照客户趋吉避凶等个性化偏好，合理安排布局别墅的内部结构和外部造型，使其更具有突出的个性和时尚的风格。

2. 室外空间开阔，环境优美

室外空间作为别墅的一个不可分割的部分，提供给人们的别墅感觉可能更重要。别墅室内的空间是两层或三层，跟城里面的复式住宅没有什么区别，而别墅建筑之外的环境，却能使自己真正置身于私家花园，享受到清新自然的优美景色。再就是室内外空间的融合，相邻别墅的室外空间之间互相影响，即便是私有庭院，也要与小区景观空间体系相协调。而作为一个完整的别墅来讲，它的室内生活空间跟室外空间应该是统一的、密不可分的。

别墅住宅强调“地平线的生活”，即生活空间向地面层集中，并尽量保证地面层室内外生活空间的私密性。别墅住宅的间距应在 6 米以上，利用树木绿篱等元素提高私密性；使相邻住宅开窗的错位更明显，进一步提高私密性。

3. 展现个性化生活

普通公寓住宅是求大同、存小异；而别墅由于室内外空间的充足和灵活，则是求大异、存小同。别墅作为高端住宅的统称，从最高端至最低端，可以划分不同层次。不同的人群有迥异的生活方式和观念，生活方式对户型的影响在普通公寓和别墅效果完全不同。人们选择别墅，也就是选择了一种新的生活方式。

议一议：收集不同别墅的项目介绍书进行分析，总结出别墅的总体特征。

二、别墅销售技巧

别墅销售不同于普通住宅销售，由于消费人群有较大差别，因此必须首先了解别墅消费人群的特点。

（一）别墅目标客户分析

购买别墅类产品的消费人群，在许多人的眼中几乎是社会中坚力量和完美生活的代名词。他们对于生活品质要求很高，注重细节、注重健康，其消费习惯、审美品位和一整套的生活方式都会形成一种阶层文化，他们的消费习惯很挑剔，将从前的首选功能实用性、高性价比和品质，逐渐地转为首选品质、功能实用性和风格与设计。其中，“对生活品质的追求”已经成为这类人群最有主导意义的消费标准，他们对于产品所关注的不再是产品的实体，而是非实体的“真实可靠性”。比如他们更为关注稀缺资源产品与自身的关系，将一种稀缺与自身联系在一起，才是自身财富和身份的体现象征。

具体来说，购买别墅的人群有以下类型：

1. 居住生活型

此种类型的购买人群主要来源构成为外籍人士、海归人士、高素质私企业主、高级公务员等，他们将别墅作为一种普通住宅看待，主要从生活功能需求、空间的要求考虑，注重实际生活感受，多选择中高档别墅，离工作地点近、生活便利，喜欢同素质社群聚居。

2. 身份标志型

此种类型的购买人群主要来源构成为私企业主、公务员及企业中高管理层等，他们认为别墅是人群优劣划分的标准，希望通过奢侈豪华的最高居住标准显示身份地位，对户型面积要求高，豪气和稀缺往往是选择标准。

3. 度假休闲型

此种类型的购买人群主要来源构成为私企业主、高级公务员等，他们希望亲近自然山水资源，远离烦嚣，在宽松优越的环境中完全放松身心，对生态环境要求高，最好离市区有一定距离。一般来说他们更中意郊区位置的别墅。

4. 投资获利型

此种类型的购买人群主要来源构成为海归人士、私企业主、投资专业户等，他们主要看好其出租前景，具保值升值能力，出租率高。别墅位置主要选择对外籍人士吸引力大的地域，交通便利、环境优越。

**想一想：**以上不同客户类型对别墅的需求有哪些不同点？

（二）销售别墅的技巧

别墅的销售可以着重介绍以下要点。

1. 建筑艺术设计

别墅对建筑艺术设计的追求远远超过一般住宅，这是由别墅本身的特征和环境要求造成的。而我们所指的建筑设计艺术，就是建筑的本体特征，通过建筑的造型、材料、颜色、风格等综合因素体现出来，别墅的价值也就是通过建筑艺术风格表现出来。

2. 别墅的私密性

私密性是住宅最基本的要求，具体指居住人员拥有的高度私有的环境空间。对别墅来说，因为其住户要求更高，所以对私密性的要求也更高。

3. 别墅区会所

为了提供优质的生活与服务，其配套设施才显得非常重要，常有的配套设施项目有：图书馆、棋牌室、商务中心、健身房、游泳池、网球网、超市、小酒吧、钢琴吧、高尔夫练习场、会所等。当然，其中有很多设施都是集中在会所里。别墅项目的会所是别墅本身功能的延伸，是一个集娱乐、休闲、商务交际、健身于一体的综合性场所，它弥补了因为项目不在市区所造成的生活满足感缺失的不足。

4. 自然资源和文化气息

这里的自然资源是指不可再生的自然生态环境资源，如山、海、湖景等。自然资源是在别墅选址时就必须强调和重视的，因为它决定了别墅项目的长久价值，这也是别墅项目中其他项目不可复制的。

文化气息充分体现出别墅以人为本的理念，这也是别墅价值得以提升的唯一途径，通过这种方式，客户能觉得社区就是一种港湾，家的港湾。一般文化气息通过业主联谊、社区刊物、各种文化交流活动等表现出来。

5. 别墅体验

别墅项目销售最关键的是销售理念的提升。因为别墅项目档次高、价格高等特征，要让客户能直接了解其优点和特点。这就要求能直接参与到项目之中，参与的方式有很多种，如参与社区活动、游阅社区小品、营造独特的小项目等让客户直接融入，这就是大型项目常用的"体验式营销"。

（三）别墅的新型销售方式

1. 直销

直销方式是现代营销中高档住宅销售的一种有效手段。因为别墅和普通住宅销售有着本质的差别，别墅是稀缺资源，单价和总价高，潜在消费群的体量较小，而且客户都是商界的精英人士，最少也是二次置业，对生活品质、居家环境、服务质量的要求非常高。因此可以针对该类客户的消费习惯，通过对来访和电话咨询客户的登记工作获得大量的客户信息，特别制定直销网络，从规划设计方案前就进行广泛深入的客户意见征询，并以座谈会的形式，邀请客户和设计院及有关方面专家进行面对面的交流，以这种互动的方式进行顾问式服务，一方面深入了解客户的个性化需求，另一方面还借此机会与客户确认认购意向。最后，在综合大部分客户意见的基础上，设计个性化户型。

别墅直销方式实现了开发商与客户的双赢，增加了买卖双方沟通的机会，让开发商更了解客户的需求，真正实现了个性化服务。

2. 活动营销

活动营销在别墅的营销当中使用频率也是相当的高。此模式的核心理念是通过一系列的活动，把目标客户集合在一起，让目标客户在参与活动的同时，也对别墅产品产生深刻的印象，或直接购买或对身边亲朋好友进行口碑相传。比如举办投资理财知识讲座、亲子活动、珠宝鉴赏等活动。

3. 体验式营销

体验式营销已经越来越频繁地应用于别墅楼盘的销售中，这种先尝后买式的营销模式能够让购买者更深入地了解产品。京城某别墅楼盘就推出了“体验式营销”服务，购房者在最终签订购房合同之前有机会免费在小区居住 24 小时，真实体验社区生活，然后再决定是否购买。

相较于普通住宅或公寓，别墅类买家比较特殊，除了关注于所购买楼盘的位置、价格、户型等诸多产品细节外，更在意社区的人文氛围。对于产品，购房人通常会花费比较多的时间去分析、研究与比较。通常情况下，在买房过程中一般会经过选房、交纳小定、交纳定金、签订购房合同这四个环节，然而，对于房屋入住后的邻居是谁、有否情趣同好，晚饭后漫步社区内的感觉如何，以及会所内泳池的水温是否适合，甚至于清晨从家到办公室究竟需要多长时间、小孩子上学如何接送等问题因为过于琐细，在通常的买房过程中或被忽略不计，或根本无从得知。然而，实际上生活又是被这些无处不在的细节所充斥，而体验可以使客户对产品细节有更多的了解，从而对自己的投资更有把握。

案例

西山别墅“体验式营销”系列体验活动

“体验式营销”是一种创新的楼盘营销模式，可在购房者选房过程中，为客户提供一个可以亲身体验的过程和环境，更直观地感受楼盘的产品品质及社区的居住氛围。西山别墅作为昆明高端别墅物业的先驱，此次率先将“体验式营销”引入营销中，庭院冷餐会正是西山别墅“体验式营销”体验旅程的启动。本次冷餐会现场设在西山别墅样板区的地中海风情别墅的多重庭院中。在绿树环绕、鲜花簇拥的庭院里，汇集了各色精美可口的小点，很多慕名前来参观的购房者，一进到院内就被这一派舒适闲逸的场景吸引了，整个身心都放松下来，很快就融入现场。有的坐在溪谷畔的亲水平台上细细品味溪流美景，不时还把糕点碎屑投喂给水中的鱼群；有的结伴来到庭院中的大树下纳凉，三三两两在庭院里的花架下谈笑风生。整个现场呈现出一派闲适轻松的氛围，活脱脱是一个上流圈层的风雅聚会，每个人都陶醉于这方山水的旖旎，每个人都为别墅生活所动容。前来看房的一位女士透露，自己很早就想购置一所别墅，之前看了很多昆明的别墅楼盘都没有太满意的，今天来到西山别墅，一到现场就被吸引住了，毕竟能拥有这样自然山水的别墅楼盘并不多见。最难能可贵的是，这个社区是纯别墅社区，而且还是现房，今天来参加这个活动，让自己体验到了别墅生活的乐趣。在场的很多购房者也通过此次活动对别墅的庭院生活有了更深层次的认识，这也是西山别墅所期待的，通过此类活动带给购房者更直观地对别墅生活的认识。

4. 优惠销售

优惠销售就是在楼盘销售时采用一定的优惠措施来打动潜在的或摇摆不定的目标客户，使其产生购买行为。优惠的方法可以有直接打折优惠，比如某别墅楼盘以“九折优惠”、以“惊声尖叫的春天”这样一句广告语，发出响亮的声音，以期唤起无数家庭入住的梦想。另外一种方法就是以赠送的方式达到优惠的目的，甚至有些楼盘打出“买别墅送奔驰”等字眼，作为高档产品的别墅，开发商赠送相关配套设备也是一种附加服务，这是一种完全合乎情理的销售方式。因此，一向对于市场走势和产品价值有极高敏感度的投资者自然不会错过在稀缺资源占有和产品配套两方面都极为出色的别墅项目。

5. 一二手联动销售

一二手联动销售是指开发商找二手房中介公司合作，利用二手房门店网络销售自己的楼盘，把二手房门店作为楼盘的一个小型售楼处。

中原地产在代理“东方庭院”别墅楼盘时，就采取了这种一二手联动的方式加快销售速度，这一营销策略的实现与其自身所具备的强大二手房经营网络是分不开的。另外，在实际的操盘过程中，中原地产采用针对二手中介部的业务操作特点，从经理到营业员进行了多次详尽的项目培训，使得在销售一线的人员对项目有了全面深入的了解，使得门店相应转化为100余个遍布全市的小型售楼处，全面扩展销售覆盖率。

议一议：采用一二手联动方式与开发商自行销售相比有哪些优势？

6. 预约参观式销售

预约参观式销售，即购房者欲亲赴售楼处咨询或参观，需要提前一天与售楼处联系预约，确定具体时间及招待人员后，方可在指定时间内进入项目现场参观，深入体验项目内涵。

别墅作为一种高端物业，除了相比于一般楼盘在产品和价格上存在差异之外，另一个重要差异就在于其目标客户群的不同。别墅物业的客群界定显然要比其他物业更为明确，也更为狭窄，在“数量”有限的同时，这批客群的购买力显然更有保证。预约参观政策的出台，正是瞄准了别墅市场的这一独特特点，以“单向直线”的方式，直接面向客群终端，以求提高营销工作的执行效率。

想一想：采用预约参观式的销售模式有哪些好处？

思考与训练

一、选择题（1—7题为单项选择题，8—10题为多项选择题）

1. 来电但仍未到过现场的客户追踪的时间最好把握在（　　）。

A. 1周之后　　B. 2~3天

C. 次日　　D. 销售员有空就追

2. 下列哪种房地产属于居住房地产（　　）。

A. 商铺　　B. 集体宿舍　　C. 旅馆　　D. 娱乐房产

3. 在商品房买卖的流程中，现场看房后的下一个步骤是（　　）。

A. 合同签署　　B. 意向洽谈

C. 房款收付　　D. 办理过户手续

4. 在售房客户中，已收意向金或已签约后，提出撤单的原因不包括（　　）。

A. 房价升值，要求撤销已订协议，不再转让，或企图提价易主

B. 家庭发生纠纷，签约后延迟或不能交付房屋

C. 产权不清，不能取得房屋所有权的检验证明，或虽取得产权证明，但已抵押给第三方当事人

D. 售房人不能按约定时间交房，耽误和妨碍购房人的居住使用

5. 房地产销售公司为了改善店面形象不必（　　）。

A. 穿着制服　　B. 挂 LOGO

C. 整理办公桌　　D. 在营业场所的适当位置挂钥匙

6. 不知道客户的购物预算，推荐房屋从（　　）开始。

A. 低档　　B. 中档

C. 高档　　D. 最不热销的房屋

7. 对于房地产代理机构而言，“销售员”的直接上级是（　　）。

A. 连锁店经理　　B. 案场销售经理　　C. 销售副总经理　　D. 销售总经理

8. 房地产经纪人员必备的心理素质包括（　　）。

A. 自知、自信　　B. 乐观、开朗　　C. 敏锐、果敢　　D. 坚韧、奋进

9. 下列关于房地产经纪人员的职业技能的表述中，正确的是（　　）。

A. 把握成交时机的技能　　B. 人际沟通的技能

C. 供求搭配的技能　　D. 收集信息的技能

10. 房地产开发企业在商品房销售时应当向购买人提供（　　）。

A. 产权证　　B. 住宅质量保证书

C. 住宅使用说明书　　D. 购房合同书

二、案例分析

客户谈销售技巧

一个偶然的机会，刘先生驱车路过金银湖，被黄金海岸项目的 LOGO 所吸引，销售中心设计得精致、大气，已经建好的护城河和小桥流水给刘先生的第一感觉是开发商实力雄厚（购房后才知道实力居中），他产生了强烈的购买欲望。“虽有要务在身，我还是停下车，进去看了一下。销售人员衣着整洁、职业化，与我交流的语言、保持的距离都很到位。因为我是做服务工作的，比较关注细节，很显然他们受过专业培训”，刘先生说。

黄金海岸安排了一个专业、成熟型的女销售人员接待刘先生。“可能是我的性格让他们感觉我是一个稳重的人。与我交流时，她并不急于把房子推销给我，而是聊我的家庭、工作。我后来才知道运用的是房地产销售技巧，她在了解我的购房意愿和动机——

投资”，刘先生说。一席话后，女置业顾问转入正题，从专业的角度（成本分析、对比分析、投资潜力分析）替刘先生分析，并对黄金海岸项目的投资潜力进行了探讨。

“我看过很多楼盘，自己也投资了几处房产，自己感觉很专业了，不过我感觉她比我专业多了，我提到的问题，她都做出了令我满意的答复。我感觉她是在替我着想，这让我很感动”，刘先生如此评价女置业顾问。

然而，在谈到价格时，双方陷入了僵局。刘先生感觉别的方面都好，就是价格太高。置业顾问请销售经理、总监出面，把能争取到的服务、能给的折扣都给了刘先生。当刘先生继续苛刻地提出过分要求时，黄金海岸的销售人员只是摇头，但绝不开口拒绝。“我本以为他们是在玩‘太极’，后来我才知道，我所购买的这套房子由于朝向、景观、楼层都比较好，而且是依湖而建，本来就不在优惠价之列。对方的热情服务弄得我很不好意思，我对购买这套房子做投资并不是完全看好，准备过一段时间看看再说。现在对方层层争取，考虑到我是商业投资，给我争取到的价格是每平方米2 988元，以求吉利。对方处处替我着想，很热情，这让我很高兴，也很信任他们。我要是不买，自己都不好意思了”。

三、思考题

1. 房地产销售人员对客户的心理进行研究有何意义？

2. 在房地产销售的各个环节中应如何把握关键的时机，运用销售技巧，以达成销售的目的？

四、技能训练

1. 学生分为两人一组，模拟带领客户看现房的技巧，要求做到：

（1）遵守看现房的基本礼仪；

（2）对客户及现房的不同特点有针对性地进行介绍。

2. 学生分为两人一组，模拟带领客户看现房的技巧，要求做到：

（1）熟练介绍期房的地段、面积、建筑装潢、交房日期、单价、总价、付款方式、建筑规划及销售情况等；

（2）增强客户的购房欲望与信心。

3. 拟订一份酒店式公寓的“答客问”。

五、综合分析与演练

走访别墅小区，找出别墅住宅与一般住宅的不同点，并根据以上不同点，拟订一份别墅的介绍。采用自己拟订的内容，与同学互相演练。

模块五　商业地产销售与招商

引　言

商业地产销售是综合性服务品牌，销售内容不仅包括良好的物业硬件、开发商的实力、运营商的成功案例及水平、周边的商业氛围、交通配置、人流量情况、商业运作专业程度、项目定位、推广规划、品牌运营规划、经营手法、入场商家如何调度组合及功能划分等，还包括针对不同的商业形态所采取的销售和招商策略以及销售人员的素质、销售手法、销售策略、良好的口才、谈判能力、对商家的判断及评估能力等。通过对本模块的学习，学生能够掌握基本的商业地产销售与招生的基本常识。

学习任务

◇ 了解商业地产类型及主要特征，能够识别不同商业地产目标客户的需求特征。

◇ 了解商业地产销售的一般模式，熟悉商业地产销售与招商的一般流程。

◇ 运用商业地产销售流程设计模拟销售步骤，并掌握写字楼、购物中心、商业街、商铺等的销售与招商的一般流程与基本技巧。

案例导入

深圳华润中心万象城

这家由华润集团投资40亿元的大型购物广场（Mall），位于深圳，总建筑面积达18.8万平方米，于2004年12月9日开始试营业。号称“深圳最大、华南最好、中国最具示范效应的超大型室内购物中心”，是综合性商业建筑群华润中心的一部分。

华润中心万象城拥有6层商用楼面，近300个大小不一、功能不同的独立店铺，集零售、餐饮、娱乐、休闲、文化、康体等诸多元素为一身。有业界人士认为，深圳华润中心万象城是深圳商业的“新地标”之一。

在这个商业广场，一些中小主力店随着华润广场的连锁开发而出现在每一个城市里。也正因此，很多商家也迅速形成连锁品牌。

类似的案例还有：号称“全球最大MALL”——华南MALL，全球最大单体MALL—北京金源时代购物中心，上海最大的MALL——兴力达商业广场、广州集零售、饮食、娱乐、会展、休闲等八大功能为一体的大型购物中心——正佳广场，全国唯一的“亲海”MALL——海南第一MALL，上海浦东陆家嘴的——上海正大广场。

上海正大广场以世界顶级潮流的诠释者自居，号称要成为上海购物、饮食、娱乐中心和中国最卓越的生活娱乐城。

思考题： 这些大型商业广场为什么会成为“缔造奇迹的王者”呢？

任务一　认识商业地产销售与招商

一、商业地产的含义

（一）广义商业地产

广义商业地产是指用于商业用途或者具备商业功能的地产，包括购物中心、商业街、专业市场、写字楼、酒店、会展中心、展览馆等，都统称为商业地产。比如麦当劳、肯德基，也是商业地产，他们永远得到的是最便宜的租金、最黄金的地段，这本身就是在赚地产的钱，所以这也属于商业地产的范畴。

（二）狭义商业地产

狭义商业地产是广义商业地产中的细分，指用于各种零售、餐饮、娱乐、健身服务、休闲等经营用途的房地产形式，从经营模式、功能和用途上区别于普通住宅、公寓、写字楼、别墅等房地产形式。商业地产是一个具有地产、商业与投资三重特性的综合性行业，它兼有地产、商业、投资三方面的特性，既区别于单纯的投资和商业，又有别于传统意义上的房地产行业。商业房地产的形式多样，规模也有大有小，规模大的商业房地产可以达到几十万平方米，规模小的商业房地产项目仅几百平方米（又如麦当劳、肯德基），甚至更小。

小看板

商业地产名词——商圈、业态及业种

商圈是指以店铺坐落点为核心向外延伸一定距离而形成的一个方圆范围，是店铺吸引顾客的地理区域。它由核心商业圈、次级商业圈和边缘商业圈构成。核心商业圈是离商店最近、顾客密度最高的地方，约占商店顾客的50%～70%；核心商业圈的外围，顾客则较分散，市场占有率相对减少。

业态是从事零售活动的基本单位，其具体场所是商店，而商店依据销售形式不同又区分出不同的经营形态，即业态，比如百货业态、超市业态等。百货里的化妆品、皮具可以理解为一个个的业种。

议一议： 写字楼、健身馆、高尔夫球场、加油站等属于商业地产吗？

二、商业地产的分类

（一）按商业形态分类

1. 购物中心

购物中心是汇集多种零售业态和若干零售店铺的大型购物场所。美国购物中心协会认为，购物中心是由规划、建设、统一管理组成的商业设施，拥有大型的核心店、多样化商品街和宽广的停车场，能满足消费者的购买需求与日常活动的商业场所。原国家质量技术监督局的定义是：企业有计划地开发、拥有、管理运营的各类零售业态、服务设施的集合体。购物中心的特点是：所有权与经营权分离，一般只租不售；策划、开发、建设、经营都在统一的体系内运作；一站式购物，尊重顾客的选择权；是多业态、营销方式的组合；具有强大的商圈竞争力，如北京金源购物中心、燕莎购物中心等。

2. 商业街、商业步行街

商业步行街是社会文明进化的结果，是经济发展到一定水平的象征，代表了一个城市的形象。中国著名的商业步行街研究专家、北京大学著名学者胡兆量提出了四个观点：景观文脉化，环境生态化，功能休闲化，管理现代化。由此看来，商业步行街不是简单的商业街的升级。当前，在大盘住宅开发时，也会利用商业步行街的模式来引导消费。人车分流的社区里，一条富有特色的商业步行街是神来之笔，它不仅担负起了社区配套的功能，也树立了楼盘的形象和品质，一举多得。沿街铺面无论是出租、出售，都是商家必争之地，这就是人们常常看到对一个社区商业步行街大力渲染的原因。一个城市的真正意义上的商业步行街，它承载着传播地域文化、提升城市品位、拉动经济增长的责任，体现了城市商业运营的基本水准，如南京路步行街、王府井商业街、滨江道商业街等。

3. 专业市场

专业市场也指某行业市场。其基本特征为：商品结构专业性较强，各种不同的规格、品种及品牌汇集，选择余地大；销售人员有较强的专业知识，能为消费者提供充分服务；采取定价销售和开架面售方式，如建材、五金机电、汽配、农贸、花鸟鱼虫、小商品市场等。

4. 休闲广场

由于现代人的生活节奏越来越快，普遍感觉压力巨大，都渴望身心的放松，都渴望远离城市的喧嚣和繁杂，都希望能够回归自然，因此产生了具有新型休闲度假功能的商业产业——休闲广场。休闲广场在人们的企盼中闪亮登场，最大限度地放松了人们紧张的神经，深受都市市民的追捧，但客户群体在目前形式下尚欠稳定，注定了这种商业地产模式还待时间检验，稳定的客户群体直接关系到了它的成败。

5. 社区商业中心

社区商业中心是以社区超市、大型购物中心等为代表的社区商业中心。社区商业中心满足了人们的这种就近消费需要，但这种消费往往以日常消费品为主，在档次上和城市中心综合商业市场尚有差距，但是其优势是方便性。

6. 小区底商

底商是指临街住宅的第一层、第二层。一般住宅，特别是高层住宅的第一层、第二层销售都较为困难，其价位也较其他层位低。通过转向做底商，价格可以卖得更好，同时小区的商业配套也得以解决。目前市场上，大盘社区因为有多而稳定的住户，商铺的经营胜算相对较高，投资风险相对小一些，其底商率先得到投资者青睐。

（二）按经营方式分类

1. 统一经营物业

统一经营物业主要以产权酒店和商务公寓采用较多，其中也包括只租不售的商业物业。

2. 分散经营物业

分散经营物业是指一旦物业售出即由购买者自行经营的物业形式，大部分商铺均属于此类型物业。

（三）按销售方式分类

1. 销售物业

销售物业是有产权（可以整栋，也可以分割）的商铺，多以销售为主。

2. 出租物业

出租物业是只租不售的物业，一般是整栋或多栋集群在一起的物业，如北京东方广场。

想一想：按商业形态划分，目前你所在城市的商业地产中具有代表性的有哪些？

三、商业地产与住宅产品的区别

（一）开发模式上的区别

1. 建筑形态方面

住宅要求层高 2.6 米、2.7 米、2.8 米不等；而购物中心一般要求层高 5.4 米，柱距 8×8 米；写字楼层高一般在 3.4~4.5 米。

2. 销售模式方面

住宅主要以销售为主，商业地产则需要招商与租售相结合。

3. 资金实力方面

住宅的开发本身可以通过滚动开发的模式回收资金，因而资金压力相对比较轻；而一个大型的商业项目，要通过投资建成商业气氛就要求有雄厚的资金储备和抵御风险的能力，要有大的资金投入，多数情况下，其建设维护成本及单价较之住宅要高出许多。在商业发展成熟地区，一般来说商铺住宅价格比维持在 4∶1 到 5∶1 之间。这种情况造成了商铺开发及投资总额相对较大，因而风险相对较大，从规避风险的角度考虑，将会出现多个利益主体共同分担风险的局面，因此其相关的利益主体较之住宅类产品明显要多。

4. 商业运营方面

住宅只要把房子卖出去就表明项目已经基本成功了；而商业地产招商成功只是迈出了第一步，开业成功也只是成功了一半，商业运营长期成功才是真正成功，物业才得以升值，因此商业地产后期商业运营是关键。

（二）营销推广上的区别

商业地产与住宅在前期规划上存在着很大的差异。住宅建造出来是要卖的，因此前期规划主要考虑项目产品卖给什么样的人，后期营销中也注重针对本项目的目标客户；而商业地产的规划就非常复杂，前期需要很多论证，考察国内外大量商业地产的资料，设计做好后再招商：先招主力店，基本上是主动进行联系，主力店确定之后，再招小型专卖店，通过各种形式的广告让经销商到销售现场来谈，主力店是最关键的因素，如果其有一定的品牌就能够形成一定的客流量。由于商业地产与住宅在开发模式上存在着很大的不同，因此在营销推广上更是差异甚大：

1. 卖点不同

住宅营销推广的是一种“生活方式”；商业地产是一种“投资概念”，注重回报率和回报周期，其推广的核心价值是投资潜力。

2. 阶段性不同

住宅消费群体有两种，分别是自住型和投资型（一般都是短线投资收益，买卖关系为主）；而商铺以出售或出租为主，是在整体交铺后才开始正式进入实质性阶段。开业前主要受众群体为投资经营者，投放媒体广告的目标对象是主力店、次主力店、专卖店、专业店、零星小商户等，开业后整体交铺运作阶段，营销的推广重点则是如何吸引更多的消费者、制造人气、提升整个项目的商业氛围。

3. 营销周期不同

与住宅相比，商业地产项目营销周期短、节奏快。商业地产前期规划策划周期长，但是实施阶段却是一鼓作气，一般一个项目为一个营销周期，而住宅可以分期开发，所以营销周期相应较长。

4. 对象关注点不同

住宅关注点为：价格、地段、户型、品质、资信、服务和配套等，而商业地产则关注：地段、租金价格、后续管理、投资商资信、资产增值等。

四、商业地产销售的一般模式

（一）整售

整售对很多项目来讲是可遇而不可求的，商业行业整体利润较低，注重资产的良好流动性，一般不会采取直接购买的方式取得经营权。但对于总面积较小、总值相对较低而增值潜力较大的物业，仍可尝试接触部分资金实力雄厚的投资性公司，购买方式可以整体（部分）股权转让等形式进行合理避税。但一般来讲，对整售不可抱有太大希望，以免贻误商机。如果在项目前期有目标大客户，为其量身定做是最好的。

（二）不售、整租

不售、整租方式不牵涉产权转让，将数层甚至项目整体租赁给经营商，对于资金实力比较雄厚，看好有升值潜力的商业物业往往这样执行。其优点在于：整租给一家具备成功经验的商业经营公司，便于经营定位和统一经营管理，商业经营易于成功，物业租金逐年递增，形成稳定的利润来源，而且可将物业抵押融资，等待增值。但经营方进行商业选址时选择面广，谈判实力强，压价狠，租金菲薄，初期资金压力较大。

（三）不售、零租

不售、零租方式同样为资金实力比较雄厚的商业物业所青睐，但要求具备出色的招商能力和商业物业管理能力，或者有优秀的专业公司作为长期合作伙伴。广州天河城就是一个成功案例，数十万平方米寸土未售，其每年坐收租金数亿，很多经营户求租无门。并且天河城的商业经营成功带动了自身物业，周边土地、物业的迅速增值，形成了良好的社会效益和经济效益。

（四）零售、零租

零售、零租是一般中小型以及低层商业楼盘和商业步行街的做法，有利于资金的迅速回收。商铺产权分散到客户，滞销商铺则用作出租物业，但这种做法不利于扩大企业资产规模和统一经营定位。因为产权分散，难以统一经营管理，如果楼层较高，则极易出现一楼经营火爆，二楼以上冷冷清清的局面；如楼层不高则风险较低，特别适合于商业步行街。成都的罗马假日广场便成功操作了这种模式，该项目为商业步行街+大型超市，依靠着有名气的大型超市旗舰店吸聚人气，商业步行街仅为2~3层，全部分割成20~30平方米的单元商铺，总价较低，吸引了众多中小投资者，项目周期仅一年左右，赢得了丰厚回报。

（五）零售、整租

零售、整租是一种高收益高风险的运作模式，适用于大型封闭式商场。操作方法往往是：将每一层划分为10~50平方米的小产权进行销售回收大量资金，确保项目盈利。然后通过返租的方法从购房者手中取得商业铺面的经营权，其返租利率一般定在6%~10%（高于银行贷款利率才有吸引力）。

零售、整租的优点非常明显，短期内回收大量资金；实现统一规划经营，易吸引上行人流、盘活楼盘，有利于楼盘升值，让客户感受到升值空间；通过将经营权以返租的形式从产权所有者手中收回，交给真正有经营实力的大商家进行经营。

但是通常零售、整租的合同期不可能很长（如长达15年以上，一些购房者取回商铺的经营权时已进入老年），一般10年为限，但10年后业主进场自行经营或自行出租，会破坏商场统一经营格局，引发一系列问题；大型封闭式商场的基本无临街铺面，各个商铺能否增值主要依赖于商场整体经营的成绩。因此三楼以上销售难度大、客户风险高，一旦商场经营失败，会导致业主租金颗粒无收。

五、商业地产项目销售工作流程及销售策略

（一）销售前的准备工作（项目筹备期）

销售前的准备工作是以项目策划方案结束为起点，即项目有关的前期论证和定位已完成，为客户积累阶段进行一系列产品道具制作的过程。

销售道具包括：

1. 沙盘（鸟瞰沙盘、剖面建筑模型）

沙盘是在一些大型商业房地产项目中，销售人员为了更好地展示项目周边环境和建

筑物特点，通过介绍项目周边环境沙盘和建筑物模型，使客户产生最直观的感觉。

2. 建筑概念效果图（鸟瞰、日景夜景图、卖点区域效果等）

建筑概念效果图是在设计上突出建筑的设计亮点和优点，如有中庭，则表现出中庭的优点；如有大广场或景观等，则将其着重表现出来。某些项目在建筑概念效果图的基础上甚至要求制作三维动画，做成一分钟左右的短片，在电视屏幕上循环播放，或随楼书赠送。商业地产项目销售所面对的客户大多数是非专业人士，他们很容易被感性的表现所吸引和诱惑，所以对于商业地产销售（招商），一幅漂亮的效果图会令客户在脑海中产生遐想，以致产生一些美好的憧憬，促进项目的销售。

3. 平面布局图

平面布局图除了要体现铺位的分割设计，有关结构、暖通、电力、消防设施等的设计也同样重要。平面布局图做成展板和单页，有利于销售人员分发，向客户进行传播。相对于住宅项目销售而言，商业地产项目在平面布局的好坏和使用率的高低对项目至关重要。

4. 销售文本准备

销售文本具体包括项目认购书（或排号协议书）、招商销售流程、商户来电来访登记表、客户资质审核表、价格表、销控表、答客问、行销手册、经营管理公约、铺位卡、产品目录表、租赁合同、销售合同、委托合同、商户装修守则、按揭银行及按揭贷款流程、客户须知、认购财务一览表等。

5. 网络销售道具

网络销售道具主要包括网络建设、网络发帖一览表、网络登记表、邮箱登记表、网络工作记录表等。随着网络技术的快速普及，网络推广已日益成为很多产品推广的重要媒介。在北京、上海、沈阳等一二线城市，网络在地产销售中因其迅速性、有效性、互动性较强而逐渐取代报媒，成为第一大媒介。对于网络客户，销售人员要通过网络渠道将其尽快转变为来访客户，同时要对网络的有效渠道和传播诉求点进行即时分析，以便提高工作的有效性。

（二）客户积累（项目蓄水期）

客户积累是指在商业地产项目中，为了保证项目开盘顺利和红火，必须使客户的蓄积达到满足开盘的标准，按照时间的进度，从项目形象面市（形象亮相）开始，一直到开盘这段时间，都称为客户积累阶段或项目蓄水期。在商业地产项目中，如果只完成项目30%~40%面积比例的招商，是达不到开业标准的，招商要完成70%以上的面积才能达到开业标准，有的项目须达到80%以上面积方可开业。所以为了使招商面积比例达到开业标准，销售人员对客户进行适当的蓄水是非常有必要的。

1. 客户蓄水登记

客户蓄水登记是在形象亮相后进行的必备工作，就是对有意向的客户进行登记的过程，同时建立客户数据库，为客户分类，做好数据分析。客户蓄水登记包括来电客户登记、来访客户登记、陌拜（陌生拜访）客户登记、网上客户登记、异地客户回访等。其中，来访客户是有效性最高的客户；陌拜客户与来电客户的有效性相对较低，应尽量将其发展成来访客户，提升有效性；异地客户和网络客户的有效性也偏低，对这两种客户都应将其发展成为来访客户。

2. 回访审核数据库

回访审核数据库包括来电客户回访审核、来访客户回访审核、网上客户回访审核、异地客户回访审核、每日每周每月数据处理等。通过回访审核，最终完成对客户有效性的鉴别，最终的成交客户很可能就是回访审核之后的客户。

3. 大客户落位

大客户落位是蓄水期完成客户登记后，通过审核确定主力客户和普通客户。大客户在价格、位置等方面都与散户有所不同，要有一些特殊优惠待遇。除了既定引进的目标品牌客户外，在来访客户中如有商圈内有影响力的客户，也属于大客户或主力客户的范畴，对待他们要实行专人负责、提前放进，必要时要有适当的优惠政策。

4. 主力配套商业引进

主力配套商业引进是指如麦当劳、肯德基等主力配套商业的谈判周期较长，大概在半年左右，要注意进行提前安排。

小看板

形象亮相

形象亮相是项目面对目标客群的第一次公开亮相，在作用上与开盘、开业等行为具有同等重要的意义。形象亮相就是把形象口号、项目名称、外立面等展示项目基本信息的要素通过全方位地饱和式传播，尽可能达到轰炸效果，让所有目标客群迅速感知项目的基础信息并留下深刻的印象。如同谈恋爱的首次见面，形象亮相的目的是向目标客群展示项目美好的一面，从而形成有利的正面传播。在形象亮相中，常用的口号有“××项目隆重登场”“××项目盛装出境”等。

（三）开盘前的筹备（项目预热期）

开盘前的筹备是指在开盘前一周左右的时间，需要进行开盘前的筹备工作，也称为“预热期”。通常的预热方式包括：

1. 拍卖

拍卖是拿出好铺位进行预先销售的预热方式，是销售方法的一种。针对一些好铺位，如电梯口、通道交叉口、外门面铺位等进行拍卖，使市场普遍认同较高的铺位，在拍卖中产生不同的溢价。拍卖的溢价是个虚价，通过虚价确定标杆价格，以此来提高人们对基础价格的认同和追捧。拍卖的作用是能对价格进行有效的控制，能切实对市场的认同度、资金承受度等有一个理性的认知。

案例

山西某商厦铺位拍卖活动，采用的招商方式是收取入场费的模式。当时市场上的价格认同区间集中在5万~6万元/铺，而开发商的心里理想值在10万元/铺，同时因为资金问题，有依靠拍卖回款的想法，于是便在每层挑选几十个处于主通道位置的铺位进行拍卖。在拍卖现场通过雇佣他人来控制价格，将拍卖价格拉升到10万元/铺，使价格线完全按照设定的方向发展。当某一铺位价格达到10万元时，相邻铺位的认同价也就在10万元。通过虚实结合的做法，价格锁定在目标线上，从而树立了价格标杆。

2. 排号

排号是指进行交易的一种优先次序，以排号、发号的方式对项目的登记人进行优先认购安排。排号的技巧就是第一位客户不要从001号开始，而是在前边留出一些空号，在中间也可加入一些空号，使号显得充足些。这种模式主要用于规模较小的项目，或是对客户的选择要求不高的项目。

3. 特价销售

特价销售是先拿出不好的铺位进行销售。跟拍卖相比，这两种预热方式都是根据项目实际情况而选择的。拍卖是树立价格标杆、打破观望和博弈情况所适用的技术手段，特价销售一般在非常受热捧的项目中使用。

案例

北京某项目，当时市面同类产品价格在每平方米12 000元左右，先行开始销售时，采用排号抽签制，推出临铁路一侧的不好户型，以每平方米8 500元的超低价先行推出，通过特价销售形成热销，同时为好户型的热销打下基础。

4. 入围

入围是进行客户筛选的一种方法，易和其他方法结合使用。当客户认同度较高时，一般采用入围的方式。通过入围，让客户的积极性进一步提高，然后在入围环节炒作一下，使入围证变得抢手，从而为下一步顺利开盘打下基础。例如某项目共计800余铺位，蓄水期客户蓄积量达到1 500余户，认同度很高，而且人均需求的铺位数一般都在两个以上。项目通过入围方式后，对有效客户和实力客户进行筛选，即设定入场资格，然后只针对入围客户进行开盘。这样，在开盘之前未入围的客户非常着急，从而进一步推动入围客户入驻的积极性，使之对铺位挑选标准降低，价格承受也因此变高，为成功开盘做了良好的铺垫。

5. 内部认购

内部认购是试水的一个方法，在很多商业项目中都经常使用，主要是内部关系户和大客户的认购分配。但要注意不可过分运用，否则会适得其反。通过内部人员的口碑宣传，使散户产生期待从而在开盘时形成抢购热潮，这才是成功的内部认购运作。

6. 借势与造势

“势”这里指项目所受目标客户群追捧的发展方向，即态势。招商如同作战，必须借助有利的条件、一定的“势”，才能顺利达到成功。如果“势”不在或条件不成熟，则要人为制造一定的“势”，即所谓借势与造势，预热就是借势与造势的有机结合。

借势是借助现有的“势”，从而为下一步“势”的发展而努力。借势主要是寻找对本项目有利的点，例如：在价格环节，相邻物业的高价值和高转让费，可以很容易让客户对本项目产生美好的憧憬，借助相邻物业高价格这个势，放低本项目价格，从而在价格方面借势；或从硬件设施借势：如扶梯、中央空调，或与周边物业相比，铺位的规格大、单层规模大等。

造势是对于某些自身有缺陷的项目进行的预热方式。常见的造势方法有拍卖造势、包装造势、主力店的引进或大客户入住等。如某项目引进沃尔玛，借助其品牌号召力和影响力，使项目热销金额高达10亿多元。还有如某个热区最受人追捧，借助热区火热的业态，将冷区夹杂在热区中出售，从而以热带冷。

（四）开盘（项目强销期）

开盘是项目最有里程碑式的节点，开盘之日即为强销的开始，这个阶段也可单称为开盘期。开盘之日即是向商户收取定金之日，它与形象亮相的公开日不同，虽然都是面向商户的第一天，但现场情况差别却很大，有可能形象亮相之际及登记的一批人群在开盘交款时却不见踪影，开盘的红火才是招商销售真正的成功。

1. 放量

开盘强销期按照放量的时间长短分为井喷式、间歇式和导入式。所谓井喷式就是指短时间内量的迅速喷发。经过蓄水、预热，使商户的热情在开盘之日达到高潮，蜂拥而上，迅速完成销售目标。间歇式在大型项目中较为普遍，大项目通常拆分进行分批放量，形成间歇式的强销，从而出现多个开盘热点，但它的热度不及井喷，它实际是若干个小井喷的组合。导入式多在产权商铺销售或在预热期已大量放盘的项目中出现，其热度不容易一下激发。开盘日是先期工作的延续和新方式的转化，开盘日会红火一段时间随后马上进入一个平稳期。例如，中小项目在放量时，现场一方面要控制好节奏，另一方面利用现场的热潮刺激滞销和位置不佳的铺位“出货”。大项目的分批放量实际就是根据业态、楼层和客户群的不同进行拆分，拆分几个中小项目来放量，但放量的过程是一样的，每一个集中放量的过程都要控制在半个月之内。

招商类项目的强销期从表现形式来说都很短，这是由项目自身特点所决定的。招商类项目面临的商户是窄众人群，在针对窄众人群开盘放量之前已将大客户和主力店落位。在强销期对散户放量，形成井喷、实现热销，迅速完成招商目标，剩余边角的铺位在持销期和扫尾期中处理。超大盘则可拆分二次或三次，以这种步骤反复进行。销售类项目通常指的是产权销售或使用权销售，如果销售所面临的客户与招商客户视为同一个群体，即商户群体，那么销售类项目的强销期表现和招商类项目完全一致，也属于井喷式。例如，北京雅宝路国雅大厦实行三十年使用权买断，其购买客户和租赁客户都是边贸从业者，所以销售的表现和招商一致，出现集中井喷。如果销售类项目的强销期面临的客户是投资人，那么在蓄水量足够的情况下更易形成井喷，跟经营的商户相比，他们要盲目一些。在产权商铺的销售中，除了认同度高的项目会出现井喷式的强销外，大部分项目由于针对的销售对象比较分散，强销期的表现更像是持销期，周期较长，这点和住宅的强销表现很类似。

2. 销控

销控是项目在放量时，现场一方面要控制好节奏，另一方面利用现场的热潮刺激滞销和位置不佳的铺位“出货”。在开盘放量时如果人流聚集较少，可适当拖慢放铺节奏，选铺的人一组一组地进，人数不要过多。如果安排放铺，要使其产生紧迫感，如不断催促“还有人在等，给你已实属不易”之类的语言。销控表是在销控完成80%才能使用的道具。

（五）销售中期（项目持销期）

销售中期是买卖双方相持的阶段。通常来说，住宅项目的持销期较长，但商业地产与住宅不同，一个健康的商业项目其持销期不会太长，即在强销期时就完成了整个项目80%~90%的销售（招商）量。

持销期的销售其实就是和观望犹豫的客户进行心理博弈的过程，通常采用一系列的策略、方法打消客户疑虑，逐步实现入场。在持销期热度下降后，尤其需要口碑传播和销售人员的单兵作战能力，包括销控核对、促销、价格调整、产品属性分析、客户属性分析、业务人员组织、安排、客户建档、客户积分、铺位调整等。

（六）销售后期（项目扫尾期）

1. 临近开业的二次强销扫尾

临近开业、商户入场内部装修时，项目就进入一个扫尾高峰，这个阶段可称为二次强销扫尾。为了使入场率达到90%以上以迎接开业，这个阶段可对某些冷区铺位的价格进行优惠调整，对付款方式也可实行分期支付。

2. 开业后一周或一个月的扫尾

开业后一周或一个月，可以利用开业的利好条件和开业现场的热闹气氛刺激扫尾工作完成。这个阶段扫尾就是利用热度将边角冷区的铺位迅速出尽，不可拖延。

3. 养市阶段的扫尾

如果是规模较小的项目，开业后在养市阶段，度过冷淡期后，这类边角冷区铺位到旺季就消化掉了，而且通常都是已入场的商户进行二次消化，或是通过老客户带动新客户进行消化。如果养市期呈现恶性发展，此时若想完成扫尾则很难，这样就要重新做销售系统，在改进原有的技术基础上，重新包装、推广和销售，招商人员再重新找新客户，再经历一个漫长的招商期。

4. 扫尾价格策略

此时对待客户主要沿袭持销期已定的价格和销售方式，但为了售出清冷区域、保障开业入住率，对于部分冷区边角铺位，销售人员通常要进行折扣销售，而且打折的幅度应大些，有时甚至会给3~6个月的免租期进行变相降价销售，以保证开业入住率。

5. 扫尾期人员管理

在扫尾期，每天都有转让或市场收回的铺位，所以扫尾期的铺位是动态变化的。此时的销售人员需要每天开总结会，对每天新增铺位和剩余铺位要有充分的了解，尤其是了解铺位在卖场的现场情况，可以带领意向客户直接参观。

想一想：商业地产项目销售各个工作流程的销售策略是什么？

六、商业地产项目招商

（一）商业地产招商的意义

招商工作作为商业地产运营的重要部分，从一开始就举足轻重，毫不夸张地说，招商工作的成功与否是评判商业运营是否成功的唯一标准。招商是商业地产收益的实现形式，一个商业地产项目运作成功与否就看是否能按计划成功招商。因而，对于商业地产来说，掌握制定切实可行的招商策略、进行细致全面的招商谈判，有利于商业地产项目的运作成功。

（二）招商与销售的关系

1. 商业地产项目招商是促进销售成功的重要因素

成功的招商是决定项目是否能够运营的前提，同样也能对销售起着促进的作用。商业地产项目运作的时候经常提倡一点：招商先行，销售后续。科学招商可以促进销售的顺利进行。

2. 成功的招商给投资者带来投资的信心

投资者要初步判断项目的日后经营能否成功，那就取决于项目在招商的时候能否招到一些影响较大的商家。如果有大商家进驻，我们就可以借助有影响力的品牌商家来提升项目自身的影响力以及知名度，从而提高投资者的投资信心。

3. 通过招商提升物业本身的地产价值

对于开发商来说，要成功开发一个商业地产项目，一定要有长远的战略目光，不能仅仅把目光放在销售金额的回收上，而更应该考虑在招商中合理性地安排业态，以及日后的经营管理，从而通过成功的招商和经营来提升物业本身的地产价值和开发商品牌价值。物业的售价也可以借助成功招商进行提高。销售率当然也就节节上升了。

4. 招商原则对销售不是制约而是引导

许多人认为，只要把商铺全都销售出去那就完成任务了，担心招商的原则（对客户及经营范围等方面的规定）制约着销售的进行。虽然我们不能否认有这样的制约，但是这种合理的制约是以以后成功的经营为前提的，制约一部分投资者的同时也引导着这些投资者，同样也对另一部分投资者起着增强投资信心的作用。与其说招商原则制约着销售，不如说招商原则引导着投资者进行合理而又有保障的投资，所以说招商原则对项目的销售和成功经营起着举足轻重的作用。

议一议：招商与销售之间的联系与区别？

（三）商业地产招商策略要领

1. 合理的时机选择是成功招商的前提

由于商业地产的招商时间相对较长，一般来说，招商要分主力店群和中小店群两个招商阶段，而确定这两个招商阶段与整个项目建设的时间关系至关重要。由于主力店群决定项目产品的形式，在产品形成之前，开发商须确定主力店群，并按其要求设计、建造相适应的产品——商业设施，所以主力店群的招商集中在项目业态组合之后、规划之前。中小店群则对形成后的商业设施改造要求不大，因而中小店群的招商可在主力店群确定之后才正式进行，当然项目建设期间可进行各类中小店的招商咨询登记工作。因此，中小店群的招商分散于整个项目的建设期间。

2. 准确的前期规划是成功招商的基础

商业项目的招商必须以准确的项目定位和规划为基础。项目规划应包括主题定位、商业建筑物情景营造（外部环境艺术处理、内部气氛艺术塑造、环境艺术特色设计等）、商业业态组合布局、主力店、品牌店、特色商铺区域设计等，并形成清晰的招商规划系统。大多商业地产运营商很难做到招商“一步到位”，原因就是前期商业地产规划不到位。

3. 品牌资本、品牌同盟是成功招商的保证

商业地产的复合业态增加了招商难度，但建立起品牌同盟，运营商无须花太多的广告费用即可成功招商。

4. 成功招商的关键在于成功的沟通

商业地产开发与住宅地产开发最大的区别在于服务对象不同：住宅开发主要面对终端用户群体；而商业地产开发面对的不仅是商铺投资者（主要是个人和机构经营者），最重要的是关系商业地产项目持续经营的数以万计的消费者。运营商的招商针对的是特定的经营者，换位思维、良好沟通成为招商的关键。商业地产项目的招商不应是单纯租赁的交易关系，而是需要从经营者的角度为出发点，从商业规划、经营管理等诸多方面给予经营者信心。

（四）招商步骤

1. 市场调查

市场调查是招商工作的第一步。最先要做的是对目标所在市场的调查，主要针对项目周边的交通人流、居民收入、消费习惯和消费层次等；另一个调查的方向是周边商铺目前的经营业态、经营状况、租金水平、经营面积等。这两方面调查非常重要，它们决定着项目的发展和前景。

2. 商业定位与业态组合

在对项目进行商业定位时，要充分考虑到项目所在区域的消费习惯、经济发展水平等因素来决定经营什么类型的产品，是中档还是高档还是更精细一点的东西，经营业态如何进行组合及布局的划分。只有定位准确、业态组合合理，才能在招商过程中找准目标，才能有的放矢地制定招商计划，免做许多无用之功。

3. 品牌主力店的引进和规划

按拟定的市场定位和业态组合确定初步品牌主力店条件。通过相关网站、展览会、研讨会等各种渠道，接触、了解符合条件的零售商或其他服务商，并掌握其开拓新店的计划，最后再确定品牌主力店目标名单，并依据品牌号召力将其设立成高级、中级和普通级目标群，便于后期的规划安排。

4. 充分掌握客户需求

召开主力店招商恳谈会，邀请前期已掌握的相关目标群所有的客户参加，恳谈会的

内容主要是征求他们对项目主力店合作的条件、可能性及其他方面的建议，而这些建议均可用于制定合理的招商条件和政策。召开恳谈会时，可邀请当地政府相关领导或职能局的领导参加，并请他们在会上介绍当地的投资情况和表示支持的态度。当然，最好能邀请当地有影响力的媒体派记者参加恳谈会，并给予造势的宣传报道。

5. 招商推广

通过广告媒体宣传，结合人员推广，包括向外派发海报，海报的内容会更广泛且更详细，因而更能吸引人。另外还可采用直接上门拜访的方式，通过这种方式告诉他们这个商场的地理位置、经营模式等。要想尽一切办法让客户到现场来，这是非常关键的一步，因为现场的印象会更加深刻。

以某市盛达园水映街区为例，该项目所处地区周边近几年大规模拆迁却没有及时重建，致使该地区“商气”“人气”严重不足，因此项目售价较低；同时超低的价位和该区域广阔的发展前景也使该项目具有很大的升值空间。在通过多期的报纸广告与多次传单发放宣传效果甚微的情况下，联合商业地产部改变策略，对目标客户进行短信群发，目标客户条件限定为高端客户群，主要考虑其充足的购买力与较强的投资意识。上述人群多具备很强的经济实力，是购买商铺的主要群体。此次短信群发反响强烈，项目在短时间内取得了良好的销售业绩。事实证明，有针对性的短信群发是商业项目非常切实可行的宣传方式。

6. 客户洽谈

运用各种招商技巧，如电话约访或直接面见客户的形式，对有效的客户进行初步筛选。先是与客户的初步约访或面谈，招商人员要注意自己的言行举止，先是从整体上给客户一个良好的企业形象，而且要求招商顾问对本项目的基本情况要一清二楚，要做到与客户对答如流，严禁客户一问三不知，要让客户对招商人员产生依赖感与信任感；然后，招商人员要定期与客户沟通交流意见，及时反馈客户的意见，确认客户投资经营意向的诚意度，对客户要实施跟进，争取成为本项目的有效客户。针对某些特殊的客户提到的一些较麻烦的条件，如招商人员不能即时对客户做承诺的，必须及时向在场的组长反映，经过上级领导的商议再另行及时回复客户；另外，招商人员应运用其他招商手段与技巧对各类客户进行有效地把握，确保为顾客提供优质到位的服务。

双方根据谈判的条件，拟订合同细则，并有义务按照合同的约定遵循合同中各项细则，以合同中的约定作为双方行使权利和义务的准绳。

7. 客户进驻

经过与客户的访谈商洽和签约，招商的前期工作已完成，接下来需要根据客户的要求协助客户安排装修队进场进行商铺装修，按照合同约定的客户进场时间，确定具体的装修时间与进度。客户可在商场统一装修标准的前提下提出具体的装修方案，按照客户对商铺的装修标准要求，开发商监督施工队的施工质量与进度，确保客户可以按照约定的进驻时间进场经营。

8. 试业、开业

为了保证广大商户的经营利益，商场可以进行首次试业、开业仪式，以树立本项目的形象与提升本项目的知名度，引起社会的关注，进而有利于商场以后的正常营业、运作。

9. 商业物业管理

商业物业要做旺，商铺及周边环境非常重要，必须有配套的规范的运营管理体系和旺场措施，如水电配套、物业管理、形象统一宣传等。这样才能保证商户的正常经营，在洽谈的时候会给商户安全感和信心。

（五）招商渠道

商业物业招商可以委托专业招商咨询机构进行项目招商，也可自己搭建招商团队进行招商工作。

对于商业房地产项目来讲，将国际知名零售商请进来有利于整个项目的招商，通常国际招商咨询机构更了解国际知名零售商的需求，所以委托国际专业咨询机构进行商业房地产项目的前期招商更能有效促进项目的进展。

招商渠道的主要形式分为境内和境外两种，以境外招商最为复杂。境外招商不同于在境内举办的各种招商活动，它是一种跨国界、跨经济形态、跨文化的传播和沟通，涉及政治、经济、文化等领域，前往国家或地区的对外投资法律、语言环境、风俗习惯乃至宗教信仰都将对举办招商活动产生直接的影响。招商企业要根据项目拟引进的商家情况，选择恰当的招商渠道。

1. 项目洽谈会

项目洽谈会是招商最为常见的一种形式。它是由招商单位携拟合资、合作或引进的项目，有针对性地与商家洽谈。其特点是针对性强，易于吸引有兴趣的客商；影响大，实效性好；主办者可以派遣技术专家与客商直接进行接洽等。

2. 项目发布会

项目发布会是招商经常采用的方式，它是由主办者在一定的场合公布拟引进合资、合作的项目，阐述招商项目的特点和技术、资金要求等，以期吸引客商。

3. 经济技术合作交流会

经济技术合作交流会是另一种的招商引资方式，其特点是层次较高、范围较大，而且可以是多种行业的招商。

4. 投资研讨会

投资研讨会是一种较小型、时间较短的招商形式。它通常是由政府部门、经济研究机构举行的区域性投资战略、政策、现状和发展趋势的研究讨论会。其特点是灵活、既务虚又务实，主办单位可以公布一些项目进行招商，可以介绍本地区的投资环境和利用外资的政策，达到宣传的效果。

5. 登门拜访

登门拜访是招商效果明显的辅助性活动。招商单位专门派出招商小分队或在国内外举办集会式招商活动之余，拜访跨国公司、投资咨询顾问公司、会计师行及其他中介机构，宣传投资环境，具体介绍投资项目，探讨合作事宜。其特点是机动灵活，针对性强，气氛融洽，容易引起被访者的兴趣。

想一想： 对一个数万平方米的专业市场项目进行招商，你认为有哪几种招商途径（方式）？

任务二　写字楼销售

一、写字楼简介

（一）写字楼的含义

写字楼原意是指用于办公的建筑物，或者是由办公室组成的大楼。作为收益性物业，写字楼也常常被用来全部出租，以收回投资和取得利润。首先，由于写字楼的使用者基本上是用来进行盈利活动的组织，所以要求写字楼提供方便和快捷的办公条件；其次，作为一个人们将度过生命中很长一段时间的空间，写字楼必须是一个能让人们工作在其中充满活力的空间，也就是人们对健康、文化的需求。

（二）写字楼等级的划分标准

写字楼按照其综合质素不同，可以划分为甲、乙、丙等几个等级。就中国的办公楼市场而言，一般分为高档物业（甲级写字楼）、中档物业（乙级写字楼）和低档物业（丙级写字楼）；而高档物业又可细分为两个部分：顶级和甲级写字楼。顶级写字楼与国际写字楼标准相符，甲级是按照本地市场现行标准划分的。所谓甲级写字楼主要是参照了四星级酒店或五星级酒店的评级标准，是房地产业内的一种习惯称谓。由于写字楼物业在不同的市场各不相同，写字楼的分类标准通常是基于每个市场上的相对质量，如在一些小城市还没有顶级写字楼与国际写字楼；对于超大城市（如北京、上海、深圳等），在办公物业划分时除要考虑一般楼宇品质外，还要充分考虑城市交通和城市规划（CBD 布局）的因素。

“5A”标准是目前较流行的评定方式，但“5A”概念有两种评定方式：一是狭义地针对智能化硬件方面，包括 OA（办公智能化）、BA（楼宇自动化）、CA（通信传输智能化）、FA（消防智能化）、SA（安保智能化）等；二是广义地指综合“A”级评定标准，包括：楼宇品牌标准、地理位置标准、客户层次标准、服务品质标准、硬件设施标准等，在上述方面如果有两项以上不能达到优良，则不能获得硬件设施标准 A 级。

小看板

表 5-1　国际商会中心 5A 写字楼的标准

5A 智能化标准	国际商会中心
楼宇自动化	可变冷媒流量空调系统，分户独立控制；电梯群控系统；变电系统；照明控制系统；公共广播系统；三表自动抄送系统
消防自动化	火灾自动报警系统及消防联动控制系统；自动喷淋系统；消火栓系统；防排烟系统；无线灭火系统；二氧化碳灭火系统
保安自动化	保安监控系统；报警宽频系统；巡更系统

续表

5A 智能化标准	国际商会中心
通信自动化	综合布线系统；网络宽频系统；共用有线电视系统；电信覆盖系统
办公自动化	会议中心系统；会议管理系统；电子布告管理系统；专业软件物业管理系统

二、写字楼与住宅的差异

在房地产行业中，由于产品特性和客户特性的不同，住宅销售和写字楼销售有着非常大的差别。住宅销售是一种产品化的销售，潜在客户和成交客户数量相对多，整个营销过程更强调营销策划定位和项目定位准确，只要进行规范的销售组织管理，将营销广告活动与销售现场配合好，就可以保证项目销售业绩。而写字楼销售则强调个性化销售，或者说是关系营销或组织营销，由于潜在客户和目标客户数量相对少，整个销售过程更强调对每一单销售进程的管理，强调对每个意向客户决策关系网的分析和公关，更强调一种团队协作销售。写字楼与住宅的差异化主要体现在产品、客户以及销售等方面。具体区别如表 5-2 所示。

表 5-2　写字楼与住宅的差异

项目	分类	住宅	写字楼
产品差异化	地理位置	多样化 区别：根据客户群有较大不同	单一（核心区域） 区别：在于程度上的不同
	建筑结构	除本体之外，配套较多，满足生活所需的所有项目	除本体外，配套少
	户型结构	功能丰富，布局成型	功能单一，布局随意
	产品特性重点	关注朝向、通风、采光、景观、绿化、社区环境等	关注楼体形象、内部配置、交通位置等
客户差异化	外表特征	无一般特征，关键在于对购买决策的影响力大小	有一定特征
	客户特性	体验消费、感性、冲动	需求性购买、理性、稳重
	关注重点	注重自我的消费倾向，生活氛围带来的便利或享受	注重公司的需求，商务氛围带来的利益
	购买行为	个人或家庭行为，决策期相对较短	公司行为，时间较长、考虑因素较多
	喜欢的销售类型	热情、亲和力	理智、知识型，能得到良好的建议

续表

项目	分类	住宅	写字楼
营销措施的差异化	销售氛围	热闹、丰富、有趣；将生活享受表现到极致	单调、枯燥、安静；将商务氛围表现到极致
	销售现场	煽情、火爆、匆忙；服务项目较多	简单明了、冷色调居多、持重；服务项目少
	营销措施	活动种类多，运用幅度较大	活动少，运用不直接

三、写字楼的一般销售方式

（一）现场接待（坐盘销售）

现场接待是房地产销售工作中最为重要的方式，产品的最终成交多为通过与客户在现场接待中心的谈判完成。这种方式的特点为客户购买特征比较明显，目的基本明确；同时，客户已通过对现场的观察产生了一定程度的兴趣，此时辅以销售人员的努力游说较容易达到促成交易的目的。坐盘销售需要在广告宣传上予以较大的支持，以吸引客户注意，促使其拨打热线咨询电话或前来现场咨询，销售人员即可通过游说促成交易。

（二）直销

1. 专员直销

专员直销即聘请有“关系”人士针对写字楼有需求的企事业单位进行攻关，往往会起到事半功倍的效果。

2. 电话直销

电话直销就是根据项目定位，从商业电话簿或名片上找到客户电话，用电话方式咨询其是否有需求，但命中率较低。

3. 扫展会

扫展会是不错的办法，根据写字楼的定位遇到恰当的展会去派发项目资料，有利于项目销售。

4. 扫楼

扫楼是比较有效的一种办法，进入大厦派发项目资料及名片给客户，增加项目知名度，累计项目潜在客户。此种方法一般比较耗费人力，需要长期的积累，一般为中介二手部门采用。

5. 小组公关模式

小组公关是由销售人员、销售主管、销售经理、公关经理、总经理等所构成的流水作业过程，并在中间穿插工程、财务等部门的配合，侧重集体作业，适合整售策略。

（三）展销会

在展销会上，写字楼项目一般参与较少，不过有时候可以作为一种宣传工具，来增加项目的知名度。

（四）促销

因为写字楼交易谈判周期相对较长，不可控因素相对较多，死单的风险也相对较高，所以以一定的促销方式让其在最短时间内成交就变得尤为重要。

四、大客户销售

（一）对企业客户关键信息的采集

大客户一般是指企业或公司，其购房不同于个人购房，大客户购买时需要考虑的问题是不同的，很大程度上和客户自身企业的一些个性化特点相关。因此，销售人员在收集公司客户的信息时，一定要了解客户的人员数量、客户对办公面积需求的情况等关键客户数据，由销售经理指导基层销售人员的信息采集工作，提醒他们注意哪些是客户的关键业务信息，通过计算机系统记录并共享，以便于企业判断客户需求、有效组织销售策略。

（二）注重潜在客户线索的管理与跟踪

由于写字楼销售的目标客户数量相对有限，因此更强调对每一条销售线索的管理与跟踪。每一条有效的客户线索都应该及时进入计算机系统的管理，以取代传统的业务信息管理方式，使销售管理人员能够实时掌握最新的客户信息动态，及时做出业务判断和指导，监督和推进销售人员的具体业务跟进过程，同时也避免这些宝贵的业务信息流失。例如客户的来电、来访，销售人员对客户拜访，客户与销售人员的谈判等，销售人员与客户的所有接触过程都要记录下来，最终形成一个与客户交互的完整历史，销售相关的每个人都可以及时了解到客户发展的最新情况。销售经理还可以给每个置业顾问做出业务分析并给出指导，同时也是对销售人员进行绩效考评的一个依据。

（三）强调客户决策人的公关管理

一个企业的购房或租房行为，关系到企业的长期计划，是一个复杂的集体决策的过程。最初一般由企业的一个文员来根据企业的既定要求寻找楼盘，开始与置业顾问联系。待有初步意向后，可能是企业的行政主管和置业顾问接触，了解更详细的情况。随后，企业的各级领导都可能在不同阶段和置业顾问交流，甚至企业的各个部门也会向置业顾问表达他们部门的特殊要求。直到最后，客户公司的总经理、董事长等决策人物出面考察和谈判。此后，还可能有企业的律师、财务总监等再进行谈判。

总之，在写字楼的一个销售过程中，置业顾问或销售人员可能会接触到企业方方面面的人员。因此对于公司客户，销售人员不仅要关心公司详细的资料，而且要了解和掌握客户企业的所有联系人的信息，特别是要通过调查和分析客户之间的职位关系，以判断他们在购房行为中所起的角色作用，分析决策的关键人物。通过公司类型的客户信息管理中，建立联系人和决策架构的管理，实现对实际销售的支持。

（四）强调销售团队的组织与协调

由于写字楼的购买对于大多数企业而言是一件事关企业发展的大事，投入也大，购买行为是十分理性和谨慎的，对于产品需要全方位的深入了解。对于配套设备高、技术智能化的写字楼项目，销售部门通过针对具体客户特点而组成对应的专门销售小组，形成写字楼销售中的一种有效的团队合作机制。小组中包括负责的销售员，并有市场、工程等相关部门人员参加或支持，甚至公司领导也配合参与具体业务的公关。针对写字楼客户的团队公关，也是公司实力、规范化服务的体现，会增强客户对开发商的信赖感，提高谈判的成功率。

（五）需要移动销售（行销和外销）

由于写字楼客户大多为企业客户，因此，写字楼销售的工作除了坐销外，还包括大量的上门销售、公关服务，以及参加各种大型活动来创造更多的销售机会。

（六）更注重客户服务

写字楼针对企业客户销售中的关系营销，注重保持与客户的关系，特别高度重视顾客服务，强调履行高度的客户承诺和客户联系，这种服务一般从销售进程开始一直到售后。例如：销售过程中，为促使客户成交，销售人员可以根据目标客户的具体情况，提出针对性投资分析报告，帮助客户提供决策依据；或者客户入住以后装修的时候，如果有需要在装修等事项方面需要帮助的，销售人员都应尽力为客户做好协调和服务。

（七）需要销售工具与项目档次配套

写字楼销售面对的都是企业客户，所以对销售人员及销售工具都要和客户对等，以促进销售。因此在具备基本的销售工具前提下，在满足功能要求的同时，都应该充分考虑到美观性和规范性。

（八）对营造客户商圈的支持

写字楼集中的商务客户，由于自身行业业务特点，有其很鲜明的地域和行业氛围特点。因此写字楼的销售会充分利用和发挥这一点，对特定行业组织进行针对性销售，创造地域性的商业氛围。在相应的销售管理中，也通过营销活动的管理功能和客户的会员管理功能，帮助企业组织相应的互动管理和会员管理。

五、写字楼销售对销售人员的要求

（一）熟悉媒体新闻

销售人员应注意平时多读书、读报，尤其是经济类报纸如《21世纪经济报道》《中国经营报》《经济观察报》等；同时对于经济类新闻和评论也应加以关注，如《时事开讲》《经济半小时》《财经报道》等。另外，也要随时关注网络新闻，如全球经济报道网络周刊、Google、Sogou等。

（二）与客户广泛谈论相关信息

与客户谈论的内容可以表现出销售人员的水平及专业性，增强客户对销售人员的信心，谈论的内容可以涉及开发商的行业背景、发展历程、未来定位、发展方向、利润增长点等。

（三）熟练使用英语

写字楼的客户群会涉及海内外各类人士，因此写字楼销售人员要熟练掌握英语

（重点是与本项目有关的介绍、客户关心的问题等方面的准确表达），便于与外籍目标客户进行交流。

想一想：写字楼销售人员与住宅销售人员在要求上有什么不同？

六、写字楼出租

（一）媒介推广

写字楼的出租与销售在媒介选择上基本没有区别，在推广中区别在于预热期持续时间更长，主要目的是为了增加项目的知名度，企业新闻策划所占比重更大，在项目入住前期硬性广告投放量会逐渐加大。

（二）人员推广

写字楼出租与销售相比有相同之处，但是所采取的形式更为琐碎。写字楼出租的人员推广除前述的电话直销、扫楼、扫展会和小组公关模式的形式外，还包括以下几个方面：

1. 关系介绍

关系介绍是指除了主动寻找客户外，销售人员在刚开展业务时就应该发展行业内的人脉网络，认识一些有利于未来业务发展的朋友，他们会介绍很多客户来认识，这些都是市场上宝贵的信息。

2. 来电查询

来电查询是指有部分客户会主动致电查询资料，但该类客户一般面积较小及档次较低、效益不大，亦有部分客户因手上有我们以前曾派发的名片而致电查询资料。

3. 旧客重做

旧客重做是指和已成交或没有成交的客户保持良好关系，既可扩大人脉，亦可在其租期完结后再替他们寻找新的办公地点。

（三）写字楼出租促销

写字楼租金一般都会随着入住率的降低而下调，但是写字楼为维持其对外形象，更改报价会有一段时间的滞后，而且为了增加其入住率都会有一定形式的折扣。

1. 租金的直接折扣

租金的直接折扣是写字楼出租人员在对来访人员进行“辨认”，了解求租人大致预算之后，在租金上给予一定幅度的折扣，是写字楼出租的一种促销方式。

2. 变相折扣（免租期、减免应收费项目）

写字楼的免租期是指开发商给予客户每年一定时间的不收租金只收物业管理费的无偿使用期限，现在写字楼出租市场上免租期一般每年为一个月，但是也有的项目为了维持其形象，隐蔽其真实成交价，而把免租期提高一定时限来给客户变相打折。

3. 赠送装修

赠送装修是指开发商通过赠送一定的装修或者是装修材料的形式，来降低客户入住时发生费用，是给客户变相打折的一种促销方式。

4. 减免应收费项目

减免应收费项目是指开发商通过减免诸如停车位费用、电话接入或移机费用、水电费、水牌费等方法来给客户变相折扣的一种促销方式。

5. 租金折扣

租金折扣与变相折扣相比，写字楼开发商在促销时更倾向于租金折扣，因为这样可以对外维持一个良好形象。

（四）不同档次写字楼出租的经营方式

由于写字楼的资金压力较大，所以一般写字楼都采取以售为主的经营方式。但出租经营方式有远期收益较高的特点，也促使一些有实力的开发商把出租作为其经营形式。

1. 高档写字楼的经营战略

如开发商本身有非常强的实力、有很高的知名度和良好的商誉，其对写字楼的地段、硬件、配套及服务有非常高的要求，一般经营方式为只租不售，并且通常在经营初期要经历较长一段的亏损期，对客户资质有很高的要求。

推广初期大多以各种媒体组合扩大知名度为目的，寻找客户一般以开发商商务圈为基础。这种项目建成后一般都是城市标志性建筑物，所以后期以其标志性的外立面、业内口碑及新闻策划为主要宣传方式，少与中介合作。

甲级写字楼通常在入住初期，会对知名客户给予较大幅度的优惠，知名客户入住之后进入逐渐提价过程，当入住率达到一定水平之后进一步提高客户资质，直至达到预期目标为止。

2. 一般甲级写字楼的出租经营方式

一般甲级写字楼多为区域内标志性建筑，分为全部出租经营方式和部分出租部分出售结合经营方式两种。

全部出租经营方式：要求有较强的经济实力，经营有多样性的特点，并且为了提升物业档次，在经营初期对客户的要求也较高。在推广方式方面多与中介合作、建立自己的独立网站、坐销，及部分媒体组合宣传等多种形式，偶有报纸采用。

部分出租部分出售经营方式：有整体出现的推广形式和小业主分别的推广形式，一般与中介合作，有一些项目有自己独立的网站，必要时会在门户网站做链接，主要借助媒体为专业网页及报纸。甲级写字楼的标志性外立面也是其有效宣传手段之一。

在分散产权的经营过程中很容易造成内部的恶性竞争，所以对项目租金的维持、项目的保值增值都会造成一定的不利影响。

3. 乙级或乙级以下写字楼出租经营方式

一般借助于项目本身外立面或者是户外广告、报纸名片式广告、中介或经营者的商务圈等进行对外招揽客户。如：精品购物指南、广厦时代等报纸都会发布一些写字楼的出租信息。

议一议：写字楼销售应把握哪些重点？

任务三　购物中心招商

一、购物中心简介

（一）购物中心的含义

购物中心（Shopping Center）是由西方引入的商业组织模式和零售业态，目前国际上公认的购物中心的定义为：购物中心由一组零售商及其相关服务内容构成，必须经过完整的规划、开发及统一的经营管理，附设等量的停车场，而其所包含的商业业种的数量必须大致满足其所服务到的临近地区。面积在10万平方米以上的购物中心，又称为“Mall”，也称为“Shopping Mall”，由专业的购物中心管理集团开发经营，业态业种的复合度极高，行业多、店铺多、功能多，商品组合齐全，并通过设置各种特色店来吸引消费者的一站式特大型综合购物娱乐中心。真正意义上的“Mall”并不以零售业态为主体，而是多种业态组合的复合型业态，实现消费者购物、休闲、娱乐、旅游的一站式消费，因此又称为“大而全”的商业体。

（二）购物中心的主要特征

目前发展成熟的购物中心，主要有以下几方面特征。

1. 一站式消费

购物中心融购物、休闲、餐饮、娱乐，甚至金融、旅游、会展、医疗等消费于一体。

2. 开发与管理过程统一、协调

购物中心的整个开发过程主要包括：前期的规划、选址、开发、建设、营销、经营管理等，讲求统一与协调。

3. 适应统一管理的需要

购物中心一般要求产权统一、不可分割。要追求商业形象整体化，实行统一的政策与灵活的营销决策相结合。

4. 实行多业态、多营销方式相结合的经营策略

购物中心必须包含各种零售业态，如百货店、超市、专卖店等，还包括其他如餐饮、娱乐、休闲服务等多种服务业态，其中营销策略可根据市场的变化进行迅速与灵活地调整。

二、购物中心的分类

（一）按照商圈辐射范围分类

1. 邻里型购物中心

邻里型购物中心一般是坐落于中小规模的居民区之间，面积在1万平方米左右的较小的超市、百货店或杂货店，主要服务于附近范围在一公里以内的居民满足其日常生活需要。

2. 社区型购物中心

社区型购物中心处于较为密集的大规模的居民区之间，面积在 3 万平方米左右，由较大的超市、百货店、专卖店等组成，建有小规模的停车场，商品除满足附近社区居民的日常需要，还提供其他相关的餐饮、娱乐、休闲等日常非必需服务。

3. 区域型购物中心

区域型购物中心是辐射范围在 5 ~ 7 千米的居民区，由较多的业态组合而成，面积在 5 万 ~ 10 万平方米的较大型的综合购物群，建有较大规模的停车场，商品门类齐全，能够满足各类目标人群的需求。

4. 超区域型购物中心

超区域型购物中心是辐射范围在 7 ~ 10 千米的居民区，由更多的零售与服务业态组成，面积在 10 万平方米以上的大型综合购物天地，建有大规模的地上与地下停车场，包含更多品种、更多档次的商品，能够满足各类人群的各种层次的需求。

（二）按照入驻商家的主要业态和行业分类

1. 时装精品购物中心

以精品时装为主要商品门类，并辅以其他时尚商品与精品系列。

2. 大型量贩购物中心

以量贩式购买为主要形式。

3. 主题与节庆购物中心

更多的是以举办各种节事活动以及主题促销活动为主的购物中心。

4. 工厂直销购物中心

主要经营生产厂家直销品牌的商品。

（三）按照购物中心的选址特征分类

主要有市中心都会型购物中心、城市副中心型购物中心、城郊型购物中心、远郊型购物中心、社区型购物中心等。

三、购物中心统一招商管理基本原则

现代购物中心管理运营的精髓就是要把松散的经营单位和多样的消费形态，统一到一个经营主题和信息平台之上。统一运营的管理模式特别适用于中国，历史经验教训表明，不能统一运营管理的购物中心，会逐渐从“商业管理”蜕变成“物业管理”，直至最终完全丧失自己的商业核心竞争力。这种情况在国内已经出现多次了，如初期运作失败的杭州涌金广场、广州中旅商业城等。

统一运营一般包含四个方面的内容：统一招商管理、统一营销、统一服务监督和统一物管。这其中“统一招商管理”又是后面三个统一工作的基础和起源，这项工作的成败得失不仅决定了开发商前期的规划是否成功，而且决定着后期购物中心商业运营的管理能否成功。

经过经营定位、经营品项、服务功能设计、经营规划布局设计、建筑规划设计、运营管理设计、招商设计等这些阶段后，购物中心就可以开始统一招商了。这是开业前最重要的工作，也是能否顺利实现前期设计目标的关键工作；即便招到了合适的商户，开业后仍然要根据具体的经营状况去调整商户继续招商，而且还要对合作商户进行长期的服务和管理。

购物中心通过“统一招商管理”与所有合作商户开始建立并保持一种既对立又和谐统一的关系，这种关系是购物中心这种大型商业项目长期成功的保证。所以，统一招商管理的成败是购物中心统一运营成功与否的一个关键因素。

“统一招商管理”的简单定义：按照制定的招商准则，购物中心的商业管理公司严格审核、统一招商，并对所有招来的商户进行统一管理。其实统一招商并不难，难的是如何招商以及对商户如何管理。所以，设计一个合理的、符合实际的招商管理基本原则，又是“统一招商管理”成功与否的关键。招商管理基本原则包括以下几个方面。

（一）维护购物中心的统一主题形象、统一品牌形象

购物中心是一种多业态组合的商业组织模式，但绝不是一个无序的大杂烩。购物中心必须是一个拥有明确经营主题和巨大创造力的品牌形象企业，招商要始终注意维护和管理好已确定的经营主题和品牌形象。譬如广东佛山东方广场，其经营主题就很明确：国际旅游观光，招商中一定要注意管理和维护好这个主题。

（二）招商目标要能够在功能和形式上同业差异、异业互补

同业差异简单地说，就是市场有一定承受力，不能盲目招同一品类的店。譬如零售业态的核心主力店招商，就不要同时招来两家基本上都是经营食品和日用品的大型超市；核心主力店同质化无差异品类的布局更是不可取的。

异业互补的目的就是要满足顾客消费的选择权，并能让顾客身心体验变化，提高其消费兴趣。譬如百货、超市因为经营品项不同，可以互补；让顾客逛购疲劳的零售店与让顾客休息放松的餐饮店可以互补等。在这方面做得比较成功的购物中心有香港的太古广场、广州的天河城广场等。

例如：一般意义上的购物中心招商目标分布列表：

零售设施：

核心主力店：百货、综合超市等；

辅助主力店：时装、电器、家居、书店、音像店等各类专业店；

配套辅助店：不同地区商品特色店。

文化娱乐设施：

核心主力店：动感影院、科技展览等；

辅助主力店：儿童乐园等；

配套辅助店：艺术摄影、旅行社、网吧等。

餐饮设施：

核心主力店：中餐、咖啡西餐、美食广场、酒吧等；

辅助主力店：快餐类、风味小吃类等；

配套服务设施：宾馆、写字楼、银行、邮局、诊所、美容美发、停车场等。

（三）购物中心经营方式的选择原则

购物中心的经营方式基本有三种：自营、联营和租赁。购物中心毕竟是一个以零售为主的商业组织形式，而零售是一个精细化管理的产业，精细化管理要求管理者加强经营控制力度；另外，相对于非主力零售商户的招商条件，核心主力零售店必须引入知名度高的大商家，故核心主力零售店的招商较困难且招商条件放得较宽，造成核心主力零售店的提成或租金收入偏低。

购物中心的开发商以前无论是房地产商抑或是零售商，在条件容许的情况下，核心主力零售店尽量自营一部分或全部，这样一是可以加强经营控制力度，有利于购物中心长期经营，也可以增强其他商户与之合作的信心，第三可以提高非主力零售店的提成或租金收入；而招非主力零售商尽量以联营为主、租赁为辅，这样也可以增强开发商对购物中心的整体控制力度。这种选择原则不但是零售精细化管理的要求，也符合购物中心长期经营性的特点，更能帮助开发商创出购物中心的品牌来。对于餐饮、娱乐经营来说，这个原则也基本适用。在这方面做得比较成功的购物中心是菲律宾 SM 连锁超级购物中心（多次获得欧美财经杂志“亚洲最佳管理奖”）。

（四）招商顺序原则

核心主力店先行，辅助店随后的原则，以及零售购物项目优先，辅助配套项目随后的原则。

（五）核心主力店招商布局原则

核心主力店的招商对整个购物中心的运营成败，对购物中心辅助和配套店的引进都有重大的影响。一个超级连锁店或超级百货公司的入驻，常常能带动整个购物中心的顺利招商与管理。另外核心主力店对于人流也起着关键的作用，其布局直接影响到购物中心的形态。

购物中心，特别是大型购物中心的核心主力店适合放在经营轴线（或线性步行街）的端点，不宜集中放置在中间，这样才能达到组织人流的效果。

（六）特殊商户招商优惠原则

“以点代面，特色经营”是购物中心，特别是超大型综合性购物中心“Shopping Mall”的经营特点。特殊商户是指具有较高文化、艺术、科技含量的经营单位，对它们给予优惠政策，邀请其入场，能够起到增强文化氛围、活跃购物中心气氛之作用。例如深圳华侨城 MALL 购物中心就专门邀请三百砚斋，展示中国的砚文化。当然特殊商户的经营范围要与购物中心的经营主题及品牌形象相吻合。

（七）租赁经营采用放水养鱼的原则

因为购物中心经营具有长期性特点，采用合理租金与优质服务的做法，将整个购物中心做热，而后根据运营状态，适当稳步地调整租金，这样开发商与商户才能一同成长。放水养鱼的原则可以理解为“先做人气，再做生意”的原则，如果前期就向入租商户收取过高的租金，结果无异于杀鸡取卵。北京信特商业中心倒闭的原因之一就在于此。

（八）统一招商的“管理”要充分体现和强调对商户的统一服务

统一服务包含统一的商户结算、统一的营销服务、统一的信息系统支持服务、统一的培训服务、统一的卖场布置指导服务、统一的行政事务管理服务、统一的物业管理服务等。这个“统一服务”不但要体现在思想上、在招商合约中，更要体现到后期的管理行动中。这个“统一服务”就是要求“服务”出购物中心的品牌与特色来。

案例

万达商业广场的“地产大鳄+商业巨头”的经营模式

“地产大鳄+商业巨头”的经营模式是商业地产开发经营的一种新型的经营模式，它是指大型房地产商与知名商业企业结成战略联盟。房地产商在受让土地后和规划前，充分考虑项目商圈的市场需求，并和与其相适应的一家或若干家商业企业确定合作关系，在开发过程中，让这些零售企业参与相关的规划工作，最终使整个开发经营在投资估算、商圈分析、市场定位、业态组合、经营收益与风险控制等多方面更合理、更科学。大连万达与沃尔玛结成战略联盟，在各地合作商业广场的经营模式就是最典型的案例。

万达商业地产基本模式是将二楼及以上楼层出租（或其他合作方式）给世界500强的商业服务企业，如沃尔玛、欧倍德、华纳时代等，再将一楼规划成外街铺和内街铺，并对外出售。这种模式最明显的优点是：在商铺营销中，通过宣传战略伙伴——世界500强企业，使商铺投资者对商铺回报有极高的预期，从而能顺利高价出售商铺；在招商过程中，许多中小品牌的经营者很希望跟随这些商业巨头赚钱，招商工作相对容易；在营运中，中小店可以利用与商业巨头消费群交叉原理，充分利用其消费群，为其提供互补性的商品和服务。

议一议：购物中心的统一招商与经营原则是什么？

任务四　商业街招商

一、商业街简介

（一）商业街的含义

商业街是指众多不同规模、不同类别的商店有规律地排列组合的商品交易场所，其存在形式分为带状式商业街和环型组团式商业街。它是由众多的商店、餐饮店、服务店共同组成，并且按一定结构比例规律排列，如墨西哥城起义者大街、纽约的百老汇大道、苏黎世的班霍夫大街、蒙特利尔的萨布洛克大街、巴黎香榭丽舍大街等。从所包含的业态种类看，商业街可以与购物中心相提并论；但从经营形态上看，商业街更接近于底商。在西方的经济理论中，它与购物中心、商业区等有着严格的界限，是不可混淆的概念。

（二）商业街分类

目前，国内的商业街有如下几种分类方式。

1. 按规模分类

大型商业街：在长度为 1 000 米的标准基点上进行商铺的有序布局，如上海的南京路和淮海路两大商业街、北京王府井大街和西单北大街两大商业街等。

中小型商业街：如深圳华强北路商业街和北京 275 米的大栅栏袖珍商业街。

2. 按功能分类

综合型商业街：如南北总长度为 1 600 米的北京西单商业街、乌鲁木齐中山路商业街、昆明青年路商业街等。

专业型商业街：如杭州健康路丝绸特色街、福州榕城美食街、北京三里屯酒吧一条街等。

3. 按等级分类

市级商业街：如哈尔滨中央大街、天津和平路商业街等。

区级商业街：如天津滨江道商业街、北京地安门商业街和方庄小区餐饮一条街等。

除此之外，还有按照不同性质来划分的商品性一条街、服务性一条街，如北京中关村电子一条街、北京西二环东侧的北京金融街等。

二、商业街招商策略

在商业地产的各种形态中，无论是从操作的角度看还是从经营的角度来看，商业街无疑是其中比较复杂的一类，但也是形态最为丰富的一类。项目从立项建设到开始经营，涉及建筑规划、市场定位、主题定位、装饰装潢、商品布局、商铺间隔、宣传推广、招商销售以至商场的经营管理等诸多方面的内容。商业街的招商策略是实现商业街赢利的重要步骤，也是实现商业街理想业态组合的真正执行者。与其他商业物业的营销策略不同的是，商业街的招商工作不能是被动地接受客户购买商铺，还要对入驻商家的信誉、经营管理、商品质量、公司经营状况等方面内容进行考察。

（一）确定招商对象

招商对象围绕项目的目标来确定。例如命名为“国际商业街”，或者是代表城市形象的商业街等档次比较高的项目，一般都是引进国内外有影响、有实力的商业机构作为经营管理的合作对象，招商的重点对象为实力强的大规模商业机构、营销经验丰富的地区代理商、知名企业、知名品牌等。还可以通过特殊项目的引入丰富商业街的功能，塑造项目的独特性，例如优先引进著名品牌在本区域独家经营、拥有特色经营项目的商业机构等。某商业街曾引进心理诊所、企业家沙龙、刺绣、宠物托管、老公寄存处等特色服务机构。

（二）确定经营模式

1. 投资经营

投资经营是指商铺业主购买商铺后自己直接经营。

2. 委托经营

委托经营是指商铺业主出于保险起见，将商铺委托商业管理公司租出去，让别人经营。

3. 租赁经营

租赁经营是指经营业主一时买不起商铺，以租赁的形式进行经营。

4. 直接经营

某些商业管理公司直接经营管理大约 20% 的营业面积，这是一种避免因全部他营造成失控的应变举措。

5. 虚拟经营

虚拟经营是指以商业街为总品牌商标，与若干个研发机构、生产厂家和经销商进行对接，开发、生产、销售相应的该商业街旗下的子产品。

（三）制定招商优惠策略

根据地区政府对商业街的扶持政策确定可以给予招商对象的优惠措施（如地方税收部分先期返还、折让、代办注册公司、免收部分行政性费用等），对于一些新兴的没有天然地理、人文等资源的商业街来说，这一优惠措施对吸引人气有莫大的帮助。

（四）招商流程

案场的招商工作的开展主要有两个途径，一是案场由专人负责接待来访的租赁客户，二是招商人员主动上门联系符合商业街经营业态要求的客户。

具体工作流程：客户进门（或上门联系客户）—项目基本情况介绍—项目定位规划讲解（邀约客户到现场参观）—了解客户意向—详细填写招商来人登记表—推荐相应铺位—签订租赁意向合同、交纳租赁定金—签订正式租赁合同—协助办理交房手续—协助解决后续问题。

案例

南京中国女人街招商策略

（一）女人街项目定位

1. 委托招商，选择国内重点城市的专业招商机构开展委托招商工作。

2. 细分目标市场锁定客户，对名企和名牌商品进行有重点的招商。

3. 分别对浙江、广东、上海、福建等重点区域进行综合性招商。

（二）目标客户群分类

根据商业街定位，将招商的目标客户群分为投资经营商、租赁经营商、产品供应商和品牌加盟商四种。

（三）招商原则

中国女人街招商实行“两个重点、四个优先”的原则。

两个重点：重点引进国内外有影响、有实力的商业机构加盟合作，对名家、名品、名企、名人重点招商。

四个优先：优质厂家优先、名优品牌优先、独家经营优先、特色项目优先。

（四）招商优惠政策

1. 第一年和第二年免收经营单位应缴纳的工商管理费和市场交易费。

2. 商铺投资者应缴纳的房产税、营业税等，按国家现行税收政策规定征收；地方实际留成部分，第一年在年底前一次性给予返还奖励，第二年和第三年按应缴税额的50% 返还奖励。

3. 从事咨询业、信息业、技术服务业的企业或经营单位，第一年和第二年免征所得税，第三年和第四年按所得税区实际留成部分的50%给予返还奖励。

4. 进入中国女人街的新办独立核算的高新技术企业、软件开发企业，经市、区科技行政主管部门认定，自实现销售之日起，应缴纳的增值税、营业税区实际留成部分，前三年给予全额返还奖励，第四年至第八年按应缴额50% 返还奖励。

5. 进驻女人街的业主、管理人员可将户口免费迁入商业街所在地，享受当地居民同等待遇，其子女可就近入托、入学。

想一想：商业街的招商策略有哪些？

任务五　商铺销售

一、商铺简介

现代商业高度发达，社会分工越来越细，且商品的品种繁多，各种商铺日益增多，归纳起来主要有如下几种类型。

（一）按用途分类

零售业、餐饮业、旅游业、体育业、娱乐业、服务业和金融业。

（二）按面积规格分类

分为小型商铺（店铺面积在100平方米以下）、中型商铺（店铺面积在100~1 000平方米）和大型商铺（店铺面积在1 000平方米以上）三种。

（三）按占有形式分类

1. 自用商铺

自用商铺指商铺产权人自行使用自己名下的商铺。

2. 租赁商铺

产权人将一定时间内的商铺使用权与承租人交易，取得或分时段取得现金收益；对承租人而言，承租人用现金或分时段的租金付出取得一定时间内的商铺使用权利。

3. 转租商铺

商铺最终使用人并非与商铺权利人直接建立租赁关系，而是通过转租人取得使用商铺的权利，商铺最终使用人与转租人发生权利、义务关系。

二、商铺销售策略

（一）购买商铺的客户心理分析

1. 自营客户

自营客户对产品的了解程度很高，即了解商铺适不适合客户做生意，包括产品的位置、构造等。对产品的关注点除了价格外，对于整体市场是否能长久经营以及后期的扶持比较关注。

2. 租赁客户

租赁客户对产品的了解程度也很高，对产品的关注点也与自营客户相一致；唯一不同的是谨慎度会低一些，毕竟租赁客户的投入比较少。

3. 投资客户

投资客户相对于产品的了解程度不是那么高，对产品的关注点主要是投资回报率，也就是租金和出租率。

（二）运用卖点引导客户

1. 促销卖点

地理位置、人流量、配套设施、发展潜力等。

2. 信心卖点

（1）开发商实力、承建商实力；

（2）设计公司实力；

（3）代理公司实力；

（4）物业管理实力；

（5）政府立项支持或政策倾斜。

（三）物业顾问的引导式销售

销售商铺是一种投资计划又是一门生意的推广，因此不能以住宅售楼员的方式去销售商铺，应以物业投资顾问的方式去推介给买家。因为买家是从做生意的角度去考虑所有问题的，离不开成本、利润、风险等问题，故此销售人员给客户推介商铺时，应给予买家一种站在其利益点出发的感觉，并且能与买家沟通做生意方面的问题。如买家是经营者，就针对其行业的独特性去推介对应的商铺，并从经营成本方面给予建议，以最大限度地争取纯利的思路去推介，并强调有投资性的退路，给予买家信心，强调“进可经营、退可投资”的保障。

若买家是投资者，则从“为投入资金争取最大利润”的角度去分析，强调高回报、无风险的特点，以货币最大的时间价值去吸引买家，以无风险的保底性投资计划去消除买家的顾虑。

整个销售过程大致可分为介绍项目情况，对比其他楼盘去分析本项目卖点的独特性、吸引力和人流竞争力，让客户产生兴趣，再以顾问推介方式介绍商铺，最后介绍“有关投资计划”，让客户认同低风险、高回报这几个步骤。因此，客户由了解项目情况而形成了该项目的心理价值，再对照接着介绍的价格和促销措施优势，分析投资本项目具备低风险、高回报、低支出的优点，最终深信该商铺超值及具有高回报、低风险的特点，即可达到成功销售。也就是说，将使客户认同超值作为销售思路的方向。

（四）商铺的推广销售方式

1. 返租

购房者买下物业后将物业返租给开发商，租价和租期由双方协定。

2. 升值销售

开发商向客户承诺，若干年后该物业将升多少，如届时达不到这一水平，则开发商将按当初承诺价收回。

3. 回报销售

投资者只要支付部分房款（一般是 30%），但暂不使用，一定期限（一般是 7~10 年）后，此房产归客户所有，等于是开发商用 70% 的房款回购商铺前十年的使用权，前十年的租金也归开发商所有。该种方法利于运营商统一经营，但不利于开发商快速回收房款。

想一想：从销售角度讲，你认为最容易打动投资者的商铺应具有哪些特征？

思考与训练

一、选择题（1—3 题为单项选择题，4—5 题为多项选择题）

1. 先拿出不好的铺位进行销售属于预热方式的是（　　）。

A. 排号　B. 拍卖　C. 入围　D. 特价销售

2. 不属于房地产销售的一般模式是（　　）。

A. 整售　B. 整租　C. 零售、零租　D. 零售、整租

3. 商业项目蓄水期是指（　　）。

A. 在商业地产项目中，为了保证项目开盘顺利红火，必须使客户的蓄积达到满足开盘的标准，按照时间的进度，从项目形象面市（形象亮相）开始，一直到开盘这段时间

B. 在开盘前期一周左右的时间，需要进行开盘前的筹备工作

C. 以项目策划方案结束为起点，即项目有关的前期论证和定位已完成，为客户积累阶段进行一系列产品道具制作的过程

D. 买卖双方相持的阶段

4. 对写字楼销售人员的要求有（　　）。

A. 熟悉媒体新闻　B. 与客户广泛谈论相关信息

C. 熟练使用英语　D. 熟悉周边配套情况

5. 招商与销售的关系是（　　）。

A. 商业地产项目招商是促进销售成功的重要因素

B. 准确的前期规划是成功招商的基础

C. 通过招商提升物业本身的地产价值

D. 招商原则对销售不是制约而是引导

二、案例分析

广场天河城广场是目前广东省营业面积最大的集购物、饮食、娱乐、休闲于一体的现代大型购物中心。该项目总投资12亿元，建筑面积16万平方米，营业面积10万平方米，地上七层，地下三层，北面露天广场面积3 000多平方米，日均人流量超过10万，最高达60万，是华南商圈的代表之作。基本资料：

建筑面积	16万平方米	**营业面积**	10万平方米
总投资	12亿元	**开业时间**	1996. 2. 9
档次定位	中高档	**最高租金**	2 300元/平方米
最低租金	800元/平方米	**均价**	1 500
经营方式	只租不售	**楼层状况**	一栋十层，地上七层，地下三层
投资商	天贸集团	**物业地址**	广州天河

天河城广场项目定位表：

<table>
<tr><td>项目定位</td><td colspan="2">大型综合购物中心</td></tr>
<tr><td>功能定位</td><td colspan="2">集购物、饮食、娱乐、休闲于一体</td></tr>
<tr><td>档次定位</td><td colspan="2">中高档</td></tr>
<tr><td>消费群定位</td><td colspan="2">都市白领</td></tr>
<tr><td>经营方式定位</td><td colspan="2">只租不售</td></tr>
<tr><td rowspan="8">楼层功能定位</td><td>地下二层、地下三层</td><td>停车场、停车位上千个</td></tr>
<tr><td>地下一层</td><td>大型超市（JUSCO）</td></tr>
<tr><td>首层</td><td>各类专卖店、连锁店</td></tr>
<tr><td>二、三层</td><td>天贸南大百货</td></tr>
<tr><td>四层</td><td>家庭用品、家私广场</td></tr>
<tr><td>五层</td><td>文化娱乐天地</td></tr>
<tr><td>六层</td><td>康体运动区、饮食天地</td></tr>
<tr><td>七层</td><td>名牌特价区</td></tr>
</table>

一方面，天河城选择了两家各具特色的百货公司——吉之岛和天贸南大两家大百货公司作为主力店，形象形成错位，良性竞争，从而带动了商场购物氛围。另一方面，天河广场还根据市场变化，灵活调整租赁策略，对不同经营状况的租户采取不同的租赁策略。在当时广州其他百货公司销售额与去年同期相比普遍下降的情况下，天河城广场的两家百货公司主力店却有较大幅度的增长。目前天河城广场经营的租户超过300家，除天河百货和吉之岛两家大型百货主力店外，还成功引进宜家等一线品牌店，兼容专卖

店、精品物、文化廊、电子行等专业市场，均按设计要求和实际经营需要合理布局并不断进行调整。

问题：

1. 广州天河城广场的成功的关键是什么？

2. 此案例有何启示？

三、技能训练

1. 同学甲：扮演某公司老总，45 岁左右，来天津工作 10 年，住梅江蓝水园，租用津汇广场 17 层办公，想买写字楼。同学乙：扮演一名写字楼的置业顾问，通过以上信息你了解到什么？还想了解什么？了解之后你该如何去做？

2. 模拟制作一份招商说明书及组织一场招商说明会。

四、综合分析

1. 如果在天津中心区的一个地铁上盖商业项目，其中地下两层，地上六层，每层约 6 000 平方米，请尝试对每个楼层业态进行规划。

楼层	业态、主要经营商品类型或服务内容
地下二层	
地下一层	
首层	
二层	
三层	
四层	
五层	

2. 如果你是一名某商铺的物业顾问，对不同类型的客户如何进行介绍与宣传？

客户分类（购买目的）	介绍与宣传

模块六　房地产的买卖、租赁与抵押

引　言

房地产交易属于大额交易项目，交易程序极其复杂；同时交易安全是买卖双方都非常重视的问题，尤其是在办理贷款购房和签订购房合同的环节，普通的购房者经常会遇到困惑。因此作为房地产销售人员必须要全面地掌握此方面的知识和技巧，同时了解最新的国家和地区政策，以便为客户做出专业的指导，使客户购房更加省时便捷。

学习任务

◇ 了解商品房买卖、房屋租赁和房地产抵押合同的概念及其内容。

◇ 熟悉商品房买卖、房屋租赁和房地产抵押合同的示范文本及其签订流程。

◇ 掌握商品房买卖、房屋租赁和房地产抵押合同的法律效力以及违约责任。

◇ 掌握公积金贷款、商业贷款和组合贷款的办理手续与流程。

案例导入

天津的杨女士与某房地产开发公司签订购房合同，以120万元定购某楼盘房屋。在签订天津市商品房买卖合同时，开发商在合同附件中提到，要求杨女士必须在一个月内办妥所有贷款手续，否则视其违约，开发商有权拒绝签订买卖合同并不予退还首付款等。但令人意想不到的是，杨女士向银行申请贷款时未能成功，按合同约定首付款将无法退还。

由于商品房交易数额巨大，目前虽然广大购房者对于购房合同的重要性有了相当的了解，并且在购房过程中也相当的谨慎，但商品房买卖合同内容复杂，购房手续繁多，购房者很容易在购买过程中出现形形色色的问题。因此，熟悉如何签订合同与办理贷款对于买卖双方都是极有帮助的。

任务一　签订商品房买卖合同

案例

王某与某房地产开发公司签订了一份商品房买卖合同，合同约定了买卖的价格和房屋的交付时间。此后，王某依约支付了约定的合同价款，房地产开发公司将商品房交付王某使用，未办理产权登记手续。另外，王某又与李某签订了一份买卖合同，约定将从某房地产开发公司购得的商品房以每平方米高于原购入价500元卖给李某。但后因此房价格上涨，王某拒不办理产权登记手续且主张其与李某的买卖合同无效，李某因之诉至法院。请问此案该如何判决？

一、商品房买卖合同的主要内容

（一）商品房买卖合同的含义

所谓商品房买卖合同，是指房地产开发企业将尚未建成或者已竣工的房屋向社会销售并转移房屋所有权于买受人，买受人支付价款的合同。商品房包括期房和现房两种，商品房买卖合同包括商品房预售合同与商品房现售合同，合同的标的物是商品房，商品房买卖合同对买卖双方各自的权利和义务起到监督、保护的作用，它涉及的主体是房地产开发商和购房人。

（二）商品房买卖合同的特点

商品房买卖合同属于特殊的买卖合同，其原因就在于买卖的标的物房屋是一种不动产。作为一种特殊的买卖合同，商品房买卖合同的法律特征既有买卖合同的一般特征，也有其自身固有的特征。这主要表现为：

（1）该合同以商品房为标的物。商品房买卖合同只能以房地产为标的，由于商品房具有不同于其他一般商品的特殊性，也决定了商品房买卖合同有其特殊和复杂的一面。

（2）该合同是一方转让房屋及其土地的权利，另一方则以支付货币为代价，否则就不是商品房买卖合同，而是其他合同。

（3）该合同处分的是房屋所有权及其土地使用权。房地产买卖合同与其他买卖合同的不同之处在于，房屋是附着在土地上的不动产，房屋所有权转移时，根据房地产权利一致的原则，土地使用权也随之转移。

（4）商品房买卖合同是法律所规定的一种要约式合同。由于商品房买卖合同不同于一般的买卖合同，标的物所有权的转移不以交付为界面，而是以办理相关的房产过户手续作为标志，也就是说该合同处分权利的结果是以房地产行政主管部门进行房地产权属登记并依法确认房屋归属关系为要件，故而说商品房买卖合同是一种要约式合同。

想一想：在购房者取得所购房屋的钥匙后，在法律上能不能说购房者已取得了这套房屋的所有权？

（三）商品房买卖合同包含的内容

商品房买卖合同应当明确以下主要内容：

（1）当事人名称或姓名和住所；

（2）商品房的基本情况；

（3）商品房的销售方式，商品房价款的确定方式及总价款、付款方式和付款时间；

（4）交付使用条件及日期；

（5）装饰、装修标准承诺；

（6）供水、供电、供热、燃气、通信、道路、绿化等配套基础设施和公共设施的交付承诺和有关权益、责任；

（7）公共配套建筑的产权归属；

（8）面积差异的处理方式；

（9）办理产权登记的有关事宜；

（10）解决争议的办法；

（11）违约责任；

（12）双方约定的其他事项。

房地产开发企业、房地产中介机构发布的商品房销售广告和宣传资料所明示的事项，当事人应当在商品房买卖合同中约定。商品房销售合同还应当附有预购商品房项目及楼层平面图，并在平面图上标明预购人所购商品房的楼号、楼层和房号的位置。

二、商品房买卖合同的签订

（一）合同生效的条件

商品房买卖合同生效是指已经成立的商品房买卖合同对当事人发生法律约束力。商品房买卖合同自双方签字盖章之日起生效。在签订合同时，合同双方应仔细阅读合同的各项条款，明确每一条款的真实意思表示。出卖人除加盖公章外，其法定代表人或委托代理人应当在合同上签字；买受人为单位的，其法定代表人（负责人）或委托代理人也应当在合同上签字。为防止合同对方换页，买卖双方应在合同的每一页上签字或者加盖专用的骑缝章。

依照《中华人民共和国民法典》（简称《民法典》）的规定，依法成立的合同，自成立时生效，但是法律另有规定或者当事人另有约定的除外。依照法律、行政法规的规定，合同应当办理批准等手续，依照其规定。未办理批准等手续影响合同生效的，不影响合同中履行报批等义务条款以及相关条款的效力。应当办理申请批准等手续的当事人未履行义务的，对方可以请求其承担违反该义务的责任。

商品房买卖合同签订时须满足以下的条件方为有效的房屋买卖合同。

（1）出卖人必须具有房屋所有权或土地使用权，非房屋所有人和土地使用人不得出卖他人的房地产。

（2）买卖双方当事人必须具有完全行为能力，未成年人和被宣告为无民事行为能力或限制行为能力的公民不能签订商品房买卖合同，其商品房买卖行为由其法定代理人代为进行；单位买房者如需购买私房的，须得到有关机关的批准。

（3）商品房买卖双方当事人的意思表示必须真实可信。商品房买卖双方当事人在买卖合同中表示出来的意思必须与当事人的真实意思相一致。如果一方以欺诈、胁迫等手段或乘人之危，使对方在违背真实意思的情况下签订的商品房买卖合同，或者双方恶意串通签订损害国家、集体或第三人利益的商品房买卖合同都属于无效合同。行为人对商品房买卖合同内容有重大误解或合同显失公平的，一方当事人可以要求撤销或变更合同。

（4）商品房买卖合同不得违反法律或者社会公共利益，即合同的内容必须合法。如果购房者通过划拨取得的国有土地使用权，其房屋转让必须办理土地使用权出让手续，或者将其中的土地收益按规定上缴国家，否则不得买卖。

签订的商品房买卖合同如果违反了上述四个条件，那么该合同就是无效合同（或部分无效合同）。无效的合同不受法律的保护；确认合同部分无效的，假如不影响其余部分的效力，其余部分仍然有效。另外，商品房买卖合同的形式必须符合有关的法律规定，房地产买卖合同应该采用书面形式，并且应该按照法律规定办理房屋所有权转让登记和土地使用权变更登记并公证。

议一议：

① 商品房买卖合同自什么时候起正式生效？

② 王经理事业有成，他想要给自己10岁的儿子购买一套房屋，请问他的儿子能不能亲自去签订商品房买卖合同？

（二）无效合同的种类

无效合同主要有以下七种。

（1）房地产分离出卖，合同无效。由于房屋是建筑在土地上的，为土地的附着物，具有不可分离性，因此，房屋所有权通过买卖而转让时，该房屋占用范围内的土地使用权也必须同时转让。如果卖方将房产和土地分别卖给不同的买方，或者出卖房屋时只转让房屋所有权而不同时转让土地使用权，买方可以提出这种买卖合同无效。

（2）产权未登记过户，合同无效。房屋买卖合同的标的物所有权的转移以买卖双方到房屋所在地的房管部门登记过户为标志，否则，房屋买卖合同不能生效，也就不能发生房屋所有权转移的法律效果，即使房屋已实际交付也属无效。故只要房屋没有正式办理登记过户手续，即使卖方已收取了房价款，并将房屋交付买方使用，当事人仍可提出合同无效的主张。

（3）产权主体有问题，合同无效。出卖房屋的主体必须是该房屋的所有权人，非所有权人出卖他人房屋的，其买卖行为无效。房屋的产权为数人共有的，必须征得其他共有人同意才能出卖。出卖共有房屋时，须提交其他共有人同意的证明。部分共有人未取得其他共有人同意、擅自出卖共有房屋的，其买卖行为也无效。

（4）侵犯优先购买权，合同无效。房屋所有人出卖共有房屋时，在同等条件下，共有人有优先购买权。房屋所有人出卖已租出的房屋时，须提前三个月通知承租人，在同等条件下，承租人有优先购买权。所谓“同等条件”，主要是指房价同等，还包括房价交付期限、方式同等。房屋所有人出卖房屋时侵犯共有人、承租人优先购买权的，共有人、承租人可以请求法院宣告该房屋买卖无效。

（5）单位违反规定购房，合同无效。机关团体、部队、企事业单位等不得购买或变相购买城市私有房屋。如因特殊需要必须购买，须经县以上人民政府批准。单位违反规定购买私房的，该买卖关系无效。有的单位以个人名义购买私房，产权也登记在个人名下，但实际上是单位出资，作为单位的固定资产用于生产、经营、办公或用作集体宿舍等，这种情况属于单位变相购买私房，该买卖关系无效。凡国家或企事业单位补贴、廉价购买或建造的城市私有房屋，需要出卖时，只准卖给原补贴单位或房管机关，否则也无效。

(6) 有价格欺诈行为或显失公平，合同无效。买卖城市私有房屋，双方应当本着按质论价的原则，参照房屋所在地人民政府规定的私房评价标准议定价格，经房屋所在地房管机关同意后才能成交。买卖合同生效后，双方均不得因价格高低而无故反悔，应按合同议定的价款、期限和方式交付。但如果出卖人在房屋质量问题上有欺诈、隐瞒行为或在成交后发现内在质量问题的，买受人可要求同出卖人重新议定价格；协商不成的，可向法院起诉。

(7) 非法转让，合同无效。下列房地产不得转让（包括买卖）：

① 以出让方式取得土地使用权的；

② 不符合转让房地产条件的；

③ 司法机关和行政机关依法裁定、决定查封或者以其他形式限制房地产权利的；

④ 依法收回土地使用权的；

⑤ 共有房地产，未经其他共有人书面同意的；

⑥ 权属有争议的；

⑦ 未依法登记领取权属证书的；

⑧ 法律、行政法规规定禁止转让的其他情形。

想一想：哪些商品房买卖合同属于无效合同？

小看板

房产纠纷的诉讼时效

涉及房地产纠纷的诉讼时效规定，适用《民法典》的有关时效规定，一般有以下几种：

1. 普通时效。诉讼时效期间自权利人知道或者应当知道权利受到损害以及义务人之日起计算，向人民法院请求保护民事权利的诉讼时效期间为三年。

2. 最长时效。根据《民法典》第一百八十八条的规定，自权利受到损害之日起超过二十年的，人民法院不予保护。换言之，权利人不知道或者不应该知道自己的权利受到损害，请求人民法院保护也应在二十年时效之内提出，超过二十年的，人民法院不予保护。有特殊情况的，人民法院可以根据权利人的申请决定延长。

任务二 签订房屋租赁合同

随着我国住房制度改革的深入，存量房数量迅速增长，因此也促进了房屋租赁市场的活跃，房屋租赁交易成为房地产市场中重要的交易类型。

一、房屋租赁合同的含义及类型

（一）房屋租赁合同的含义

房屋租赁合同是房屋出租人和承租人双方签订的，关于转让出租房屋的占有权和使用权的协议，其内容是出租人将房屋交给承租人使用，承租人定期向出租人支付约定的租金，并于约定期限届满或终止租约时将房屋完好地归还给出租人。房屋租赁合同的当事人是出租人和承租人，出租人为房屋所有人或合法使用人，一般是房屋的所有人，但并不限于所有人。凡对标的物享有合法使用权的人，都有权将其使用的标的物转由他人使用，成为出租人。承租人在签订合同时应提供相关证明身份的有效证件。另外，当事人也可以委托他人代为出租或承租房屋，但此时受委托人应持有授权委托书。若是境外当事人的委托书，则须经公证机关的公证或外交领事机构的认证。房屋租赁合同的标的物是出租人的房屋，该房屋必须具有房屋产权证书或证明其产权的其他有效证件。房屋租赁合同具体规定租赁双方的权利与义务，在租赁关系存续期间，租赁双方都要受其约束，依照合同行使权利和承担义务。

（二）房屋租赁合同类型

根据出租房屋用途的不同，房屋租赁合同可分为两大类：住宅租赁合同和工商用房租赁合同。住宅租赁合同按照出租房屋所有权的不同，又可分为公房租赁合同、私房租赁合同和公房转租合同。目前，公房租赁合同的特点是一般具有不约定固定期限的租期，租金标准由政府统一规定。

（三）房屋租赁合同的相关规定

租赁合同应当具备以下条款：

（1）当事人姓名或名称及住所；

（2）房屋的坐落位置、面积、装修及设施状况；

（3）租赁用途；

（4）租赁期限；

（5）租金及交付方式；

（6）房屋修缮责任；

（7）转租的约定；

（8）变更和解除合同的条件；

（9）当事人约定的其他条款。

二、房屋租赁合同的签订

租赁合同是出租人将租赁物交付承租人使用，承租人支付租金的合同。房屋租赁合同是一种承诺合同，也就是说，合同一经签订，即对双方当事人具有法律约束力，出租人不仅应按时交付作为标的物的房屋，而且交付的房屋应符合约定的使用目的。

（一）签订房屋租赁合同应准备的文件

1. 出租方应当准备的文件

（1）房地产产权证（或者类似的文件）；

（2）如果房屋是共有的，还需要得到共有人的授权；

（3）如果是房屋转租的，需要得到书面转租同意书或者原租赁合同中有关转租条款以及原租赁合同的复印件；

（4）单位需要提供营业执照复印件，个人需要提供身份证复印件；

（5）如果签约时不能带公章或者合同章的，需要提供加盖公章的授权委托书。

2. 承租方应当准备的文件

（1）法人准备营业执照复印件，自然人准备身份证复印件；

（2）如果签约时不能带公章或者合同章的，需要提供加盖公章的授权委托书。

（二）房屋租赁合同的变更、解除和登记

有下列情形之一的，房屋租赁当事人可以变更或者解除租赁合同。

（1）符合法律规定或者合同约定可以变更或解除合同条款的；

（2）因不可抗力致使合同不能继续履行的；

（3）当事人协商一致的。

有下列情形之一，非因承租人原因致使租赁物无法使用的，承租人可以解除合同：

（1）租赁物被司法机关或者行政机关依法查封、扣押；

（2）租赁物权属有争议；

（3）租赁物具有违反法律、行政法规关于使用条件的强制性规定情形。

因变更或者解除租赁合同使一方当事人遭受损失的，除依法可以免除责任的以外，应当由责任方负责赔偿。

（三）房屋租赁合同登记对合同效力的影响

依照《民法典》第七百零六条的规定，当事人未依照法律、行政法规规定办理租赁合同登记备案手续的，不影响合同的效力。

想一想：

1. 签订房屋租赁合同应准备哪些文件？
2. 哪些租赁合同应被视为无效合同？

案例

2015 年 8 月，韩某将其所有的房屋出租给闫某，并签订了房屋租赁协议。协议中对转租、转包事项进行了约定，闫某在租赁期间，经出租人同意，可以进行转租、转包。2017 年 10 月，经出租人韩某同意，闫某又将原租赁合同中的部分房屋转租给刘某。后因对转租合同的效力问题发生纠纷，2019 年 4 月，刘某以闫某为被告、韩某为第三人向河南省商丘市梁园区人民法院提起诉讼，请求法院依法判令该房屋租赁合同合法有效。第三人韩某述称，原租赁合同以及转租合同均没进行登记备案，按照城市房屋租赁管理办法应当到房地产管理部门办理登记手续，两份合同应均为无效合同。

房屋租赁当事人应当在租赁合同签订后三十日内，持书面租赁合同、房屋所有权证书、当事人的合法证件以及城市人民政府规定的其他文件，到直辖市、市、县人民政府房地产管理部门办理登记备案手续。出租共有房屋，还须提交其他共有人同意出租的证明。出租委托代管房屋，还须提交委托代管人授权出租的证明。当事人的房屋租赁申请经直辖市、市、县人民政府房地产管理部门或其委托机构审查合格后，颁发房屋租赁证，未经登记的房屋租赁关系依法不予保护。租用房屋用于居住的，房屋租赁证可作为向公安部门申办户口登记的凭证之一。租用房屋从事生产、经营活动的，房屋租赁证即作为经营场所合法的凭证。公民出租私房的，应按期申报、领取房屋租赁证，对不按期申报、领取房屋租赁证的，县级以上人民政府房地产管理部门可责令限期补办，并可处以罚款。

任务三　签订房地产抵押合同

一、房地产抵押合同的内容及签订

（一）房地产抵押合同的内容

根据《城市房地产抵押管理办法》的规定，房地产抵押，抵押当事人应当签订书面抵押合同。房地产抵押权的设定属于要式行为，因此，房地产抵押人与抵押权人必须签订书面抵押合同。房地产抵押合同，是抵押人与抵押权人签订的用来约定以特定的房地产担保债务但不转移房地产的占有，在债务人不履行债务时，抵押权人享有就该房地产的变现价优先受偿权利的书面文件。

房地产抵押合同是为保证债务的履行而签订的，是担保债权债务履行的手段。它应以主债务合同的存在为前提，是债权债务合同的从合同，债权债务的主合同无效，抵押合同也就自然无效。抵押权人是主债务合同的债权人，有债权才有抵押权，没有债权就没有抵押权。抵押人可以是主债务合同的债务人，也可以是债务人以外的第三人。因房地产抵押是一种处分行为，抵押人必须是对该房地产有处分权的人，故抵押人应该是依法享有处分权的土地使用权人和房屋所有权人。

案例

抵押消费贷款购房

韩先生决定把手上的两居抵押给银行，去换一套三居。“新国十条”下发后，各银行“认贷更认房”政策执行更加严格，不少人转而“曲线救国”，使得抵押房产向银行贷款购房的比例直线上升。

韩先生是一家外贸公司的业务经理，一家三口住在一套其婚前购买的75平方米小两居里。9月，儿子即将上小学了，他想接老人来照顾孩子，可“捉襟见肘”的房间却不允许。半月前，韩先生找到了一套相对便宜的三居，总价175万元，评估价约135万元。根据新政后的二套房细则，银行最高放款 67.5 万元，首付 107.5 万元，这让只有 95 万元存款的他一筹莫展。

“要不拿老房子去抵押吧”，朋友的一句话提醒了他。韩先生向银行了解，根据当时最新规定，名下无贷款，首次使用房产抵押消费贷款，最高比例为六成，利率 1.1 倍。他心里一盘算，名下的两居目前市场价在 150 万元，大概可以评到 125 万元，这样便可从银行贷到 75 万元。而业主答应全款可以便宜 5 万元，加上存款正好足够。拿到新房后再把老房子出租掉，用租金收益来冲抵部分月供。

因此，对于像韩先生这样急需置业升级但首付不足的购房人群，可以通过房产抵押消费贷款缓解资金压力，这也是最近此类业务再度火热的原因。

（二）房地产抵押合同的签订

1. 进行房地产抵押时，抵押人应具备以下条件：

（1）完全拥有该抵押的房地产，取得合法的房地产权凭证。与他人共有产权时，应取得其他产权人的同意；期房抵押时，应具有预售合同和相应付款凭证；在建工程抵押时，应具有土地使用证和建筑承包合同；

（2）房屋不属于文物、保护性建筑，未被冻结，也不是其他限制性房地产；

（3）具有完全的民事行为能力。

2. 房地产抵押合同的主要内容

房地产抵押是一种标的物价值很大的担保行为，房地产抵押人与抵押权人必须签订书面抵押合同。按照《城市房地产抵押管理办法》的规定，房地产抵押合同应当载明下列主要内容：

（1）抵押人、抵押权人的名称或者个人姓名、住所；

（2）主债权的种类、数额；

（3）抵押房地产的处所、名称、状况、建筑面积、用地面积以及四至等；

（4）抵押房地产的价值；

（5）抵押房地产的占用管理人、占用管理方式、占用管理责任以及意外损毁、灭失的责任；

（6）债务人履行债务的期限；

（7）抵押权灭失的条件；

（8）违约责任；

（9）争议解决方式；

（10）抵押合同订立的时间与地点；

（11）双方约定的其他事项。

二、房地产抵押的法律效力

（一）抵押人的权利

抵押人对抵押物具有占有、使用、处分和收益的权利。房地产设定抵押之后，抵押人在抵押期间对抵押物仍具有占有和使用的权利。经抵押权人同意，抵押人对抵押标的物还具有处分和收益的权利。

（二）抵押人的义务

抵押人有义务保管和维护抵押物，并为抵押物购买保险，这是为了防止抵押物的价值减少。根据《担保法》的规定，因抵押人的行为造成抵押物价值减少时，抵押人有义务恢复抵押物的价值，或者提供与减少的价值相当的担保。根据《城市房地产抵押管理办法》的规定，抵押当事人约定对抵押房地产保险的，由抵押人为抵押的房地产投保，保险费由抵押人负担。

抵押人有义务配合进行房地产登记。依据《城市房地产抵押管理办法》的规定，房地产抵押合同自签订之日起三十日内，抵押当事人应当到房地产所在地的房地产管理部门办理房地产抵押登记。房地产抵押合同自抵押登记之日起生效，抵押当事人具有提供权证资料、配合抵押登记的义务。

抵押人有遵守抵押合同的义务。抵押人应严守抵押合同的规定，不得损害抵押权人的合法利益。

除此之外，以预购商品房贷款抵押的，须提交生效的预购房屋合同。以在建工程抵押的，抵押合同还应当载明国有土地使用权证、建设用地规划许可证和建设工程规划许可证编号、已交纳的土地使用权出让金或需交纳的相当于土地使用权出让金的款额、已投入在建工程的工程款、施工进度及工程竣工日期和已完成的工作量和工程量等。抵押权人要求抵押房地产保险的，以及要求在房地产抵押后限制抵押人出租、转让抵押房地产或者改变抵押房地产用途的，抵押当事人应当在抵押合同中载明。

（三）房地产抵押登记

依照《城市房地产抵押管理办法》的规定，房地产抵押合同自签订之日起三十日内，抵押当事人应当到房地产所在地的房地产管理部门办理房地产抵押登记。国家实行房地产抵押登记制度，也就是说必须到房地产登记主管部门办理抵押登记，房地产抵押合同自抵押登记之日起生效。因此，房地产抵押登记作为抵押合同生效的要件，当事人订立书面抵押合同后未办理登记的视为效力未定，房地产抵押合同必须向房地产管理部门登记后才生效。依法设定的房地产抵押，只有办理抵押登记手续后，才受国家法律保护，否则没有法律效力。

房地产抵押时应当向登记机关交验下列文件：

（1）抵押当事人的身份证明或法人资格证明；

（2）抵押登记申请书；

（3）抵押合同；

（4）国有土地使用权证、房屋所有权证或房地产权证，共有的房屋还必须提交房屋共有权证和其他共有人同意抵押的证明；

（5）可以证明抵押人有权设定抵押权的文件与证明材料；

（6）可以证明抵押房地产价值的资料；

（7）登记机关认为必要的其他文件。抵押合同发生变更或者抵押关系终止时，抵押当事人应当在变更或者终止之日起十五日内，到原登记机关办理变更或者注销抵押登记。

任务四 购房合同的违约责任

依照《民法典》第五百七十七条的规定，当事人一方不履行合同义务或者履行合同义务不符合约定的，应当承担继续履行、采取补救措施或者赔偿损失等违约责任，所以在签订房地产合同前双方应明确规定违约责任。

一、商品房买卖合同的违约责任

（一）买受人逾期付款的违约责任

买受人没有按合同约定的时间付款时的处理方式：

（1）按逾期时间分别处理。逾期时间在约定期限内，合同继续履行，出卖人可以要求买受人支付价款；买受人逾期付款时间超过一定期限，出卖人有权选择解除合同，如果买受人愿意继续履行合同并经出卖人同意，也可以继续履行合同。

（2）按逾期数额分别处理。分期付款的买受人未支付到期借款的金额达到全部价款的五分之一的，出卖人可以要求买受人支付全部借款或者解除合同。根据该规定，买受人逾期付款的数额占全部价款的五分之一以下时，出卖人可以根据相关规定要求买受人支付价款。买受人逾期付款数额达到或超过全部价款的五分之一时，出卖人有两种选择：一是合同继续履行，出卖人有权请求买受人一并支付未到期的全部价款，这种方法主要适用于出卖人的义务已全部或大部分履行的情况；二是出卖人有权要求解除与买受人之间的买卖合同。

根据我国《民法典》的规定，当事人可以约定一方违约时应当根据违约情况向对方支付一定数额的违约金，也可以约定因违约产生的损失赔偿额的计算方法。

违约金是指合同当事人不履行或不按约定履行合同时，应付给对方当事人的由法律规定或合同约定的一定数额的货币。违约金分为法定违约金和约定违约金，凡法律规定的违约金是法定违约金，由合同双方当事人在合同中约定的违约金是约定违约金。我国现行法律没有就商品房买卖合同履行过程中，买受人逾期付款的情况规定法定违约金，买卖双方可以根据合同是否继续履行来约定不同的违约金。如果合同继续履行，买受人应按日支付约定比率的违约金，违约金的数额=逾期应付款数额×逾期天数×约定的按日支付违约金比率；如果合同解除，买受人应支付一定数额或一定比率的违约金。

违约金的数额或比率，由双方当事人在合理的幅度内约定。根据《民法典》的规定，约定的违约金低于造成的损失的，人民法院或者仲裁机构可以根据当事人的请求予以增加；约定的违约金过分高于造成的损失的，人民法院或者仲裁机构可以根据当事人的请求予以适当减少。在房地产买卖合同中有明确的约定的，应按具体约定执行。

（二）出卖人逾期交房的违约责任

出卖人应当按照合同约定，将符合交付使用条件的商品房按期交付给买受人。未能按期交付的，出卖人应当承担违约责任。

逾期交房的违约责任，可以参照逾期付款的违约责任，即逾期交付没有超过约定的期限，或虽超过了约定期限，但买受人要求继续履行合同的，合同继续履行，由出卖人赔偿损失或承担约定的违约金；逾期交付超过约定期限的，买受人有权解除合同，合同解除后，出卖人应当向买受人返还购房款并赔偿损失或支付违约金。

案例

2018 年 8 月，王先生在某开发商处以按揭方式购买了一套住宅。合同约定：该套住宅总房款 30 万元，2019 年 5 月 1 日交房。王先生首付 12 万元，剩余 18 万元以按揭贷款方式支付。合同签订以后，开发商办理了合同登记备案手续。王先生支付了 12 万元首付款，并签订了抵押贷款合同，办理完善相关按揭手续，并于 2018 年 10 月开始向按揭银行交纳月供款。

2019 年 5 月 1 日，到了合同约定的交房日期。开发商向准备接房的业主发出通知："因某些原因，现延期交房，具体交房日期暂定在 2019 年 8 月 1 日"。2019 年 8 月 1 日，王先生到开发商处办理了接房手续，并向开发商提出支付违约金的要求。因就违约金如何支付问题未达成一致，王先生起诉至法院，请求法院判令被告支付违约金。因王先生已办理了抵押贷款手续，且已支付数月的按揭月供款，即可证明王先生已将全部 30 万元的购房款支付给了开发商，开发商应按照 30 万元作为计算违约金的基数。

合同继续履行的，出卖人赔偿损失的数额一般不应低于同类地段同类商品房的租金，当事人之间也可以约定与租金相当的违约金。

合同解除的，可以约定由出卖人支付一定数额或一定比率的违约金，违约金的数额应与买受人的可得利益损失相当。

在约定违约责任时，逾期交房与逾期付款的违约责任应当有所区别，一般情况下，租金要高于利息。因此，逾期交房所应承担的违约金比率应高于逾期付款所应承担的违约金比率。

（三）合同签订后买受人退房应承担的违约责任

按规定，在双方签订正式商品房买卖合同之后，买卖双方必须按合同条款履行合同。如果开发商违约，并符合合同中有关退房的约定，购房者不但不需要承担责任，还可追究开发商的违约责任；如果开发商没有违约，购房者想退房，在没有取得开发商同意的情况下，可能会被要求按合同依法追究违约责任并没收定金。

（四）出卖人由于某种原因一房多卖的违约责任

出卖人在签订正式的商品房买卖合同之后，不得再将合同标的房地产售予其他购房者，否则属于违约。由此造成买受人遭受损失的，出卖人应当负赔偿责任。

（五）签订商品房买卖合同的注意事项

商品房买卖合同是对买卖双方权利、义务的约定，为了避免日后发生不必要的纠纷，买卖双方在签订商品房买卖合同时，应该事先达成协议。尤其是对一般的购房者来说，买房是一件大事，更应慎之又慎，需要注意的问题很多。

(1) 对于房屋所用的建筑材料、装修标准都要在合同中加以明确。房屋所用的建筑材料直接关系到房屋的质量，装修标准也应明确，应当约定建筑装修材料的品牌、单价、数量、总价、维修期、违约赔偿标准等，以便不兑现时索赔。

(2) 对于房屋包括的附属设施及小区所应具备的公用配套服务设施要在合同中加以明确。房屋的附属设施包括自用的附属设施和共用的附属设施：自用的附属设施包括煤气、卫生洁具等；共用的附属设施包括电梯、电视天线、电话线等。另外，还包括公用配套服务设施，如商店、邮局、学校、幼儿园等。它们都直接关系到居民的生活质量，而且也是购房者特别关心的问题。因此，这些设施的种类、数量及具体交付使用的时间都应在合同中列明。

(3) 明确交楼条件和办理房产证的约定。约定交楼必须具备的证件以及交楼标志（不是交钥匙），注意出卖人制订的延迟交楼的免责条款。约定办理房产证的截止日期及无条件办妥房产证和违约责任（包括赔偿和解除合同），办理房产证时间不要过长。

(4) 对于房屋的建筑面积要约定，并明确当交付房屋的建筑面积和合同所约定的建筑面积不符时，应如何处理。面积差异处理条款，要填写单价。在约定房屋的建筑面积时，要分别写明实得的建筑面积和分摊的公用建筑面积，以防开发商虚报要分摊的公用建筑面积。

(5) 对合同中没有涉及的内容，购销双方应另行签订补充协议加以规范。为了规范双方的交易行为、减少交易纠纷，就双方约定的其他事项另行签订补充协议是必要的。

(6) 订立补充协议时需要注意的内容。

① 关于免费赠送住宅设备、设施的补充协议。开发商如许诺免费赠送如电话、进口家具、电器等，可以在补充协议上载明，为了防止歧义，最好标明赠送住宅设备、设施的详细情况，越细越好。

② 关于购房入户的补充协议。如所购商品房符合当地政府有关购房入户的规定，且开发商承诺代为办理有关手续的，购房者可要求签订关于此问题的补充协议。协议中要明确指出：如开发商不能在约定期限内办妥入户手续，购房者有权解除合同，所付一切费用由开发商如数退还。

③ 关于银行按揭的补充协议。很多买受人在付款方式上选择购房按揭，但按揭的年限与成数开发商无权决定，须由贷款银行根据购房者提供的担保条件最后确定，一般在购房合同签订后的一个月内才能知晓。因此，为了降低风险、维护自身权益，购房者可要求开发商就此问题签订补充协议，在协议中订明：如按揭申请不被银行所接纳，购房者有权解除合同；如按揭成数与年限低于特定值（如七成，十年），购房者可要求变更付款方式等。

想一想： 签订商品房买卖合同都需要注意些什么？

二、房屋租赁合同的违约责任

在签订房屋租赁合同时，当事人双方应经过协商详细规定违约责任。房屋租赁合同签订后，房屋租赁当事人应按租赁合同的约定，享有权利并承担相应的义务，否则应承担违约责任和由此产生的法律责任。在违约行为出现时，若双方当事人未就此项做出规定，则以有关规定予以确定。具体违约责任有：

（一）出租人的违约责任

（1）出租人应当依照租赁合同约定的期限将房屋交付承租人，不能按期交付的，应当支付违约金；给承租人造成损失的，应当承担赔偿责任。

（2）出租人在租赁期限内，确需提前收回房屋时，应当事先征得承租人同意，给承租人造成损失的，应当予以赔偿。

（3）出租住宅用房的自然损坏或合同约定由出租人修缮的，由出租人负责修复；不及时修复，致使房屋发生破坏性事故，造成承租人财产损失或人身伤害事故的，出租人应当承担赔偿责任。租赁房屋从事生产、经营活动的，修缮责任由双方当事人在租赁合同中约定，违反约定的应承担违约责任。

（二）承租人的违约责任

（1）承租人应当按照房屋租赁合同的约定支付租金。承租人迟延支付租金的，应当按照房屋租赁合同的约定承担违约责任。

（2）承租人应当按照房屋租赁合同的约定使用房屋。因承租人的原因造成房屋损坏的，承租人应当负责修复或赔偿；属于房屋自然损耗的，承租人不承担赔偿责任。

（3）承租人未征得出租人书面同意，或者超出出租人同意的范围和要求装饰、装修房屋或者增添附属设施的，出租人有权要求承租人恢复原状或者赔偿损失。

（4）承租人擅自转租租赁房屋给第三人，由此造成的租赁房屋损害，承租人应承担赔偿责任。

（三）签订房屋租赁合同的注意事项

房屋租赁合同是出租人和承租人之间权利义务关系的法律依据，具体规定租赁双方的权利与义务，在租赁关系存续期间，租赁双方都要受其约束，依照合同行使权利和承担义务。因此，为了避免和减少纠纷以及日后能够正确处理纠纷，双方当事人在签订房屋租赁合同时，一定要注意把租赁关系可能遇到的各种情况在合同条款中予以明确。

（1）租赁用途，即承租人租赁房屋的目的。合同中应明确规定租赁房屋的用途，保证承租人按房屋的使用性能正确使用，避免因使用不当而使房屋受到损失。在房屋租赁合同中应写明租赁的用途是用来居住，还是用来从事生产经营活动。租赁用途一旦定明，承租人不得擅自改变用途，尤其不得用房屋从事非法活动。

（2）租赁期限。合同中应明确具体的承租期限，并应约定具体的交房时间，租赁期满后，出租人便有权收回房屋。租赁期限包括了房屋的交付期限及租期，应写明具体日期。双方需要在合同中约定一个期限，在这个期限内，如果没有特殊情况出租人不得收回住房，承租人也不得放弃这一住房而租赁别的住房。期限到了之后，承租人将住房退还给出租人。如果承租人要继续租赁这套住房，则要提前通知出租人。经协商，出租人同意后，承租人可继续租赁这套住房；如承租人要搬走，但是没有找到合适的住处，出租人应酌情延长租赁期限。租赁有期限限制，这是房屋租赁与房屋转让的重要区别。

（3）租金及交付方式。合同中应明确租金的计算标准、支付方式、支付时间、支付地点及每次支付的具体金额。住房租金由出租人和承租人协商确定在租赁期限内，出租人不得擅自提高房租，租金的付款方式大致有按年付、按半年付和按季付。租金的确定依房屋用途不同而不同，对于住宅用房，租金的标准应执行国家和房屋所在地城市人民政府的租赁政策；从事生产、经营活动的用房，租金由承租人与出租人协商议定。

（4）房屋修缮责任。合同中应尽量明确房屋的修缮项目、方式及费用承担，若合同未规定，则应由出租人承担房屋修缮责任。修缮的范围包括：房屋自身及其附属设施，以及其他属于出租人修缮范围的设备。承租人在租赁前应对住房及其内部设施进行认真检查，保证自己今后能够正常使用。如果在正常使用过程中住房或设施损坏，承租人应及时通知出租人请物业管理公司予以维修。但如果是因为承租人使用不当而造成损坏的，由承租人负责维修或赔偿。出租人无力对住房进行修缮的，承租人可与其共同出资维修，承租人负担的维修费用可以抵偿应交的租金或由出租人分期偿还。

（5）转租的约定。转租是承租人将所租赁的房屋再出租给别人，这在日常生活中也经常出现。有的承租人租房的目的并不是自住，而是想通过转租取得租金收入，由于这种转租行为影响到出租人的利益，所以双方应该在合同中对转租加以规定。合同中应明确承租人是否以及在什么条件下享有转租权，如果合同中没有此项规定，则承租人未经出租人同意，不得擅自转租。

小看板

根据我国《民法典》第七百一十六条的规定，承租人经出租人同意，可以将租赁物转租给第三人。承租人转租的，承租人与出租人之间的租赁合同继续有效；第三人造成租赁物损失的，承租人应当赔偿损失。承租人未经出租人同意转租的，出租人可以解除合同。

（6）签订合同必须使用示范合同文本。在签订租房合约时必须使用由当地房屋土地管理部门印制的房屋租赁合同示范文本才有效，才能受到法律保护，并且不得擅自修改、翻印或复制。

（7）其他。租赁关系由房地产经纪机构居间或代理的，房地产经纪机构和房地产经纪持证人员应在落款内签字、盖章，并注明经纪资格证书编号。

想一想：签订房屋租赁合同都需要注意什么？

三、房地产抵押合同的违约责任

（一）房地产抵押双方的法律责任

房地产抵押合同是抵押人与抵押权人为了保证债权债务的履行，明确双方权利与义务而签订的协议。在签订房地产抵押合同时，当事人也应详细规定双方的具体违约责任。

（1）抵押合同生效后，抵押人和抵押权人应当履行。任何一方不履行或者不完全履行的，应当承担违约责任，并赔偿另一方由此遭受的经济损失。因抵押人或者抵押权人过错致使抵押合同不能履行的，过错方应当赔偿另一方当事人遭受的经济损失。

（2）致使抵押合同无效的责任。抵押合同无效的，有过错的一方应当赔偿对方因此所受到的损失；双方都有过错的，应当各自承担相应责任。

（3）隐瞒抵押物状况的责任。抵押人隐瞒抵押物已抵押或者已出租的状况，造成他人损失的，由抵押人予以赔偿；抵押人隐瞒抵押的房地产存在共有、产权争议或者被查封、扣押等情况的，抵押人应当承担由此产生的法律责任。

（4）对第三人损失的赔偿。抵押人擅自出租、出借、转移、出售、交换、赠予或者以其他方式处理或处分抵押物的，其行为无效；造成第三人损失的，由抵押人予以赔偿。

（5）责任的免除。由于不可抗力致使抵押物全部或者部分灭失、毁损、贬值的，抵押人应当及时告知抵押权人，在取得有关证明后，可免除抵押人重新提供或者增加抵押物的责任。

（二）签订抵押合同的注意事项

房地产抵押在现实生活中极为普遍，随之而来产生的抵押纠纷也越来越多。因此，抵押当事人在签订房地产抵押合同时应慎重，注意以下问题：

（1）抵押物即房地产的相应权利应完整，特别应验证是否已经设定抵押。根据《城市房地产抵押管理办法（2001 修正）》的规定，同一房地产设定两个以上抵押权时，以抵押登记的先后顺序清偿。因此对已设立过抵押权的抵押物，无法获得优先清偿的地位，在签订合同时应注意并考虑清楚。根据《城市房地产抵押管理办法（2001 修正）》的规定，同一房地产设定两个以上抵押权的，抵押人应当将已经设定过的抵押情况告知抵押权人。所以抵押人应有义务告知抵押权人。

（2）抵押人、抵押权人符合相应的规定，能独立承担相应的民事责任。依据前面的介绍，抵押人、抵押权人必须符合相应的规定条件，并具有完全民事能力能够独立承担相应的民事责任。未成年人和被宣告为无民事行为能力或限制行为能力的公民不能签订房地产抵押合同。

（3）抵押值不得超过房地产抵押物的总值。《城市房地产抵押管理办法（2001 修正）》规定，抵押人所担保的债权不得超出其抵押物的价值，否则抵押权人的利益将受到侵害。

（4）签约时最好使用标准的合同样本，签约前双方应仔细阅读合同条款。为了保护自身的权益，当事人最好使用标准的合同样本。签约前双方当事人应仔细阅读合同条款，理解每一条款的真实含义，明确每一条款所表达的确切意思。

（5）合同的内容应完整，未尽事宜双方应协商确定。合同的内容必须符合《城市房地产抵押管理办法（2001 修正）》的规定，应当载明十一项主要内容。双方当事人在自愿的基础上，可以对合同条款的内容进行修改、增加或删减，但不得违反有关法律、法规规定的要求，具体问题双方应协商确定。订立抵押合同时，抵押权人和抵押人在合同中不得约定在债务履行期届满而抵押权人未受清偿时，抵押物的所有权转移为债权人所有。

（6）抵押合同必须向房地产登记处登记后才生效。为了当事人的合法权益受到保护，房地产抵押合同自签订之日起三十日内必须到房地产所在地的房地产管理部门办理房地产抵押登记，房地产抵押合同自抵押登记之日起生效。在签订合同时，双方有义务提醒对方办理房地产抵押登记并确定具体的时间。

想一想：签订房地产抵押合同需要注意什么？

任务五　办理住房抵押贷款

一、普通住宅贷款办理

普通住宅支付方式可以分为一次性付款和住房贷款两种方式进行支付。选择一次性付款可能会得到开发商一定幅度的折扣，但购房者必须以足够的资金做后盾，这种方式操作比较简单。另外，对于购买期房的人来说，一次性付款还有可能加大购房者的购房风险，如果开发商没有按期交房，甚至工程“烂尾”，那么购房者就有可能损失更多的利息。因此，一次性付款比较适用于购房者资金充足、开发商信誉良好且是现房的情况。根据我国目前房地产交易的付款方式，选择贷款购房的占到交易总量的大多数，下面将加以详细描述。

小看板

2009 年 12 月，国务院总理温家宝主持召开国务院常务会议，研究部署遏制部分城市房价过快上涨的政策措施。会议决定对贷款购买第二套住房的家庭，贷款首付款不得低于 50%，贷款利率不得低于基准利率的 1.1 倍；对购买首套自住房且套型建筑面积在 90 平方米以上的家庭，贷款首付款比例不得低于 30%；而对于贷款购买第三套及以上住房的，大幅度提高首付款比例和利率水平。

（一）住房公积金贷款

缴存住房公积金的购房者，在购买、建造、翻建、大修自住住房时，可以向住房公积金管理中心申请住房公积金贷款。住房公积金管理中心应当自受理申请之日起十五日内做出准予贷款或者不准贷款的决定，并通知申请人。准予贷款的，由受委托银行办理贷款手续。住房公积金贷款的风险，由住房公积金管理中心承担。

1. 住房公积金的借款人须具备下列条件：

（1）具有合法有效身份；

（2）具有完全的民事行为能力；

（3）具有稳定的职业和收入，信用状况良好，有偿还贷款本息的能力；

（4）购买、建造、翻建、大修自住住房；

（5）具有购买、建造、翻建、大修自住住房的合同或相关证明文件；

（6）符合委托人规定的有关贷款的住房公积金缴存条件；

（7）提供委托人认可的担保；

（8）借款人夫妻双方均无尚未还清的住房公积金贷款和住房公积金政策性贴息贷款；

（9）符合委托人规定的其他条件。

此外，住房公积金借款申请人须满足上述条件外，其住房公积金缴存情况须同时满足以下三个条件之一：

① 建立住房公积金账户 12 个月（含）以上，同时，足额正常缴存住房公积金 12 个月（含）以上且申请贷款时处于缴存状态；

② 申请人所在单位经公积金管理中心审批同意处于缓缴状态，但本人满足建立住房公积金账户 12 个月（含）以上，且足额正常缴存住房公积金 12 个月（含）以上；

③ 借款申请人为在职期间缴存住房公积金的离退休职工。

2. 办理公积金贷款应该准备的资料：

（1）身份证或有效身份证明；

（2）户口本首页、本人页及变更页；

（3）暂住证或有效居住证明；

（4）有效婚姻关系证明（已婚者、离异者提供）；

（5）离退休证明（离退休职工提供）；

（6）收入证明；

（7）购房首付款发票；

（8）购房合同（正本）；

（9）大专（含）以上学历、学位证书、职称证书、自有产权住房证明、租赁公有住房证明等；

（10）贷款还清证明；

（11）办理中心要求的其他材料。

3. 住房公积金贷款申请办理流程（见图 6-1）

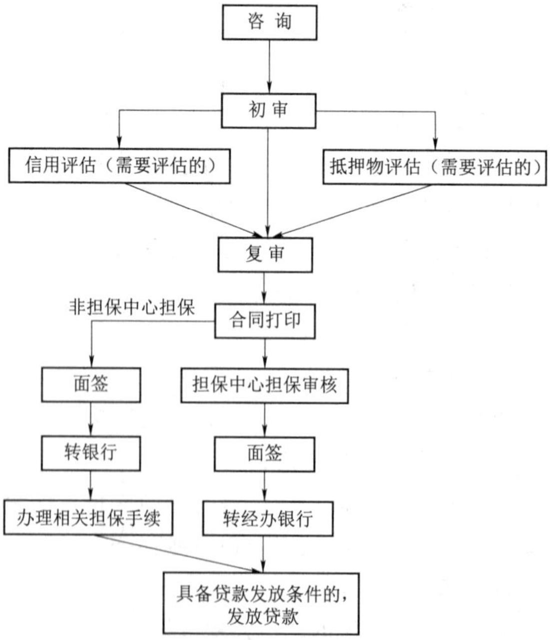

图 6-1 住房公积金贷款申请办理流程

想一想：赵老师决定购买一套房产，如果她需要办理公积金贷款应该带齐哪些资料？

（二）住房商业性贷款

个人住房商业性贷款，又称“按揭”，是银行用其信贷资金所发放的自营性贷款。具体指具有完全民事行为能力的自然人，购买本市个城镇自住住房时，以其所购买的产权住房或银行认可的其他担保方式为抵押，作为偿还贷款的保证而向银行申请的住房商业性贷款。

1. 按揭的借款人须具备的条件

（1）具有城镇常住户口或有效居留身份；

（2）有稳定的职业和收入，信用良好，有按期还贷款本息的能力；

（3）不享受购房补贴的，不低于购买住房全部价款的规定比例作为购房的首期付款；享受购房补贴的，以个人承担部分的规定比例作为购房首期付款；

（4）有银行认可的资产作为抵押或质押，或有足够代偿能力的单位或个人作为偿还贷款本息并承担连带责任的保证人；

（5）具有购房合同或协议，所购住房价格基本符合银行或银行委托的房地产估价机构的评估价值。

2. 贷款人需提供的材料

以下列举中国建设银行关于个人住房商业贷款要求提交的材料。各个银行的规定都大同小异，购房者在申请贷款时应当参照贷款银行的具体规定。

（1）个人住房借款申请书；

（2）身份证件复印件（居民身份证、户口簿、军官证，在中国内地有居留权的境外、国外自然人为护照、探亲证、返乡证等居留证件或其他身份证件）；

（3）经办银行认可的有关部门出具的借款人稳定经济收入证明或其他偿债能力证明资料；

（4）合法的购买（大修）住房合同、协议及相关批准文件；

（5）抵押物或质押权利清单及权属证明文件，有处分权人出具的同意抵押或质押的证明，贷款银行认可的评估机构出具的抵押物估价报告书；

（6）保证人出具的同意提供担保的书面承诺及保证人的资信证明；

（7）建设银行的存款单据、凭证式国债单据等借款人拟提供给贷款行质押的有价证券；

（8）借款人用于购买（大修）住房的自筹资金的有关证明；

（9）房屋销（预）售许可证或楼盘的房地产权证（现房）；

（10）如果借款人的配偶与其共同申请借款，借款申请书上还要填写清楚配偶的有关情况，并出示结婚证和户口簿等；

（11）贷款银行规定的其他文件和资料。

3. 按揭贷款流程

（1）借款人填写借款申请书并提供必需的资料；

（2）贷款行对借款人的资信状况和资料进行审查，在三周内正式答复申请人；

（3）贷款行同意贷款的，借贷双方签订借款合同。并以贷款担保方式，同时签订抵押合同或质押合同、保证合同；

（4）根据国家和当地的法律法规，以及建设银行的规定，办理房产保险、抵押登记或合同公证等手续，贷款行按照合同约定发放贷款。

想一想：对于一个需要办理按揭贷款的购房者来说，办理贷款都需要经过哪些步骤？

（三）住房组合贷款

符合个人住房按揭贷款条件的借款人同时缴存了住房公积金，在申请按揭贷款的同时，向银行申请个人住房公积金贷款。在购买商品房时，既有个人住房公积金贷款也有银行按揭贷款的，即“个人住房组合贷款”。

1. 贷款人条件

（1）具有合法有效的身份证明。本市居民的身份证、户口簿；外省市居民除身份证、户口簿外，还须提供所在地户籍管理部门提供的户籍证明或暂住证；境外人士提供护照；未满 18 周岁须提供出生证或独生子女证；

（2）必须有稳定合法的经济收入，能够提供相应的收入和资产证明。收入证明由借款人所在的工作单位出具，加盖公司人事章或公章，并提供营业执照复印件；个体户、私营、民营借款人可提供近三个月税票和营业执照复印件；所开具的月收入超过 20 000 元人民币的，应提供税单或其他资产证明（银行存单、有价证券、投资证明、房产等）；

（3）具有完全民事行为能力的自然人，无不良信用记录；

（4）有效的购房合同或购房协议；

（5）已支付规定比例的首付款（一般是不低于所购房屋总价的 30%）或在贷款银行已存入不低于首付款的存款；

（6）贷款人年龄在 18~65 周岁，不同年龄所贷款年限的限制有所不同；

（7）本市购买自住住房，同时在本市住房资金管理分中心连续缴存住房公积金六个月以上的缴存人；

（8）提供分中心同意的担保方式；

（9）符合分中心规定的其他条件；

（10）贷款银行规定的其他条件。

2. 贷款人须提供的材料

（1）贷款申请人、配偶、共同借款人、产权共有人的身份证（暂住证、护照、未成年人出生证或独生子女证）复印件；

（2）贷款申请人、配偶、共同借款人、产权共有人等的私章；

（3）贷款申请人、配偶、共同借款人、产权共有人等的户口簿复印件；

（4）贷款人婚姻情况证明（已婚提供结婚证，未婚提供单身证明，离婚提供离婚证）；

（5）贷款人收入证明；

（6）房屋买卖合同原件一份；

（7）买卖合同上所述的出售方签字的首付款收据；

（8）所购买房屋的产权证复印件；

（9）主贷人及参贷人的公积金账号；

（10）主贷人及参贷人的离退休证明；

（11）公积金管理中心要求的其他资料；

（12）银行规定的其他材料。

3. 组合贷款流程

（1）贷款申请阶段，借款人须向市住房公积金管理中心和银行分别报送申请材料。

（2）签合同时，借款人须分别与市住房公积金管理中心和银行签订借款合同，并办理公证手续。

（3）还款时，借款人应同时在还款转账卡和银行存折上存款，分别偿还住房公积金贷款和商业贷款。

小看板

××银行一手房购房及贷款全过程

步骤一：与开发商签订购房合同，开发商将合同在房管局备案。

步骤二：量身定制属于自己的购房贷款。

表 6-1 贷款类型

贷款类型	住房按揭贷款	
	住房公积金贷款	
	住房按揭（公积金）组合贷款	
贷款额度	以现行政策为准，最高可以达到抵押房产价值的 80%	
贷款期限	最长可达 30 年	
贷款利率	以现行利率为准	
担保方式	抵押担保	以所购住房作为抵押
还款方式	等额本金按月还款法	
	等额本息按月还款法	
还款间隔	按月间隔还款	
	按固定天数间隔还款（固定天数 1~30 天范围以内）	
还款渠道	银行各营业网点均可还款	
	通过网上银行转账	
	通过其他银行柜台转账	

步骤三：提交申请资料，资料齐全后，银行在 1 个工作日内完成贷款审查、审批。

表 6-2　提交的资料

提交的资料	身份证明原件及复印件
	可以证明家庭收入或资产的凭证
	购房合同协议、缴纳首付款证明
	银行要求提供的其他贷款资料

步骤四：与银行签订贷款合同，到房屋管理部门办理抵押手续后，银行发放贷款。

议一议：具备哪些条件的购房者才能够办理住房组合贷款？

二、商业物业贷款办理

购买商业物业与购买普通住宅一样，一次性付款适用于购房者资金充足、开发商信誉良好且是现房的情况，对于资金不足者可以选择贷款的方式进行支付。到目前为止，我国的非住房是不能使用公积金贷款的，贷款人只能够选择商业性贷款方式。

（一）贷款人条件

（1）年满 18 周岁，具有完全民事行为能力；

（2）有合法的有效居住身份；

（3）有稳定的收入和还本付息的能力；

（4）资信良好，且能提供贷款人认可的财产抵押、质押或保证；

（5）所购置、租赁的商铺必须为现房；

（6）贷款人规定的其他条件。

（二）贷款期限与额度

购置商铺贷款期限最长不超过 10 年，贷款最高额度不超过所购商铺全部价款的 50%。

（三）贷款人须提供的材料

（1）商铺贷款申请表；

（2）借款人及其财产共有人的身份证、户口簿（户籍证明）以及婚姻状况证明；

（3）借款人及财产共有人的收入及财产证明（如存折、存单、税单、有价证券、房产等）；

（4）购买商铺的合同原件；

（5）首期付款证明；

（6）贷款人要求提供的其他资料。

（四）商业物业贷款流程

（1）借款人填写贷款申请表并提供有关资料；

（2）银行受理与调查；

（3）贷款审核、审批；

（4）签订借款合同、抵押合同、划款委托书；
（5）办理房屋保险、公证、抵押登记；
（6）发放贷款；
（7）借款人还款，直至全部还清；
（8）办理贷款清户与撤押。

算一算：周小姐是位外企的白领，她打算贷款购买一套总价为150万的商铺，请问她最少要付多少首付款？

任务六　房地产的相关支付额计算

一、购买住宅税费与支付额计算

（一）普通住宅与非普通住宅的划分

普通住宅，是指按所在地一般民用住宅建筑标准建造的居住房屋（不包括经济适用房）。非普通住宅，是指建筑造价和销售价格明显超出普通住宅建筑标准建造的高标准住宅，通常包括别墅和高档公寓。别墅是指在郊区或风景区建造的园林式住宅，一般拥有独自的私家车库、花园、草坪、院落等。高档公寓是指其单位建筑面积销售价格高于当地普通住宅销售价格一倍以上的高档次住宅，通常为复式住宅、顶层有花园或多层住宅配有电梯，并拥有较好的绿化、商业服务、物业管理等配套设施。

普通住宅和非普通住宅可从住宅小区容积率、单套房屋建筑面积、实际成交价格与同级别土地上住房平均交易价格的比较三方面进行界定。

1. 普通住宅

住宅小区容积率在1.0（含）以上；

单套房屋建筑面积在140平方米（不含）以下；

实际成交价格低于同级别土地上住房平均交易价格1.2倍（含）以下。

2. 非普通住宅

住宅小区建筑容积率在1.0（不含）以下；

单套建筑面积在140平方米（含）以上；

实际成交价格高于同级别土地上住房平均交易价格1.2倍（不含）以上。

以上三个条件中有一个条件符合非普通住宅的，就视该物业为非普通住宅。

想一想：

现有一套住宅，建筑面积是100平方米，出售价格是120万，假设该小区的容积率是大于1，该住宅所在区所要求的成交单价为9 900元/平方米。请问这套房子是不是普通住宅？

分析：建筑面积小于144，不符合非普通住宅；容积率大于1，也不符合非普通住宅的标准；单价是12 000元/平方米，大于该住宅所在区所要求的成交单价9 900元/平方米，符合非普通住宅的条件，所以这套房子是非普通住宅。因为只要三个条件中有一个条件符合非普通住宅，就视该物业为非普通住宅。

普通住房标准的执行，有利于支持居民住房消费，鼓励购买中小户型住房，有利于交易双方合理定价，也有利于节约利用土地。市民购买普通住房所需支出的各类税费，要比购买非普通住房少很多。

（二）不同住宅类型的契税标准

交纳契税分两种情况：普通住宅和非普通住宅。

普通住宅交纳成交价的1.5%，非普通住宅交纳成交价的3.0%。

例如：王先生以100万购买了一套住宅，则王先生应交纳的契税是：

普通住宅：1 000 000×1.5%＝15 000元

非普通住宅：1 000 000×3.0%＝30 000元

另外，购买商品房还须缴纳房屋维修基金，根据《住宅公用部位公用设施设备维修基金管理办法》第五条的规定：商品住房在销售时，购房者与售房单位应当签订有关维修基金缴交约定。一般情况下维修基金为所购房总价的2%～3%，这个收取比例由省、自治区、直辖市人民政府房地产行政主管部门确定。收房单位代为收取的维修基金属全体业主共同所有，不计入住宅销售收入。

（三）房款的计算

房款一般针对销售的住宅所在位置、楼层、朝向等确定，每套商品房价格会不同，一般有按平方米计算和按套计算两种计价方式。

若按平方米计算价格，则：商品房价格＝商品房销售面积×每平方米单价；若按套计算，则每套商品房有各自不同的既定价格，无须计算。在以上房款价格计算后再计算该房屋的税费，即为该房屋的总支出，

即：房屋总支出＝房屋价格+契税+维修基金+其他费用。

（四）贷款购房的房款计算

目前现行的三种贷款方式：个人住房公积金贷款、个人住房商业性贷款和个人住房组合贷款。个人住房公积金贷款是公积金管理中心委托商业银行发放的政策性贷款；个人住房商业性贷款是由商业银行提供的商业性贷款；个人住房组合贷款是前两者的组合。

（1）住房公积金贷款：对于已参加交纳住房公积金的居民来说，贷款购房时，应该首选住房公积金低息贷款。住房公积金贷款具有政策补贴性质，贷款利率很低，不仅低于同期商业银行贷款利率，而且要低于同期商业银行存款利率，也就是说，在住房公积金抵押贷款利率和银行存款利率之间存在一个利差。同时，住房公积金贷款在办理抵押和保险等相关手续时收费减半。

（2）个人住房商业性贷款：以上两种贷款方式限于交纳了住房公积金的单位员工使用，限定条件多，所以，未缴存住房公积金的人不可申贷，但可以申请商业银行个人住房担保贷款，也就是银行按揭贷款。只要在贷款银行存款余额占购买住房所需资金额的比例不低于规定比例，并以此作为购房首期付款，且有贷款银行认可的资产作为抵押

或质押，或有足够代偿能力的单位或个人作为偿还贷款本息并承担连带责任的保证人，那么就可以申请使用银行按揭贷款。

（3）个人住房组合贷款：住房资金管理中心可以发放的贷款一般规定了最高限额，如果购房款超过这个限额，不足部分要向银行申请住房商业性贷款。这两种贷款合起来称之为组合贷款。此项业务可由一个银行的房地产信贷部统一办理。组合贷款利率较为适中，贷款金额较大，因而较多被贷款者选用。

如果选用贷款购房，还要发生评估费、保险费、公证费和抵押登记费等费用。

以上三种贷款形式比较来看，个人公积金贷款最划算，个人住房贷款（商业性贷款）利息负担最重，销售人员可以建议购房者在确定购房预算时仔细算一算，多列出几种选择进行比较，然后再去申请相应的贷款。

另外，在选择贷款购买时，还要提醒购房者关注月还款方式的差别。选择适合的还款方式也可以让借款人达到省钱的目的。目前市面上比较普遍的还款方式有等额本息、等额本金、双周供等，这三种还款方式，从节省利息的角度来看，依次为双周供>等额本金>等额本息，借款人可根据自身实际情况进行选择。

算一算：老张今年夏天购买了一套面积为 80 平方米，总价为 70 万的房产，该小区容积率为 1.2，请问老张要交多少钱的契税？

二、购买商业物业税费计算

（一）商业物业税费标准

一般来说，购买的是非住宅商业物业，作为购买方只需要缴纳 3% 的契税。

（二）贷款购买商业物业房款计算

贷款购买商用物业没有套数限制，最低可首付五成，贷款年限一般为不超过十年，因此，对于没有足够资金实力和还款能力不强的购买者来说，借助银行贷款进行投资商业物业是具有一定风险的。计算商业物业的按揭还款大致有以下两种方式：

1. 等额本息法

月供额＝贷款额×每一万元的月供额

如：商业性贷款 10 万元，贷款期限为 10 年，（根据利率计算，1 万元月供为 102 元）则每月还款额为：10×102＝1 020（元/月）

2. 等额本金法

每月本金＝贷款额÷期数

第一个月的月供＝每月本金+贷款额×月利率

第二个月的月供＝每月本金+（贷款额−已换本金）×月利率

如，商业性贷款 10 万元，贷款期限为 10 年，年利率为 4.16%，则每月本金为：

100 000÷120＝833（元/月）

月利率：4.16%÷12＝3.47‰

第一个月的月供：833+100 000×3.47‰=1 180（元）

第二个月的月供：833+（100 000−833）×3.47‰=1 177（元）

以后每一个月的月供款依此类推。

思考与训练

一、选择题（单项选择题）

1. 商品房买卖合同是法律所规定的一种（　　）。

A. 要约式　　B. 契约式　　C. 法定式　　D. 买卖式

2. 分期付款的买受人未支付到期借款的金额达到全部价款的（　　）的，出卖人可以要求买受人支付全部借款或者解除合同

A. 二分之一　　B. 五分之一　　C. 三分之一　　D. 四分之一

3. 商品房买卖合同的主要内容不包括（　　）。

A. 商品房的买卖价格　　B. 商品房的交付日期

C. 开发商的基本情况　　D. 面积差异的处理方式

4. 下列关于房地产抵押合同的表述中错误的是（　　）。

A. 房地产抵押合同是为保证债务的履行而签订的，是担保债权债务履行的手段。

B. 房地产抵押合同应以主债务合同的存在为前提，是债权债务合同的从合同。

C. 债权债务的主合同无效 不影响抵押合同的有效

D. 抵押人可以是主债务合同的债务人 也可以是债务人以外的第三人

5. 下列关于房屋租赁合同的表述中不属于房屋租赁合同内容的是（　　）。

A. 租赁用途　　B. 租赁期限

C. 租金及交付方式房屋的使用要求　　D. 当事人的职业

二、分析选择题（根据内容选择，可多选）

2018 年 7 月 20 日，马某通过房地产经纪事务所甲租赁了王某的一套房子，租期为三年，当时马某、甲、王某签订了三方协议。三方协议约定，如果马某和王某双方有一方违约，甲不仅要向违约方索要违约金，而且应该替守约方向违约方索要违约金。随后，马某与王某双方签订了租赁协议。2019 年 10 月 1 日，王某突然通知马某，说这套房子已经决定卖给孙某，并让他在 11 月 15 日之前搬出。马某不同意，随后找到经纪公司甲，要求其同王某就此事进行交涉。随后甲了解到，王某已通过经纪公司乙与孙某签订了房屋买卖合同。

1. 下列关于王某行为的表述中，正确的是（　　）。

A. 王某出售房子，应该提前三个月通知马某

B. 如果王某愿意支付违约金，王某就可以要求马某在 2018 年 11 月 15 日前搬出

C. 如果王某愿意支付违约金，王某仍然不可以要求马某在 2018 年 11 月 15 日前搬出

D. 王某如果要求马某在 2019 年 1 月 1 日搬出，就无须支付违约金

2. 下列关于王某和孙某签订的房屋买卖合同的表述中，正确的是（　　）。

A. 该合同有效　　　　　　　　　　　B. 该合同无效

C. 该合同一旦经过登记就不可撤销　　D. 中介公司乙的行为存在不当

3. 2018 年 12 月，马某曾想将自己租赁的房子转租给自己的朋友陈某，则下列选项中，正确的是（　　）。

A. 马某必须征得王某的同意，可书面形式，也可口头形式

B. 马某同陈某所签署的转租合同的租赁期不能超过 2019 年 7 月 19 日

C. 陈某应该承担原租赁合同的权利义务

D. 转租期间，如果原租赁合同出现变更，则转租合同也必须随之变更

4. 当王某在出租这套房子的时候，下列说法正确的是（　　）。

A. 王某在出租房屋的时候，应该向马某出示这个房子的产权证

B. 如果该房屋已经抵押，则不能出租

C. 如果该房屋是王某和其他人共有，则王某需要得到共有人的同意

D. 如果该房子是售后公房，王某则必须经过购房时同住成年人的同意

三、案例分析

1. 2019 年 4 月，陈燕妮与星星公司签订房产定购协议书，约定陈定购一套商品房，并支付定金一万元。协议另载明：陈在签订定购协议时已详细阅读和了解星星公司在销售现场公示的商品房买卖合同范本、补充协议等购房文本的内容。同年 4 月 19 日，陈签订商品房买卖合同时，认为该合同的补充协议有许多不公平条款，两次发函要求修改不公平条款，最后双方起诉到法院，请问此案该如何解决？

2. 2019 年 8 月 2 日，张亚南与鹏程公司签约购买了一套房屋，交房时间为 2020 年 8 月 31 日。签约当天，张付清全款和契税。同年 8 月 4 日，该公司刊登售房广告时承诺“8 月 1 日至 31 日，购房业主享受免契税优惠”。广告刊登后两三个月，张才知悉广告内容。张认为自己也应享受该优惠，但鹏程公司拒绝，张遂诉至法院。请问该如何解决此纠纷？

3. 2019 年 3 月，陈奇与大宏公司签订商品房买卖合同，合同载明总层数 28 层，但陈接房时发现所建房屋实际楼层为 33 层。陈奇遂以开发商增加容积率起诉至法院，请问陈奇能够胜诉吗？

4. 2019 年 2 月，秦远购买蒙泰公司的住宅一套。2019 年 12 月，秦对房屋装修入住后，发现屋内墙体出现纵向和斜向裂纹、结构梁部分开裂、铝合金窗边渗水、铝合金窗和玻璃不合格等问题。秦远要求蒙泰公司整改修复，蒙泰公司不允，秦远遂向法院起诉。请讨论此案件的结果会是怎样的？

四、问题精答

1. 现有一套房屋，面积为 140 平方米，容积率为 1.2，除其他费用外，房屋总价为 138 万，请问该房屋是否属于非普通住宅？

2. 需要选择组合贷款的购房者办理贷款时都需要带齐哪些材料，办理的流程又是什么？

五、准确计算

小张要购买婚房，看中了一套 88 平方米的两室，该小区容积率为 2，单价为每平

方米 9 800 元（该区域市场指导价为每平方米 10 500 元）。请你按照如下要求计算：

1. 小张一次性支付全款，需缴纳房款是多少？税费是多少？

2. 小张办理公积金贷款，贷款额度为 40 万元，其余房款与税费以现金支付，他需要准备现金多少元？

3. 小张购买该住房为首套住房，按照最低首付支付现金，其余部分办理公积金与按揭组合贷款，其中公积金贷款 40 万元。在此情况下，小张需要准备现金多少元？

六、技能训练

请大家进行分组，分别扮演售楼员和不同情况的购房者，售楼员要根据购房者所购房屋和付款方式分别对购房者提出的疑问进行解答，并帮助其计算首付额与月还款额。

模块七　房地产销售人员管理

引　言

房地产企业的经营业绩取决于销售环节，房地产销售人员能否取得好的销售业绩与销售人员的综合素质和销售技能密切相关。因此对房地产销售人员的招聘、选择、培训和激励就成为房地产企业销售业绩的保证。

学习任务

◇ 了解房地产销售人员的职能。

◇ 了解从事房地产销售管理人员应该具备的财务、营销、经济与管理知识。

◇ 掌握销售人员招聘，销售人员培训的内容与实施。

◇ 掌握销售人员激励以及销售团队建设等知识与技能。

案例导入

三里屯 SOHO 逆势开盘。当时，SOHO 中国给销售部门的任务是要超过 10 亿元人民币，如果达到 15 亿元人民币，在目前低迷的市场气氛下就是一个奇迹。潘石屹在给销售人员开盘前的动员会上讲，如果达到 20 亿元人民币的销售额，就送大家去欧洲度假。结果，开盘的销售达到 52 亿元人民币。潘石屹事后激动地说，真不知道要把他们送到什么地方去度假才合适。

思考题： 房地产销售经理应采用什么方式激励售楼员才能有效呢？

任务一　了解房地产销售管理职能

德鲁克在《管理：任务、责任和实践》一书中指出，企业的两项基本职能就是市场销售和创新，其余一切都是“成本”，由此可见销售工作在整个企业中的重要性。在本节中，重点明确房地产销售部门的职能和销售经理的职能，并提供了销售人员应该具备的基本知识体系。

一、房地产销售部门的职能

房地产销售部门是房地产企业的龙头，是企业最直接的效益实现者，具有举足轻重的地位。那么房地产销售部门的主要职能是什么？房地产销售经理的工作内容是什么？

这是作为房地产销售经理必须了解的内容。

（一）房地产销售部门在整个房地产营销过程中的作用

房地产销售部门直接与市场和消费者相联系，它可以为市场分析及定位提供依据；房地产销售部门通过一系列的销售活动可以配合营销策略组合；通过房地产销售成果检验营销规划，拟定竞争性营销策略，制订新的房地产营销规划。

在瞬息万变的房地产市场上，销售是连接房地产企业与顾客之间的纽带，不断地为企业带来利润，并不断地满足客户的各种需要。

（二）房地产销售部门的职能

（1）进行房地产市场一线信息收集、市场调研工作；

（2）提供年度房地产项目销售预测给营销副总；

（3）制订年度销售计划，进行目标分解，并执行实施；

（4）管理、督导房地产项目营销中心正常工作运作和正常业务运作；

（5）建立各级客户资料档案，保持与客户之间的双向沟通；

（6）合理进行房地产项目销售预算控制；

（7）研究把握项目销售员的需求，充分调动其积极性；

（8）制订项目销售人员行动计划，并予以检查控制；

（9）配合本系统内相关部门做好房产项目推广促销活动；

（10）按房地产企业回款制度，催收或结算房款。

想一想： 房地产销售部门与营销策划部门的关系是什么？

二、销售经理的职能

销售管理是销售经理的基本职能。销售经理的主要职能包括制订销售计划、构建销售组织、培训销售人员、对销售人员的指导、销售激励和绩效考评。

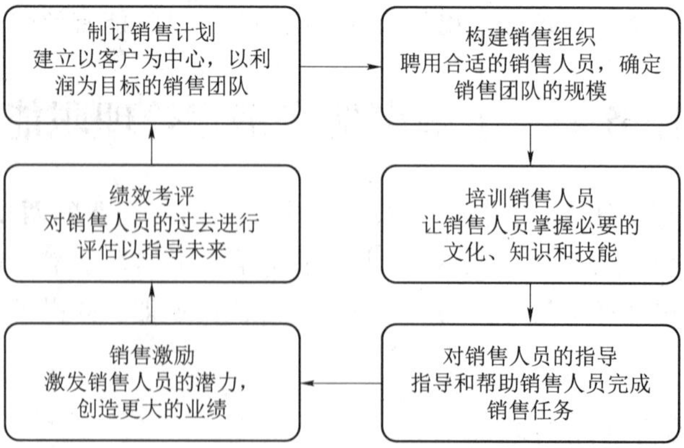

图 7-1　销售经理的职能

（一）制订销售计划

房地产销售计划是房地产企业整体计划的重要组成部分，它以取得最大销售收入为目标，涉及企业销售活动与其他经营活动的协调与沟通，明确企业对每一个房地产销售人员、销售团队、销售工作单位未来期望达到的业绩目标和与其进行的各项活动，以及为实现该目标所需要的资源。销售经理要为整个企业、销售人员个人制订销售计划，销售计划涉及的时间有长有短，可能是一个月，也可能是一年或更长的时间。销售计划可以是一般性计划，如通过扩大销售来增加企业销售利润；也可以是具体的计划，如采用某种激励措施来实现企业的某个销售目标。无论是哪一种计划，都需要销售经理掌握足够的信息，并对所掌握的信息进行分析与加工，都需要确立明确的计划目标，并对为实现计划目标所采取的行动进行决策。

（二）构建销售组织

销售计划固然重要，但任何销售计划都不可能由一个人去实施，需要进行人员配备，构建一支高素质的销售队伍，其中，包括销售人员的招聘、选用，并为他们提供必要的资源，保证其较高的工作效率。聘用多少员工及聘用哪些类型的员工是销售经理的重要工作内容。

（三）培训销售人员

销售经理相当一部分时间是花费在对销售人员的培训工作上的。房地产企业为了保证销售人员取得理想的销售业绩，应该为招聘的销售人员提供必要的销售培训，帮助他们掌握与工作有关的文化、技能与知识。培训既为销售人员提供完成本职工作的技术指导，也为其提供从事未来工作所需要掌握的方法。

（四）对销售人员的指导

房地产销售经理应该非常熟悉销售业务，并能够对销售人员进行业务指导与帮助。对销售人员的业务指导包括房地产项目业务指导、服务业务指导、信用业务指导、客户关系指导等内容。当销售人员在开展业务过程中遇到问题时，销售经理应能向其提供人力、物力、资金、技术、信息等方面的支持与帮助，才能得到他们对企业的忠诚。

（五）销售激励

销售人员需要更多的激励是由其工作性质决定的。销售是一项辛苦的工作，需要不懈的努力才有收获。销售人员经常遭遇挫折，需要安慰；他们会有很多的个人烦恼，需要排解，需要尊重。企业对销售人员的激励，一般有环境激励、目标激励、物质激励、精神激励等。

（六）绩效考评

销售管理工作以利润为中心，要千方百计地控制和降低成本和费用，提高销售业绩。因此必须对销售人员的工作业绩建立科学的绩效评估和考核制度，并以此作为分配报酬的依据。

小看板

房地产销售经理的一天

上午 8:00

如往常一样，项目销售经理刘从早晨 8 点已经准时出现在办公室。8:30，刘从召集自己手下的两员“大将”，召开了一个例会，重点是总结、沟通各项目上一周的销售情况，并对出现的问题提出解决方案。会议内容从沙盘在售楼处里的摆放效果，到某售楼员希望调换项目场所的请求等，几乎涉及了销售业务的方方面面。刘从的神情相当专注，不时提笔记录，表述自己的观点并做出各种决定。

上午 10:00

会议结束后，刘从简单地处理了一下手头上的各种文件，匆匆离开了办公室。按照事先安排好的工作计划，他今天要走访项目现场。从刘从的一周工作计划表上看到：星期一，布置一周的工作，走访项目现场；星期二、星期三，去临近楼盘考察，研究竞争对手的特点和销售策略；星期四，继续走访项目现场，抽查售楼员的工作；星期五，策划准备周六、周日在各个现场开展的促销活动；周六、周日，安排促销活动。周六、周日是别人的假日，却是刘从最忙的两个“工作日”。

上午 10:30

刘从此时已来到了一个案场，这是公司的几个大项目之一。刚一坐定，该项目的负责人就开始诉苦。刘从拿出了几条新的让利促销政策，两人开始商量应对市场的办法。随后，刘从找到统计员，开始核对近期在该项目的具体销售情况。

下午 1:00

离开项目现场，已将近下午 1 点。刘从随便吃了顿午饭，又赶去另一个现场。

下午 4:30

在结束了一天走访项目的行程，乘车返回公司的路上，不知是因为销售状况不理想，还是一天的奔波令人疲惫，刘从显得有些沉默。

下午 5:00

虽然到了下班的时间，但刘从丝毫没有结束一天工作的意思，反而拿起电话联系着各个项目现场的主管到办公室开会。

下午 6:30

“一线人员”纷纷从自己的“战地”赶来，把详细写有销售信息及客户联系方式等内容的登记单交给刘从。接到这些详细的“一线情报”，刘从仔细对各组数据核对、比较了一番，时不时还向前来交登记单的“一线人员”询问一些有关情况。

下午 7:00

10 多位“一线人员”基本到齐，刘从看了看表，严肃地说：“准备开会”，一直谦逊、随和的他突然露出了“官威”。

“今天会议的第一个内容是要重申一下客户维护的问题”，刘从开始发言。

……

下午 8:00

“一线人员”们仍在七嘴八舌地出谋划策，会议气氛十分热烈，不知不觉，天色已经黑了下来……而刘从及他的“一线人员”们似乎已经忘记了，他们还没吃晚饭。

这种“费脑子”的事情很多，业务员的培训、房产项目广告的投放、思考竞争策略、客户关系的维系等，桩桩件件都要考虑周详。

三、销售经理的职责

房地产项目销售经理是整个销售部门和销售队伍的核心和领导者，他对整个销售团队能否完成销售任务具有举足轻重的地位，为此必须明确销售经理的职责和权限，以更好地开展工作。

（一）团队组织

（1）通过创造良好的销售环境，树立良好的企业形象。

（2）根据公司的要求，充分调动销售现场各员工的积极性，营造部门内部团结合作、优质高效的良好工作氛围。

（3）了解本部门每一位员工的个性和优劣势，帮助员工认识到业务成长过程中的障碍，培养员工个人发展能力。

（4）将部门工作与任务分解成每位员工的工作，并督促其完成。

（5）评定现场销售人员的资信及其业绩表现，并负责销售人员的招聘、培训、奖惩及调配。

（二）计划与策划

（1）为项目的整体营销提供决策参考。

（2）制订年度、月度营销计划。

（3）制订和监督执行促销活动计划。

（4）制订并监督执行市场调查计划，执行市场分析。

（5）与工程、开发和营销中心磋商，结合市场情况做出合理的产销计划。

（6）进行销售渠道政策设计和完善，实施市场推进计划，对过程及结果进行监控和评估。

（三）领导与控制

（1）制订本部门的工作规范、行为准则及奖惩制度。

（2）指导本部门（售楼处）各项工作的实施，控制工作进程。

（3）定期召开售楼部会议，以便统一观念、协调进程。

（4）负责落实楼款的回收工作，合同的签订状况。

（5）制订现场销售工作流程和标准，组织员工研究确定。

（6）将部门工作和任务分解到每位员工，据此建立考核指标体系，并建立薪酬体系。

（7）督促员工加强学习，组织销售培训，支持员工对新的方法或流程的实践。

（8）组织销售人员及时总结交流营销经验，加强业务修养，不断提高业务水平。

议一议： 称职的销售经理需要具备哪些管理能力？

任务二　了解房地产销售项目经理应具备的知识

作为房地产项目销售经理，必须掌握必要的一些知识。这些知识有助于提高销售管理的水平，也是房地产销售经理自我发展的需要。如果不掌握必要的知识，就难以适应市场的竞争。

一、营销管理的基本理论

现代市场营销是以消费者需要为中心，长期地、综合地、动态地谋求企业持续发展的经营活动，是以市场调查、营销环境分析为基础，以经营战略为指针，从制定市场营销目标到市场营销管理的完整体系。掌握这一体系的基本内容，了解市场营销各个要素之间的有机联系，有利于较好地进行市场销售工作。

（一）STP 营销过程

现代市场营销的核心可以被概括为“STP”营销，即细分市场（Segmenting）、选择目标市场（Targeting）和产品定位（Positioning）。由于消费者需求差异的客观存在，可以说，任何一个企业都无法满足一个广阔市场上的所有消费者的需求。所以研究某些特定市场的特性，根据消费者需求的差异性进行市场细分，选择适宜的特定消费者群作为企业服务的目标市场，是企业市场营销活动的重要内容。

目标市场是企业所选择的特定的消费集团，是企业准备进入和服务的市场。在消费者的需求日趋多样化、个性化、复杂化的今天，不掌握消费者的具体需求、明确目标市场，企业就不能卓有成效地开展市场营销活动并取得预期的效果。

（二）营销相关概念

营销观念的进步伴随着相关营销概念的提出和完善。了解这些主要的概念有助于开拓销售经理的视野和思维，也能对销售管理工作起到一定的作用。

1. “4P”营销组合理论

1950 年左右，尼尔·鲍顿开始采用“市场营销组合”的概念。1960 年，美国营销学家杰罗姆·麦卡锡提出了著名 4P 组合即产品（Product）、价格（Price）、地点（Place）和促销（Promotion）的营销组合。随后，又有学者相继提出了其他 P，包括人（People）、包装（Packaging）、报酬（Payoffs）等，而菲利普科特勒教授提出了政治（Politics）和公共关系（Public Relation）两个 P。

2. 产品生命周期理论

19 世纪 50 年代，乔尔·迪安在关于有效定价政策的讨论中采用了“产品生命周期”的概念，迪安阐述了市场开拓期、市场扩展期和成熟期等。

3. 品牌形象概念

1955 年，西德尼·莱维特提出了“品牌形象”这一概念，尤其为广告人员和公关人员所偏爱，它证明巨额的广告费用支出对于建立品牌形象是有益的。

4. 大市场营销理论

1986 年，菲利普科特勒提出了“大市场营销”这一概念，提出了公司如何打进被保护市场的问题。一个公司可能有一个优质产品，一个完美的营销方案，但要进入某个特定地理区域时，可能面临各种政治壁垒和公众舆论方面的障碍。当代的营销者越来越需要借助政治技巧和公共关系技巧，在全球市场有效地开展工作。

二、财务基本知识

财务管理是对企业活动及所体现的财务关系进行管理。财务活动是现代企业实物商品运动和金融商品运动过程中所体现的价值运动，即企业的资金运动。销售活动的最终结果会体现在企业的财务报告上面。作为销售经理，在工作中必然会遇到支付结算、预算等问题，良好的财务知识会有助于销售工作的管理和销售业绩的提高。

（一）财务概念

一切销售活动的最终目标通常都以财务项目表示出来。作为项目销售经理，必须了解的财务概念有：（1）毛利；（2）成本；（3）盈亏平衡点；（4）利润目标；（5）市场占有率；（6）资本支出等。

（二）房地产项目销售管理中的财务运用

财务管理的本质决定了它是企业一切管理活动的基础，是企业管理中的核心环节。房地产销售经理必须统筹规划，合理地安排有效资金，提高销售部门整体经济效益水平，并提供准确、可靠的销售数据，只有这样才能满足决策层不断变化的信息需要，以利于决策层对未来经营做出科学预测。同时，销售经理还要根据对市场的分析和公司以往的财务资料，编制科学、合理的财务计划，以利于计划期内的现金流入和现金流出，并根据计划期内资金的需要量安排相应的资金来源，供应和调动资金，确保销售活动的持续进行。各项目应建立健全的财务管理制度，为销售管理打下良好的基础。销售部门应制定销售报表，按时上报，以便公司的有关部门随时了解销售状况，统一调配资金，使其安全、高效地运转。销售部门还要及时处理积压商品房，调整合理的房屋库存结构，努力盘活资金存量，争取资金周转的最大回款效益。

案例

霍英东的“预售楼花、分期付款”

从销售环节筹措资金，是在销售经理的职责范围之内的工作。“预售楼花，分期付款”这一典型案例是在销售中应用财务手段的典范。

1954 年 12 月 20 日，霍英东花了 120 万港元，在香港繁华的铜锣湾购置了一幢大厦，创办了“立信建筑置业有限公司”，开始房地产经营。

当时的房地产交易方式对开发商来说要冒巨大的风险，即先期投入巨额资金；而对于买方来说，须一次付清房款，不得拖欠，也不能赊账。如果买方手头一时较紧，买房就只得泡汤。能不能突破这种现金交易一次付清房款的模式，找到一种更科学的交易方法呢?

经过一番深思熟虑之后，霍英东决定采用“预售楼花、分期付款”的办法。所谓预售楼花，就是将尚未建好的住宅、工商楼宇，分层、分单元预售出去；考虑客户的困难，可以采取分期付款进行。

当时一套住宅单元，大约需要1万至2万港元。对于一般工薪阶层来说，他们要一次拿那么多钱确实很困难。当时租房子，保证金为房价的一半，以后每月交几百元。而霍英东预售楼花，首期只需交房价的一半，以后每月交几百元。首期款与租房的保证金差不多，人们当然愿意买房而不愿租房。所以霍英东预售楼花一推出，便备受客户的欢迎。

卖楼花加速了霍英东有限资金的周转，实现了他“花小钱办大事”的构想。在房地产上，他的立信公司走上了一条良性循环的发展道路。霍氏首创的预售楼花，被后来许多开发商竞相效仿，也赢得了“香港楼花之父”的称号。

从以上例子可以看出，销售时如不配合适当的财务金融手段，是很难在市场竞争中获胜。作为销售经理，掌握必要的财务金融知识并在销售中加以灵活应用，就可以赢得更多的商机。

三、管理的基本知识

销售经理掌握必要的管理原理，对在实践中提高管理水平、激励销售人员提升业绩是很有帮助的。

（一）管理学的含义及职能

1. 管理的含义

管理就是由一个或多个人来协调他人的活动，为获得个人单独活动所不能收到的效果而进行的各种活动。管理的本质就是人们的共同劳动，通过分工与合作，产生了协同作用，使它的生产能力大于个人劳动生产能力之和。

2. 管理职能

（1）计划职能：是指估量形势，确定目标，制定政策和策略，进行预测、预算和决策，选定实现目标的途径、方法和措施。

（2）组织职能：是指为实现目标，建立组织机构，明确职责和职权，协调各方面的活动。

（3）人员配备职能：是指选拔、考评和培训各种人员，安排在相应的职位上从事生产等活动。

（4）指导与领导职能：是指给下级人员指明在各种情况下如何进行和怎样实现目标的活动，并利用权力和威望等带领或调动下级人员一起去完任务。

（5）控制职能：是指为了实现目标而进行的检查、监督、衡量成效，纠正偏差，预防偏差等活动。

（二）领导工作与领导艺术

1. 领导的含义

领导是一种行为和影响力，这种行为可以引导和激励人们去实现组织目标，是在一定条件下实现组织目标的行动过程。这种行为和影响力并不排斥行使组织所赋予的权力，实行监督和控制，但更重要的是通过个人（领导者）依据实际情况，运用领导技能，采取正确的领导方式和领导行为，带领全体职工高效率地去实现组织目标。

2. 领导权力的构成

领导的权力包括强制权、奖赏权、法定权、专家权和感召权。

（1）强制权，也称为惩罚权。它是指通过精神、感情或物质上的威胁，强迫下属服从的一种权力。惩罚权源于被影响者的恐惧。

（2）奖赏权。它是基于被影响者执行命令或达到工作要求而给其进行奖励的一种权力。奖赏权源于被影响者期望奖励的心理。

（3）法定权。它是指组织内各管理职位所固有的法定的、正式的权力。

以上三种权力都与组织中的职位联系在一起，是从职位中派生出的权力，因此统称为职位权力。

（4）专家权，它是指由个人的特殊技能或某些专业知识而产生的权力。

（5）感召权，这是与个人的品质、魅力、经历、背景等相关的权力，也被称为个人的影响力。

后两种权力都与组织的职位无关，因此，也称为非职位权力。这种权力是由于领导者自身的某些特殊条件才具有的。

有效的领导者不仅要依靠正式的职位权力，还必须具有个人的影响力。

3. 领导者的三项基本工作

任何一个组织内的工作都是千头万绪的，但基本的工作分为以下三项。

（1）制定战略决策。即在调查研究的基础上，决定组织的长期、中期和近期目标，制定规划、提出措施，明确要求、责任，明确时间、进度等。

（2）用好干部，即配备好的各级各类人员，使其称职、胜任，这是竞争取胜的关键。因此，作为一个领导者要有识才之眼、用人之胆、容人的雅量；要有任人唯贤的用人标准，“唯贤是用”；要有选拔、考核、培养、使用干部的制度和办法；要善于使用激励来调动各级各类干部的积极性。

（3）建立健全组织机构和各项规章制度，即建立组织保证和控制手段。领导者有计划目标，就有方向、动力来配备好干部，计划执行就有了保证。而对人员的要求和约束，则要靠组织和制度。

上述三项基本工作是一个封闭的系统，它们之间的互相约束、互相促进，是整个管理工作顺利进行的重要保证。

小看板

领导艺术

关于领导艺术的内涵，目前尚无一致的意见，大体可归纳以下几种。

（1）决策艺术：在一定经验的基础上，对未来事件具有远见和洞察力，主要表现在及早察觉组织发展的有利与不利条件，经过自己的周密考虑并集中群众的正确意见，做出既有事实根据而又先于别人想到的不寻常的战略决策，促使组织取得重大的成就与改进。

（2）用人艺术：在充分了解和发挥职工长处的基础上，把工作的需要和个人能力很好地结合起来；把发挥每个人的长处和实现组织目标很好地结合起来，使每个人的短处同集体和别人的长处结合起来而不致有损于组织；在组织中造成一种气氛：凡能做出成绩的人，都会受到应有的尊重和提拔。

（3）授权艺术：根据民主集中制，在不同的主客观条件下，把不同程度的领导权力下放给下级人员或其他人员，并对其进行指导与监督。

（4）指挥和激励艺术：在实践中树立和维护必要的权威，使下属自觉地团结在主管人员的周围，并接受其指挥；认真听取下属的建议，及时对所属人员进行必要的教育或发布必要的命令。指令的内容力求切合实际，详略深浅适度。

（5）集中精力抓住主要环节的艺术：在组织的各项生产、工作任务中，找到实现组织目标具有重要作用的某项工作或某个环节；在突击重点的基础上统筹全局，正确决定每个时期和阶段的工作秩序。

（6）领导变革艺术：组织在发展过程中不断革新技术、改进管理，必然会引起人们思想和组织行为的改变。主管人员要因势利导，正确处理过程中革新与守旧的矛盾，达到既促进改革又稳定局面的目的。

（三）激励

1. 激励的含义

激励一般是指一个有机体在追求某些既定目标时的愿意程度，它含有源发动机、鼓励行为和形成动力的意义。每个人都需要自我激励，需要得到来自同事、团体、组织方面的激励和相互之间的激励。作为一个管理者、团体和组织，为了实现既定目标，就更加需要激励全体成员。在一般情况下，激励表现为外界所施加的吸引力或推动力，激发成自身的推动力，使组织目标与个人目标一致。

小看板

房地产销售现场的不同类型人员激励

要提升售楼员的业绩，就要针对不同类型的售楼员采取不同的激励方式。

1. 对于竞争型员工

在销售竞赛中表现特别活跃的员工属于竞争型员工。要激励竞争性强的人，最简单的办法就是很清楚地把胜利的含义告诉他。他们需要各种形式的定额，需要有办法记录成绩，而竞争则是最有效的方式，如设立当月售楼冠军奖。

2. 对于成就型员工

许多销售经理认为，成就型员工是理想的售楼员，他们自己给自己定目标，而且比别人规定的高。只要整个团队能取得成绩，他们不在乎功劳归谁，是一名优秀的团队成员。对于这种类型的售楼员，可以与他们共同讨论他工作中三个很关键的方面：擅长什么，哪些方面有待提高，哪些方面是不擅长而需要学习的，并一起为各个方面制定提高的目标。

3. 对于自我欣赏型员工

这类型销售员需要的远不止奖牌和旅行，他们希望感到自己重要。对于他们，肯定他们的贡献同时表明他们的重要性是最佳的激励方式。让自我欣赏型的杰出销售员带几个小徒弟，这类人喜欢被年轻人奉若大师。如果新手达到了销售目标，就证明他指导有方。另外，请他提供建议或参加重要的会议也可以达到激励的效果。

4. 对于服务型员工

这类售楼员通常是最不受重视的，因为他们往往不能带来客户。激励他们的最好办法就是公开宣传他们的事迹，建议给他们一些额外奖励。

2. 激励因素

凡是能满足人们某种需要的因素，都可以成为激励的因素。例如：信仰、信念、追求、道德、情操、荣誉、地位、关怀、信任、金钱、物质以及领导者的表率作用等。人们在物质上的需要固然重要，但更重要的是精神上和心理上的需要，这一点领导者要有清醒的认识。不同的人需要不同的激励，但激励是可以诱发、引导和指导的。领导者的责任在于建立一套有效的激励手段，将组织目标和个人目标有机地结合起来，给予下级人员正确的激励，并将为实现需求而产生的行为引导到正确的轨道上来。

议一议：假设你的销售团队中有一位35岁有孩子的售楼员和一个刚上岗的22岁的售楼员，作为他们的上司，你应该分别采用什么样的激励方式？

除以上所述基本管理理论之外，作为项目销售经理还要了解需求层次论、双因素理论、X-Y理论，期望理论、公平理论、强化理论等在管理学中非常重要的理论，同时还要注重学习激励技巧与方法，在长期的实践中注意学习和积累，形成有自己独特风格的领导艺术。

四、房地产经济基本知识

（一）房地产开发需求分析

房地产开发的目的是获取期望收益，其前提是必须要满足市场需求。房地产的需求是指消费者在特定时期、一定价格水平上愿意购买的房地产商品数量，一个地区所有的消费者的需求量之和是该地区的需求总量。由于房地产商品的特殊性，其需求呈明显的区域性特征，并且与消费者的偏好以及所居住城市的房地产政策与制度有较强的关联。市场需求的变化是房地产投资风险的因素之一，无论是政策风险、经济波动风险还是区位风险等，都是通过影响房地产有效需求来影响房地产投资收益的。

小看板

我国房地产有效需求变动的影响因素

（1）房地产商品价格。房地产商品价格与需求量呈反比。

（2）收入水平和消费结构。居民收入与需求量成正比，而消费结构中有多少用于房地产商品也直接影响需求量。一般来说，恩格尔系数在40%至50%之间的消费结构房地产需求会达到15%。

（3）替代品。一般而言，房地产商品是不可替代的，是生活的必需品。但是，房地产本身是耐用品，当其价格过高时，消费者将紧缩人均居住面积，减少其正常的需求量。

（4）偏好。不同的消费者有不同的偏好，经济实力不同的人对房屋的偏好不同。一般居民对房屋的要求是安全、耐用，而经济更好的人更在乎环境、社区的文明程度等。

（5）预期。消费者对未来的预期将影响有效需求的实现。房地产市场常出现当房价下跌时，消费者预期价格还会再降，从而持币观望的情况。

（6）国民经济波动。国民经济波动与房地产需求呈正相关关系，当经济处于扩张阶段，对房地产的需求上升，反之则需求下降。

（7）城市化水平。城市规模扩大和人口的增加，将使需求增加。

（二）房地产的需求弹性

1. 房地产需求价格弹性

国际上对房地产价格长期的研究结论是：商品房售价为家庭年收入的合理比例是三至六倍，超过六倍就不能形成买方市场。据测算，我国房价相当于家庭收入的十倍左右。从这一点分析，我国商品房的价格需求弹性较大。

2. 房地产需求收入弹性

我国房地产需求的收入弹性较大，因为城镇居民在解决温饱后将把消费热点转移到住宅消费，但是这一推断尚未得到数据上的证实。

我国商品房的需求价格弹性、需求收入弹性都比较强，进一步推断的结论为：价格的变化，以及人均收入变化，对我国商品房的需求量影响明显。因此，价格和收入是形成商品房风险的重要因素。

议一议：结合目前我国不断出台的房地产调控政策分析政策调控的重点是什么？调控政策欲达到的目的是什么？

任务三　招聘房地产销售人员

一、房地产销售人员的素质

（一）外在形象有可信度

多家大型企业销售诊断发现，销售业绩名列前茅的人，男性 80% 以上外表和举止多少有些木讷，女性则多是相貌平平，那些看起来精明强干的人，销售业绩总是位居末列。敦厚朴实是富有可信度的外在形象，能从心理上解除顾客的防范，并能迅速成为顾客的朋友；精明清秀、一看就像做生意的人，会引发顾客高度的戒备心，所以给人可信感不强的人是绝对做不好房地产销售员的。

（二）具有一定的专业背景和市场知识

房地产产品的特殊性要求销售人员有较深的产品知识与专业知识。尤其是所售楼盘周边有竞争楼盘存在，而楼盘差异化又不大时，知其然又知其所以然的销售人员是战胜竞争对手的决胜砝码。如果售楼人员能就顾客难以察觉的楼盘使用价值做一番说明，如可以告诉顾客："我们的楼盘不是……结构，而是……结构，具有……特点，这种结构能降低……能提高……""内墙涂料别人是……而我们采用……是……环保产品，有……功效""插座是……产品，是……材料，有……特点"等，就有可能争取到顾客的认可，实现销售。

（三）成就动机高

心理学研究证明，两个智商大体相同的人，成就动机高者比成就动机低者在活动中成功的可能性更高。一个有效的房地产销售人员，渴望与人沟通，善于与人周旋，具有"与人奋斗其乐无穷"的个性，对成功与高薪有着强烈的渴望，因此他愿意承担容易引起争议的工作。其能够承受不断的拒绝与失败，执着地向着某一特定目标行动；成就动机高的人，具有强烈的进取精神和坚韧不拔的毅力，他审慎地把握每一次机会，时时想到的是最终的结果。

（四）具有创造性思维方式

销售本身就是一种创造性极强的活动，房地产销售更是如此，不同的楼盘有不同的"性格"，也有不同的需求对象，周边环境更是难以"同质"。因此，没有"放之四海而皆准"的销售方法，只有营销理论与现实楼盘密切结合，才能创造出有针对性的售楼技巧。有效或高效率的售楼人员，善于利用新方法、新思维，从不墨守成规、因循守旧，更不放过任何可能产生销售效果的机会。

（五）不是朝三暮四的"聪明人"

有效或高效率的售楼人员是善于与人打交道的"乐天派"。售楼人员经常在拒绝、冷落、挖苦、羞辱与失败的氛围中煎熬自己的自尊心，每一次挫折都可能导致情绪的低落，能够忍受这种结果的人，必定是乐天而又坚韧不拔、做事坚持要有结果、靠规模销售获得收益的"固执"的人，而不是经常换单位幻想不切实际收益的"聪明人"。

（六）不是逆来顺受、随遇而安的人

逆来顺受与售楼人员所必备的宽容精神与忍耐力不同，宽容与忍耐的结果是要达到既定的目标；而逆来顺受的人，则有较强的妥协性。逆来顺受的人在售楼谈判中也会具有较强的妥协性，不善于争取自己的利益。在与顾客的交流与沟通中，极易中顾客为降价而设的各种圈套，相信客户为讨价还价而发出的各种抱怨，甚至将这种抱怨上报经理为顾客争取利益。

（七）善于倾听

善于倾听不是听而不闻，更不是冷眼旁观，而是将身体语言、口头语言与顾客说话内容高度配合。就是说，不论顾客说话内容是如何乏味，售楼人员都要表现出积极的态度和真诚加入话题的热情，用钦佩的表情、赞叹的语气、肯定的态度、到位的提问调动顾客说话的积极性。只有深入交谈，才能了解顾客的心理、爱好性格习惯。只有与顾客感情发生共鸣，才能找到降低顾客阻抗值的方法，有的放矢地对不同类型的顾客提供不同类型的服务。善于倾听另一层含义便是善于交谈，因为售楼最终是通过与顾客的交谈来达到目的，但善于交谈不是售楼人员自己侃侃而谈，而是以激发顾客对楼盘的兴趣和购买欲望为目的。应变能力与广博的知识固然对说服顾客有帮助，但应该避免伤害顾客的自尊心。

（八）善解人意

一个成功的售楼人员，不仅要善解人意，还应该有很强的敏感性。如果仅仅是善于倾听，尽管抓住了顾客，但不善于归因，就难以准确地从顾客的细微神情变化中，把握其思想状况和内在意图，结果仍然可能在下一步的价格谈判中失败。善解人意，就是顾及对方心理状态，而不是一味热情推销。准确地判断对方的心态，才能采取正确的销售策略，使销售任务顺利完成。

（九）灵活的应变能力

售楼人员接触的顾客很多，他们具有不同的性别、年龄，不同的文化背景、社会阅历和生活习惯，需求也有所不同，这就要求售楼人员具有较灵活的反应能力，对消费者的不同要求及时做出正确反应。尤其是顾客产生异议时，能够迅速地做出判断，及时地采取对策。要眼观六路、耳听八方，既要集中注意接待顾客，又能合理分配自己的注意力。所谓身体在甲，耳朵在乙，眼睛在丙，却同丁打招呼。售楼无常法，机遇不常存，售楼人员唯有以灵敏的观察和反应力，才能使每一个来售楼处的顾客感到自己是最受重视的。

二、房地产销售人员选择与招聘程序

（一）房地产销售专案组人员构成

房地产销售代理公司由于可能同时代理一个以上的楼盘，因此将所接楼盘项目称为“案”，将楼盘的销售中心称为“案场”，并成立各楼盘项目的“专案组”，其“专案”的职位称呼相当于房地产开发公司的“项目销售经理”职位。专案组构成人员包括：专案（项目销售经理）、副专案（项目副经理）、销售助理、销售主管、售楼员和客服专员，具体如图 7-2 所示。

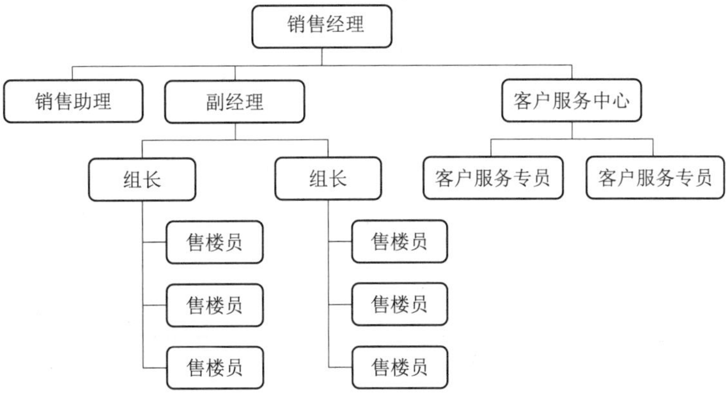

图 7-2　房地产销售专案组人员构成

（二）工作分析与描述

每个房地产开发与销售公司及各自的销售职位都是不同的，项目销售经理在聘用销售人员之前，要对每个特定职位需求相关的特点进行分析，工作与销售员的匹配是招聘优秀销售员的关键。

工作分析需要考虑以下因素：市场、项目产品、任务与责任、自主权等。当在大学招聘时，销售经理需要考虑的不仅是求职者的学历，还要考虑其课外活动，如是否勤工俭学。当招聘成熟销售员时，需要考虑其以往销售的产品种类、行业、组织方式等。

案例

某地产公司销售人员岗位职责

1. 在销售主管的直接领导下开展各项工作。

2. 熟练掌握业务知识。

3. 积极进行销售工作，按时完成销售指标。

4. 负责客户的资料登记、联系、追踪、看房、签约直至售后服务等的一条龙服务。

5. 有疑问及时向主管或经理反映。

6. 每日认真填写客户档案、工作日志，每周一前交上周工作情况及客户分析，每月的最后一周内递交下月工作计划。

7. 进修学习销售理论和有关知识，接受公司的考核。

8. 随时收集相应的信息，向公司提供有益的信息，以利于公司开拓新业务。

9. 完成上级委派的其他任务。

10. 销售员的业务记录要当天晚上或第二天早上 9:00 之前交，过时不候，也不能补交。

11. 填写认购书时，除财务外，销售员也要写清购房总价款、单价。

12. 当日值班的销售员负责电话的接听。办公区域不得没有销售员，三声以内必须接电话。接电话一律应答为“您好！××地产”。

（三）招聘过程

销售员招聘过程，如表 7-1 所示。

表 7-1　销售人员招聘过程

步骤	活动内容	成果
分析	工作分析	工作描述
计划	人力资源需求计划	人力资源需求说明
招募	计划、实施、控制	合格的工作申请人员
初选	推荐、背景调查、申请表、面谈	工作申请人缩小的挑选范围
录用	智力测验、工作事例考察或情景测试、个人资料分析、面试	新销售员
安置	职前安排	熟悉公司的政策、程序和福利
匹配	工作安排	员工与公司需要的最佳匹配
培训	岗前培训、企业文化与业务知识	胜任目前或将来的工作
考核	工作绩效评价	有关过去和现在的工作情况的反馈

（四）招聘的方法

1. 求职申请表

对申请者的挑选过程，是在人力资源部门收到申请表以后开始的。求职申请表没有统一的格式，但它只能要求申请人填写与工作内容有关的情况。任何与工作的职业要求无关的问题，任何可能侵犯个人隐私的问题，都应从求职申请表中删除。

2. 面谈

聘用的面谈要受多种因素的影响，例如，第一印象、对比效应以及其他非客观因素的影响。在满足下列条件时，面谈是比较有效的：

面谈仅限于与工作有关的内容，且这些内容是对工作成败至关重要的；

面谈按一套具体规则进行，使面谈者的行为规范化；

面谈者经过训练，能够客观地评价应聘者的行为。

3. 测试

在聘用过程中，一般只经过一次评价，例如一次笔试、一次面谈、填写一次申请表等。所以，评价过程必须在内容、管理和评分方面标准化，才能保证从评价结果中对一个人的能力进行最真实、最准确的描述。

议一议：请同学分组拟出招聘售楼员的面试题目，并讨论售楼员的招聘重点是什么？

任务四　培训房地产销售人员

作为销售经理，要建设一个高效团结的销售部门，必须重视并能够培训好销售人员。

一、培训作用与时机

（一）培训的作用

1. 磨炼应付市场变化的能力

要在激烈竞争的市场中生存发展，必须培养销售人员的随机应变能力。

2. 克服孤独

很多时候销售人员都是处在独立作战的环境中，所以很多销售人员都有孤立无援的感觉。而培训就像精神的兴奋剂，缺乏培训将使销售人员士气不振。

3. 摆脱恐怖感和自卑感

很多时候销售人员都会遭到客户的拒绝，因而产生挫折感，有时甚至有害怕被侮辱的心理。因此，员工培训反复不断地实施，对确立销售人员的使命感有很大的作用。

4. 培养客户开发能力

对销售人员来讲，每一个接触的人都可能成为公司的潜在客户，但要有眼光并能够想办法把这些潜在客户培养成真正的客户，除了长期经验磨炼积累外，培训也是好的方法。

5. 要有营销专家的洞察力

作为一名销售人员，要有营销专家的眼光和视野，只有这样才能不断提高自己，不被社会淘汰。

6. 销售工作科学化的需要

销售是即是一门艺术，也是一门实践性很强的科学，要想成为一名优秀的销售员，需要有意识加强和培养自己各方面的能力学习，包括知识、销售技巧和处理事物的能力。

想一想：培训是一种成本支出还是一种资本投入？对于售楼员来说，培训有哪些实质性的作用？

（二）培训时机

（1）新销售人员刚刚工作时；

（2）新的房产项目刚刚成立时；

（3）旧工作将采用新方法、新技术执行时；

（4）改进员工的工作状况时；

（5）使员工在接触不同的工作时，都能保持一定的工作水准；

（6）现有的工作人员以缺乏效率的方式执行目前的工作时；

（7）当需要一种现有劳动中并未具备的特殊技术和技巧时，如采用新的销售系统等；

（8）员工现有的能力不足以完成工作时。

二、培训内容

（一）公司认同培训

此项培训的主要目的在于让售楼员了解公司、认同公司的经营理念并融入公司企业文化，从而树立起“为企业创造利润、为客户降低置业风险”的服务宗旨，培养出热忱亲切的服务态度和敬业细致的服务精神。主要培训内容有：公司背景介绍、公司在公众中的目标形象、公司理念与精神、公司推广目标及发展目标（确立员工对公司的信心）和公司规章制度（确定行为准则及制定销售人员收入目标）。

（二）专业知识培训

这是实现从“售楼员”到“置业顾问”转变的关键，是培训重点所在。可分为四个部分：一是房地产基础知识，包括基本概念、法律法规、按揭付款率等；二是楼盘详细情况（包括规模、定位、设施、价格、户型、主要卖点等）、周边环境及公共设施、交通条件、该区域城市发展规划等；三是竞争楼盘分析与判断；四是物业管理培训（服务内容、管理准则、公共契约等）。

另外结合近几年国内房地产市场发展趋势，还应特别重视以下内容培训：最新人居理念的发展、现代生活方式的演变对建筑的影响、城市及小区规划理念、室内室外空间协调基本概念等，只有掌握了这些知识，才能为顾客解疑答难，提供真正的顾问服务。

（三）销售技巧培训

这是服务技巧培训，主要目的在于提高售楼员现场观察能力、现场沟通能力、现场把握能力等，从而提高成交概率、促进整体销售业绩。主要包括：迎接洽谈技巧，以问题套答案技巧，询问客户需要、经济状况、期望等技巧，接（拨）电话技巧，推销技巧，语言技巧，身体技巧，客户心理分析、“逼订”技巧，展销会气氛把握技巧，外出拜访技巧，竞争对手调查内容与调查技巧等。这是为客户提供理性比较分析的基础。

议一议：同学分组拟定一份售楼员培训内容大纲，分析售楼员培训重点在哪里？

三、培训的实施

（一）培训需求分析

在企业中，当出现客户不满、内部混乱、员工士气低落、工作效率低时，便想通过培训加以解决，但有时却忽略了在对销售员进行培训前，必须进行培训需求分析。很多培训管理者在没有对培训需求做清楚界定的情况下，就确定了培训的具体内容，如课程、时间安排等，并以自己的经验和理解作为取舍的主要标准。这种过于浮躁的做法往往导致培训效果不理想。

做培训需求分析时，可以通过对销售人员观察、面谈、问卷调查、自我诊断、客户调查等多种方式进行，以了解销售人员在哪些方面需要通过培训加以提高。

（二）制订培训计划

在对销售员进行了培训需求分析后，销售经理应拟订一份培训计划书，计划内容包括：背景分析与需求调查结果分析、关键问题分析、培训目标设定、培训课程安排和培训行动计划。

（三）设定培训目标

每一次专题培训的目标不能太笼统，应当针对某项具体任务设定特定的培训目标，并能告诉员工培训后会达到什么样的标准。

（四）制订培训专题

针对销售人员的专题培训课程有很多，比如：新项目房地产产品知识培训、专业销售技巧、大客户销售技巧、谈判技巧、说服性销售演讲、沟通技巧、项目管理技巧、市场营销基础、团队合作等，销售经理可以根据培训需求，选择适当的培训专题。

（五）选择培训讲师

有的培训可以由销售经理或公司其他人员，如市场部经理、产品技术顾问等人来完成，有的培训专题也可以请专业培训公司的培训讲师来进行。对培训公司和培训讲师要有一定的审核评估，通常一位培训讲师应具备下列基本条件：丰富的市场及销售经验；有教学的欲望和热忱，这样学员容易受到影响和感染；通晓教学内容；通晓教学方法和技巧；了解如何学习，以便提高教学的有效性；适当的人格特质；沟通的能力以及富有弹性和灵活性。

（六）实施培训

培训时间和地点可以根据实际情况进行选择。

（七）评估培训绩效

作为销售经理，对销售员的培训效果必须要有评估。评估通常在培训之后进行，可让学员填写培训评估表，对培训内容、培训讲师、培训管理及培训效果等做具体评价。在培训进行完一段时间内，销售经理可观察了解学员的实际工作技能是否有所改进和提高，针对个别人员可单独进行接触和辅导。

案例

某房地产企业销售人员专业培训课程设计

培训课程共分十天。

第一天，详细介绍公司背景、在公众心目中的形象，公司的目标（包括项目推广目标和公司发展目标），确立员工对公司的信心；讲解销售人员的行为准则以及制定销售员个人目标。

第二天，介绍物业的详细情况，包括规模、定位、设施、价格、买卖条件，物业周边环境、公共设施、交通条件，该区域的城市发展计划，宏观微观经济因素对物业的影响情况等。

第三天，讲解洽谈技巧。如何以问题套答案，询问客户的需求、经济状况、期望等，掌握买家心理。

第四天，展销会场气氛把握技巧。销售员依次序接待客户，与客户交谈的礼貌用语，多客、少客及下雨天应该怎么做。

第五天，物业管理课程。包括物业管理服务内容、管理规则、公共契约等。

第六天，推销技巧，语言技巧，身体语言技巧，客户心理分析等。

第七天，签订买卖合约的程序和展销会签订买卖合约技巧。

第八天，讲解房地产法规。包括土地管理法、房地产交易管理条例、房地产登记条例、租赁条例、物业管理条例以及房屋抵押贷款管理规定等。

第九天，以一个实际楼盘为例进行实习，运用全部所有方法技巧完成一个交易。

第十天，实地参观其他房地产项目展销场地。

任务五　领导与激励销售团队

一、团队的任务和目标

（一）建立共识

房地产销售团队成立初期，团队领导者可以通过一系列会议，使团队成员彼此了解，并认识团队的共同目标，如完成该楼盘多少套的销售任务，须实现的销售额和利润指标的情况等。同时也要使每位成员清楚地认识团队的任务和即将面对的问题，领导者要和成员们讨论决定完成销售期阶段性任务的期限。

（二）目标激励

对于年轻的、富有活力的房地产销售团队来说，挑战性的目标比起较小而明确的目标更有激励效果，例如接触崭新的房地产项目产品或开辟一个新的区域市场等。领导者既要为团队成员们设定概括性的目标（要完成的销售任务和成功应对挑战后的美好前景），也要设定特定的目标（阶段性销售任务完成标准等），还要要求团队每个人参与设定自己的目标，以达到自我激励的效果。

想一想：售楼员个体在销售团队中的地位是怎样的？售楼员的个人目标应如何确定？

二、团队的环境支持

销售团队是企业组织的一部分。企业组织可以为团队提供支援和必需品，因此团队要与组织建立良好的关系。

（一）向组织要求提供基本支援

房地产项目销售团队可能需要上级企业组织提供很多技术和行政上的资源，包括财务、法律、权证、信息系统管理人员等。因此，作为销售团队领导者要与团队成员仔细考虑团队可能会有什么样的特殊需要，并且尽力向企业组织争取这些支援。

（二）与管理阶层建立联系

销售团队会不定期地需要总公司的支持，如团队开展各项活动需要的赞助、业务的直属领导的关注以及财务预算支持等。因此，销售团队要与公司领导保持经常沟通，尤其房地产销售项目往往位于总部之外，时常与管理阶层保持沟通更显重要。

议一议： 结合项目销售目标与工作内容讨论一个房地产项目的销售团队应该向公司总部寻求哪些资源支持？

三、团队合作

授权、公开透明的运作模式及信息的共享可以造就成功的团队。

（一）授权

销售团队培养互信合作的团队氛围需要授权，即领导者要将每个计划分解成多个任务或目标，分别赋予可以承担任务的团队成员，然后充分放手让他们去完成，并且不要轻易介入他们的执行过程。在团队成员执行任务的过程中团队领导者可以要求他们随时告知进度，以便掌握进度，并允许他们按照自己的方式继续执行。

小看板

授权前要认识下属的各种性格特质

能够做，喜欢做。这是理想的授权人选，乐于接受任务，愿意负起全部责任，而且也乐于向他人请教，并采纳建议。

愿意做，缺能力。开始执行指派的任务前，这类人需要先予以鼓励和适当的训练，以弥补经验的不足。

能够做，讨厌做。这类人不愿意学习或接受他人的意见，这种性格的人根本不适合团队，因此不会是一个好销售顾问。

不能做，讨厌做。除非缺乏意愿及能力的缺点被克服，否则这类人将会是失败的销售人员，而且他们可能需要调整事务。

（二）沟通

要想倡导团队合作，作为团队领导者就不能独享信息，和团队成员开诚布公才能激发成员们的工作潜能。团队领导者可以定期或不定期地安排各种会议作为沟通的渠道，充分公开所有与团队任务有关的信息，如数据、事实、议程、计划等（但是必须保密的时候除外）。成员通过沟通可以彼此了解，解除戒心，放松心情，有助于培养忠诚、增加团队凝聚力。

（三）鼓励成员发表意见

团队成员之间的互相启发会使工作更有创意。领导者要鼓励成员公开讨论并提出意见和建议。如果领导者对某个意见持反对态度，要委婉地表示，并以合理正当的理由驳回。

四、销售人员的激励

销售经理在了解顾客需求之前，先了解销售员的需求，这是公司销售成功的前提条件。在残酷的市场面前，企业的前途取决于销售经理是否有能力理解业绩显著的销售员，洞悉他们的心灵。

（一）房地产销售人员的激励原则

1. 激励要因人而异

由于不同员工的需求不同，因此相同的激励政策起到的激励效果也会不尽相同。即便是同一位员工，在不同的时间或环境下，也会有不同的需求。在制定和实施激励政策时，首先要调查清楚每个员工真正的需求是什么。将这些需求整理、归类，然后来制定相应的激励政策帮助员工满足这些需求。

2. 奖惩适度

奖励和惩罚不适度都会影响激励效果，同时增加激励成本。奖励过度会使员工产生骄傲和满足的情绪，失去进一步提高自己的欲望；奖励过轻会起不到激励效果，或者使员工产生不被重视的感觉。惩罚过重会让员工感到不公，或者失去对公司的认同，甚至产生消极怠工或破坏的情绪；惩罚过轻会让员工轻视错误的严重性，从而可能还会犯同样的错误。

3. 公平性

员工受到任何不公平的待遇都会影响到他的工作效率和工作情绪，并且影响激励效果。取得同等成绩的员工，一定要获得同等层次的奖励；犯同样错误的员工，也应受到同等层次的处罚。管理者在处理员工问题时，不应有任何偏见。

小看板

奖励正确的事

如果奖励错误的事情，错误的事情就会经常发生。以下行为是合理的奖励内容：

1. 奖励彻底解决问题，而不是只图眼前利益的行为；
2. 奖励承担风险而不是回避风险的行为；
3. 奖励善用创造力而不是愚蠢的盲从行为；
4. 奖励果断的行为而不是光说不练的行为；
5. 奖励多动脑筋而不是一味苦干的行为；
6. 奖励事情简化而不是使事情复杂化的行为；

7. 奖励沉默有效率的人而不是喋喋不休者；

8. 奖励有质量的工作而不是匆忙草率的工作；

9. 奖励忠诚者而不是跳槽者；

10. 奖励团结合作而不是互相对抗。

4. 选择合适的奖励方式

对销售业绩基本上可以用以下三种方式进行奖励。

（1）直接经济奖励，如功绩加薪、红利、佣金、竞赛、退休计划、保险以及其他形式的经济奖励。

（2）事业向前发展，如分配到更好的项目、在组织内得到提升，以及参加培训等形式的个人发展机会。

（3）非经济报酬，如让其参加感谢宴会，给予小礼品、成就证书，在销售简讯上做特别报道，以及参加较高层次人员参加的会议。

（二）房地产销售人员的表扬方法

1. 真诚地赞扬和欣赏

真诚地赞扬可以收到效果，批评和耻笑会把事情弄糟。杜威博士曾说过人类天性中最深切的冲动是“做个重要任务的欲望”。

2. 针对不同员工的需求

雨果希望巴黎改为他的名字，莎士比亚想弄一个贵族的纹章荣耀他的名声，因此每个人想得到肯定的方式和内容并不相同，作为管理者要了解员工的真实需求。

3. 表扬时注意的要点

（1）具体指出表扬员工的哪一方面的工作。举例如下：

正确做法：“小玉，你今天上午处理顾客投诉处理得很好”（具体指出哪件事做得好）。

错误做法：“你干得很棒，坚持下去”（对方会把这当作一般恭维，她会认为你并不高明）。

（2）对出色的工作越早表扬越好。如果过了很长时间才表扬他，表扬的作用就减弱了，员工也会认为他出色的工作没有被马上注意到。

（3）用实际行动表达感激之情。例如某人总能出色地完成艰巨的任务，谢谢他，给他更多的责任，但一定将此与他出色的表现联系起来。

（4）如受批评的员工在工作上有进步，就需要表扬他们。如“小王，这周你比上周多卖了两套房，要坚持下去”。这时员工会更加努力，因为他们知道经理了解到了他们付出的辛劳。

（三）房地产销售人员的批评方法

1. 选择适当的地点

当对销售人员提出批评时，最好选择在会议室或其他的地方，中性的地点将会适当缓解员工的不安，减轻员工受批评时通常会产生的戒备心理。

2. 肯定与批评相结合

批评时别只说不好的方面。如果同时表扬员工好的方面，他就更容易接受上级的批评。

3. 建议员工参与

任何时候都要征求员工如何改正错误的意见，这样会使员工参与到批评过程中来，也使他成为积极解决问题的一分子。

4. 批评时别开玩笑

因为员工可能会因此认为上级不重视这个问题，或将此看作讽刺挖苦，将它当作人格侮辱。

5. 灵活处理员工的问题

在制度与人情之间保持适度的平衡，既要严格遵守规章制度，又要灵活处理具体问题。

6. 不要逼人认错

承认错误虽然是件好事，但愿意承认错误的人毕竟很少。既然认错的人如此之少，争辩的目的也不外乎是想显出别人是错的，所以争论就很不必要。

议一议：针对不同性格特征的售楼员应分别采用怎样的批评方式使之更易接受？

（四）房地产销售人员的激励方法

1. 房地产销售员精神激励

任何房地产销售人员都希望得到企业和社会的承认和赞同。这一点，仅仅从对房地产销售人员称谓的调整上也可见端倪。过去，人们习惯于将销售人员称谓“售楼小姐”“售楼先生”，现在销售人员更愿意被称作“置业顾问”；对于那些为社会或企业做出突出贡献的销售人员，给予一定的荣誉，这既能使他本人经常以此鞭策自己，更可以为他人树立榜样和奋斗目标。

精神激励常见的措施有通过会议对得奖人进行公开表扬，通过发放到全体员工手中的正式公文进行表扬，以公司的名义颁发荣誉证书，由公司高层领导当面向获奖人表达肯定和祝贺等。从表扬的内容来看，可以不局限于销售业绩，也可以由销售团队选出在各个方面表现优异的员工，如最具人格魅力奖（精神风貌好、气质好、学习精神强）、最佳服务奖（对客户服务态度好，服务质量优秀）、最佳礼仪奖（礼仪态度得体）等。

2. 房地产销售员发展激励

个人职业发展问题一直以来就困扰着许多销售人员。在房地产公司中应设立销售员的发展通道，举例如下：

（1）销售专业线：置业顾问—中级置业顾问—高级置业顾问—首席置业顾问；

（2）营销专业线：中级置业顾问—策划师—中级策划师—高级策划师—首席策划师；

（3）管理综合线：高级置业顾问—销售主管—销售经理—营销总监。

3. 房地产销售员团队激励

人们通常认为房地产销售人员是喜欢单打独斗的人。但是事实上，很多销售人员跳槽的重要原因是不喜欢自己所处的团队或不能够很好地融入。良好的团队关系，能够激发每个员工的士气，从而提高工作效率。强化团队激励方面可以从以下几方面下功夫：

（1）召开定期的工作会议和不定期的项目销售会议、项目策划会议等，增强员工的参与感。

（2）有意识地利用不同房地产楼盘销售团队之间的良性竞争来加强团队合作。

（3）积极举行团队活动，例如球赛、野餐等，包括员工的婚丧嫁娶、生日等，都是举行团队活动的好时机。

思考与训练

一、思考题

1. 作为一名现场销售经理，你认为最重要的工作职责是什么？应具备什么样的素质？

2. 你认为在销售现场，最容易发生一些什么问题？如何去处理这些问题？

3. 你认为对销售人员进行培训，重点要培训哪几个方面？

二、案例分析

陈经理的失败

陈经理上任以后，他采取了一些改革措施：

第一，他把售楼员的底薪都降低了，相应地提高了提成的比例。同时他也采用了强势激励措施以及惩罚措施。如第一个月红灯，第二个月走人，连续两个月业绩排最后的，末位淘汰。

第二，严格执行早会和夕会制度，不管你今天要到哪里去，都要先到公司来开早会，陈述一下今天的计划；也不管你今天跟客户谈得怎么样，是否赶上了吃饭的点儿，也都要回来开夕会，向陈经理汇报一天的客户进展情况。

第三，强调对每个项目的整个过程进行严格的控制与管理。他要求每一个销售代表都要严格填写各种管理控制表格，包括日志、周计划、月计划、竞争对手资料、项目信息表、客户背景表等共十二项表格，而且每个表单都设计得非常细致，用陈经理的话说："公司一定要监控到每一个业务细节"。

第四，严格业务费申报制度，所有的业务招待费用，必须事先填好相应的申请单据，由陈经理签字认才能实施，否则所有招待费用一律自理。

开始状况仿佛有了很大的改观，迟到早退的人变少，财务费用降低了，经常可以看到大家在办公室里谈天，早晚还会传来阵阵激动人心的口号声。但好景不长，几个月后竟出现了以下几种情况：

第一，个别业务代表为了完成业绩，开始蒙骗客户，过分夸大公司房产项目产品的配套，过分承诺客户的要求，使公司在最终陷于被动，投诉非常多。

第二，员工之间表面上一团和气、充满激情，但私下里互不服气、互相拆台，甚至内部降价，互相挖抢客户。

第三，以前的业务尖子不满意公司当前的管理机制，抱怨管理机理不合理，控制得过死，事事都要汇报，根本无法开展业务。两名前期业绩最好的业务员都已离职。

第四，新招的四个人，业务水平明显不足，除了冲劲之外一无所有，想培养他们“上道”、达到基本要求，看起来是“路漫漫其修远”。

整个销售部的业绩水平没有像预期的那样增长，甚至还略有下降，更令人担忧的是，新客户的开拓也没有着落，致使整个销售部下半年完成业务指标的希望更加渺茫。

9月，公司将陈经理调离了销售部经理的岗位。10月，一个阴雨连绵的下午，陈经理带着郁闷和疑惑，最终不得不离开了这家公司。

问题：

1. 点评陈经理失败的原因。
2. 本案例对你有何启示。

三、技能训练

分组讨论以下问题：

1. 你所在的售楼处近几天来没有客户上门，如何打开销售局面？如果公司没有或极少宣传投入的前提下呢？
2. 你所在区域内的最新产业规划有什么最新情况？
3. 在售楼处，一名销售人员与销售主管产生矛盾，错在主管。作为销售经理，你如何处理？

四、综合分析

你通过什么渠道可以了解到最新最需要的区域或特定房地产行业资讯或资料，然后如何利用？

附录　房地产销售表单与范本

附录一　住宅销售表单

1. 电话接听记录表

姓名	性别	需求面积	户型			认知途径			现居住（工作）区域	几口之家	对价格反应		询问内容	是否看过其他小区	电话	记录人
			复式	三室二厅	四室二厅	广告	介绍	其他			高	低				

制表人：____________________　　　　填表日期：____年____月____日

2. 已定房客户档案

日期：________年________月

序号	姓名	单位	销售代表	预订时间	合同签订时间	首期款已付金额	总计	余款应支付时间	总计

3. 已成交客户档案

日期：________年________月

编号	姓名	性别	年龄	家庭结构	现居住址	职业	行业	车辆	金额	认知途径	户型	首次来访	签约时间	付款方式	销售代表

4. 新客户登记表

姓名	性别	需求面积	认知途径			现居住（工作）区域	几口之家	对价格的反应		询问内容	是否看过其他小区	电话	记录人
			广告	介绍	其他			高	低				

5. 到访征询单

日　期：　　　年　月　日　　　　　　　　　　　　　　　　　　　编号：

来访者姓名			
性别	○男　　　○女	年龄	
联系地址		邮编	
工作单位及职务			
联系电话			

本次访问是：□初次　　□预约　　□再次访问

访问的目的：□索取资料　　□看展示单位　　□进一步洽谈　　□签约及交款　　□售后事宜

为您推荐最适合的物业

1. 您需要的房型：　□一房一厅　　□二房二厅　　□三房二厅　　□四房二厅

   您需要的面积：　□30～50m²　　□50～80m²　　□80～120m²　　□120～160m²　　□160～220m²

2. 您选择的楼层：　□1层　□2～3层　□3～5层　□6～9层　□高层

3. 您的家庭人数：　□1人　□2人　□3人　□4人　□5人以上

4. 您希望的付款方式：□一次性付款　　□分期付款　　□公积金、按揭组合贷款

5. 您是通过何种途径获取本楼盘信息的：

   □报纸广告　　□路牌广告　　□电视、电台广告

   □朋友介绍　　□随意经过　　□其他

6. 希望得到你的意见：

____

____

____

____

____

____

____

6. 客户访谈记录表

访谈时间________年________月________日

一、基本情况

1. 背景资料：

客户姓名________ 性别________ 年龄________ 家庭结构________

电话________ 现居住地____

工作单位____________________ 企业性质____________________________

客户性格________ 车辆________

2. 客户类型：（1） （2） （3）

3. 客户类别：（1）新客户 （2）老客户

4. 资金来源：（1）自筹 （2）公费 （3）各占一部分 （4）其他

5. 购买用途：（1）自用 （2）投资炒房 （3）单位公用 （4）其他

二、认知途径

（1）报纸广告：大河报、郑晚报、商报、家庭报 （2）电话 （3）软性新闻 （4）业主、朋友介绍 （5）路过 （6）直销 （7）销售人员 （8）其他

三、意向户型

1. 户型：____________ 2. 面积：____________ 3. 楼号：____________

四、关心问题

1. 地理位置：（1）认可 （2）一般 （3）不认可

2. 室内格局：客厅（1）过大 （2）正好 （3）过小
　　卧室（1）过大 （2）正好 （3）过小
　　厨房（1）过大 （2）正好 （3）过小
　　卫生间（1）过大 （2）正好 （3）过小

3. 价格：（1）过高无法接受 （2）稍高可接受 （3）完全可接受 （4）价格低

4. 折扣：（1）极其重视、要求更高折扣 （2）对现有折扣满意 （3）对折扣不在意

5. 按揭：（1）满意并愿意采用
　　（2）喜欢按揭，但希望年限长首付少（年限________首付________）
　　（3）无兴趣

6. 交房标准：（1）喜欢水房 （2）厨房卫生间简装无洁具 （3）装修有洁具
　　（4）未提到

7. 赠送：（1）极有兴趣 （2）一般 （3）无兴趣

8. 环境绿化：（1）非常关心 （2）一般 （3）未提到

9. 配套设施：（1）非常关心 （2）一般 （3）未提到
　　（4）认为应具备的基本项目________________________

10. 物业管理：（1）非常关心 （2）一般 （3）未提到

11. 对发展商：（1）非常重视 （2）认可 （3）未提到

五、竞争楼盘

（1）未去过其他楼盘　（2）去过其他楼盘

（3）客户认为竞争楼盘与迎宾花园相对比：____。

六、客户对迎宾花园的印象：____。

七、访谈结果：（1）签约　（2）达成意向

（3）还需考虑　（4）不会考虑

八、其他：____。

销售代表：________

年　　月　　日

7. 贵宾情况登记表

欢迎您________先生/小姐来到×××

首先感谢您的莅临指导，为更好地配合您的需求，请对下列所示情况作具体阐述，对于您的配合与建言，我们全体同仁致以无上的谢意。

家庭地址______________ 邮编______________ 公司名称______________

邮编______________

家庭电话______________ 手机______________ 公司电话______________

公司传真______________

家庭年收入：□10万~20万元 □21万~40万元 □40万~60万元

□60万~80万元 □80万元以上

年龄：□25~30岁 □31~35岁 □36~40岁 □41~45岁 □46~50岁

□51~55岁 □56~60岁 □61~65岁 □65岁以上

职业：□国企 □外企 □中外合资 □私营业主 □其他______________

行业：□金融 □贸易 □服务 □电信 □机械 □教师 □医生 □律师

□军警 □公务员 □自由职业 □其他______________

职务：□合伙人 □负责人 □高级主管 □中级主管 □专业人员

□一般受薪者 □其他______________

区域：□长宁 □徐汇 □卢湾 □静安 □黄浦 □香港 □台湾

□外省____________□境外______________

类别：□单独来 □夫妻来 □与家人来 □与朋友来

媒体：□内部 □网络 □户外广告 □介绍 □广播、电视 □报纸__________

□杂志、刊物____________ □其他______________

面积需求：□$80m^2$左右 □$100\sim130m^2$ □$130\sim160m^2$ □$160\sim220m^2$

□$230\sim300m^2$ □$300m^2$以上

房型需求：□一房一厅 □二房二厅 □三房二厅 □四房二厅 □五房二厅

□商铺

楼层需求：□3F~6F □7F~11F □12F~16F □17F~21F

□22F~26F（最喜爱的楼层为________楼）

购房预算：□80万元左右 □120万~150万元 □150万~180万元

□180万~220万元 □220万元以上

购房用途：□自用 □换房 □投资 □为下一代 □办公 □其他________

询问重点：□区位 □楼层 □车位 □价格 □交通 □朝向 □工期 □建材

□折扣 □房型 □面积 □绿化 □贷款 □安全 □环境

□得房率 □品质 □付款方式 □其他________（按次序填写，例1、2、3等）

客户意见：楼盘______________________ 现场______________________

接待员________

年 月 日

附录二　招商各类表格及文书

1.《××项目》商铺认租须知

欢迎各商户前来承租《××项目》商铺，在签订《认租书》前请仔细阅读本《认租须知》，如有任何查询或疑问，请随时与我公司联系。

一、租赁资料

1. 租期：两年至五年，视乎位置而定。
2. 租金：详见租金表（租金管理费）
3. 装修期：十五天至一个月（视商铺面积而定）
4. 预约金：认租（购）一套商铺的预定金为 1 000 元（10 000 元）。
5. 管理费：每平方米建筑面积￥________元
6. 电费：按商铺内电表显示电量计收。

二、认租手续

商户到《××项目》招租处办理认租手续时须递交的资料：

（A）承租人为公司：

1. 加盖公章的有效营业执照原件及复印件；
2. 加盖公章的法定代表人及合同签署人的身份证原件；
3. 公司法定代表人证明及授权委托书原件（法定代表人授权给签署人签署合同）；
4. 公司法定代表人证明书及授权委托书原件（法定代表人授权给合同登记办理人办理合同登记）。

（B）承租为个人：

1. 承租人的身份证原件；
2. 授权委托书原件（承租人授权给合同登记办理人办理合同登记）；
3. 开业前须提供合法有效的营业执照并须到出租方办理租赁合同转名手续（将承租人由个人名义转为营业执照上载明的公司的，该“个人”须为该公司法定代表人或负责人）。

商户同时交一个月租金之定金并签订《认租书》，商户必须在签订《认租书》的七个工作日内到《××项目》招租处签订《安丘市房地产租赁合同》及有关补充协议，并交纳保证金（不同商铺保证金不同，承租三年以上）。逾期签订租赁合同及缴交上述款项则作放弃认租论，业主可另行安排出租并没收定金。

三、签订《租赁合同》时所需缴交的费用

租户在签订《安丘市房地产租赁合同》时一次性向业主支付：

1. 保证金　　　　元（扣除已付之定金）
2. 有关税费及其他费用按国家及当地规定执行（执行所承诺的优惠政策）

四、交铺标准

参照交铺标准附件

2. ××（项目）商铺认租书

甲方：________________

地址：________________

电话：________________

乙方：________________ 经营品牌：________________

法定地址：________________ 经营范围：________________

通信地址：________________ 经营年期：________________

联络电话：________________ 传　　真：________________

法定代表人：________________ 身份证号码：________________

现经营地址：________________ 邮　　编：________________

乙方同意根据本《认租书》所列条件承租甲方在条款（1）中所指定的物业。

1. 承租物业：________________ 商铺。

（下称："该商铺"，见附件"平面图"加盖公章或涂抹部分）如甲方因场地布局需要调整乙方到其他位置，乙方接受此安排或有权取消本《认租书》。

2. 面积：该商铺的建筑面积约为________平方米（该面积仅供参考，最后以房管局批核面积为准）。

3. 经营范围：该商铺的经营范围是________________，乙方必须自己领取有效的营业执照。

4. 租赁期：________年自　　年　　月　　日始至　　年　　月　　日止。

5. 装修期：________天。

6. 交铺日期：暂定________年____月____日（若有变更应以甲方向乙方发出的书面《收铺通知书》为准）。

7. 租金：第一年：￥________元/月（￥____元/平方米）。

8. 押金：　　　　元。

9. 政府税费：

10. 首期定金：乙方签署本《认租书》的同时，须向甲方缴纳定金￥________元，在乙方签署《租赁合同》后此首期定金作为合同定金之部分。

11. 乙方签署《认租书》之日起________天内（即________年________月________日上午/下午________）携带有关资料前往指定地点签署《租赁合同》。

12. 如乙方在上述期限内不签署《租赁合同》，或未能依时缴付上述各种应付之款项或违反本《认租书》之任何条款时，视为乙方自动放弃承租该商铺，甲方有权没收乙方所交之全部款项，并可将该商铺另行出租。

13. 在签署《租赁合同》前，甲方若因任何理由致使该商铺不能出租的，甲方须退还所收之首期定金给乙方。在退还所收首期定金后，本《认租书》自动终止，双方权利义务即时终结。

14. 本《认租书》自甲、乙双方签署之日起生效。

15. 本《认租书》一式两份，甲、乙双方各执一份。

甲方：　　　　　　　　　　　　乙方：

法定代表或授权代表签署盖公章：

电话：____________________　　电话：____________________

日期：______年____月____日　　日期：______年____月____日

3. ××（项目）商铺租赁合同

出租方：（甲方）安丘新方圆置业有限公司

承租方：（乙方）

根据国家、省、市有关法律法规及房地产管理的各项规定，甲乙双方本着平等、自愿的原则，经过协商一致订立本合同，并共同遵守，接受当地房地产管理机关的监督、管理。

一、甲方同意将坐落在____________的____________市场____________铺位出租给乙方作商业用途使用，建筑面积________平方米，分摊共同面积________平方米。

二、甲乙双方协定的租赁期限为　　年：自　　年　　月　　日始至　　年　　月　　日止。

租金　　　　，以后按市场情况按月结算，由乙方在每月的第________日前按________付款方式缴付租金给甲方。

三、乙方向甲方交纳（人民币）________元保证金，并按照双方签订的商铺租赁合同使用商铺，甲方应在租赁期满或解除合同之日将保证金本金无息退还乙方。

四、在租赁期内，甲方承担下列责任：

1. 依合同将商铺及设备交付乙方使用。未按约定交付商铺的，每逾期一日，须按月租金额的 1.5% 向乙方支付违约金。

2. 负责对商铺定期安全检查，承担商铺主体结构自然损坏的维修费用，如因商铺维修须乙方临时搬迁时，甲方应与乙方签订回迁协议；如因甲方维修责任而延误商铺维修造成他人人身伤亡、财产损失的，应由甲方负责赔偿。

3. 租赁期间转让该商铺时，须提前 10~15 个工作日通知乙方，同等条件下甲方拥有优先购买权；在 10~15 个工作日内甲方不确定购买该商铺，乙方有权出卖该商铺产权。

4. 租赁期内，甲方如需提前解除或变更合同，应事前征得乙方同意。

五、租赁期内，乙方负责承担下列责任：

1. 依时交纳租金。逾期交付租金的，每逾期一日，乙方须按当月租金额的 1.5% 向甲方支付违约金。如果逾期二十天，甲方有权解除合同，收回商铺。

2. 严格按商铺使用性质使用该商铺，乙方擅自改变商铺的用途，甲方可不经乙方同意，单方解除合同，随时收回商铺。

3. 因使用需要对商铺进行扩、加、改建（含改变间隔）、室内装修或增加设备等，必须经甲方书面同意并订立书面协议，并按规定重新议定租金，甲方有权对工程进行监督。

4. 将商铺转租、分租的，适用以下第________点：

（1）不得将商铺转租或分租。如违反则视为乙方自动放弃商铺使用权。本合同在转租或分租之日起解除，保证金不予退还，由此造成的一切损失，由乙方负责赔偿。

（2）同意将商铺转租或分租。必须签订转租合同，重新设定租金和其他合同条款，并办理租赁登记手续。

5. 爱护和正常使用商铺及其设备，发现商铺及其设备自然损坏，应及时通知甲方并积极配合甲方检查和维修。因乙方过错延误维修而造成他人人身伤亡、财产损失的，由乙方负责赔偿。使用商铺不当或者人为造成商铺损坏的，应由乙方负责修复或赔偿。

6. 乙方在承租的商铺内需要安装或使用超过水、电表容量的任何水电设备时，应事前征得甲方同意，并由甲方负责到有关部门办理增容手续，费用由乙方负担。

7. 注意防火安全，不得在商铺内非法存放易燃、易爆等危险物品；如因乙方违反本项规定而造成损失的，责任由乙方承担。

8. 租赁期内，乙方需提前解除合同的，应事前告知并征得甲方同意。

9. 租赁期届满且甲方要求收回商铺或解除合同之日，应交回原承租商铺和设备给甲方；如需继续承租商铺，应提前三个月与甲方协商，双方另订合同。

10. 在租赁期内必须遵守国家有关政策。

六、违约责任：

1. 任何一方未能履行本合同规定的条款或者违反房地产租赁管理法律、法规，另一方有权依法提前解除本合同，造成的损失由责任方承担。

2. 租赁期届满，甲乙双方未续订合同且甲方要求收回商铺，乙方逾期不交出承租商铺的，甲方除限期乙方迁出和补交占用期租金外，并有权按占用期内租金总额的100%收取违约金。

3. 租赁期内任何一方没有法定或约定的理由而单方提出解除合同的，另一方有权要求赔偿损失，并有权按租赁有续期内租金总额的100%收取违约金。

七、违约金、赔偿金应在确定责任后十日内付清，每逾期一天，按应付全额0.5%支付滞纳金。

八、在租赁期内，经安全鉴定部门鉴定商铺不符合安全使用标准的，租赁合同自然终止，因此造成的损失由责任方负责赔偿。

九、如因不可抗力的原因，造成本合同无法履行时，双方互不承担责任。

十、本合同履行中发生争议，双方应协商解决，协商不成时，可向当地人民法院起诉解决。在协商与诉讼期间，双方均不得采用任何方式威迫对方。

十一、上述商铺在租赁期内，需要交纳的税费，由甲乙双方按规定各自承担。

十二、本合同未尽事宜，双方可另行签订补充协议，但内容不得违反国家、自治区、市有关法律和法规。如与本合同有抵触且补充协议中不做注明的，以本《租赁合同》为准。其补充协议经双方签字盖章后作为本合同附件，与本合同具有同等法律效力。

十三、本合同一式两份，甲乙双方各执一份。

十四、双方约定其他事项：

____

____

____

____

甲方（签章）： 乙方（签章）：

地址：__________________ 地址：__________________

电话：__________________ 电话：__________________

日期：__________________ 日期：__________________

4. 客户档案登记表

年 月 日

日期	客户类别	姓名	性别	年龄	电话/手机	品牌	经营种类	需求面积	认知渠道/媒体	询问重点、未购/未租原因	接待人

5. 招商情况周报表

年　月　日至　月　日，第　周

			星期一	星期二	星期三	星期四	星期五	星期六	星期日	本周合计	累计合计	备注
接听电话												
留有电话												
接待来访客户	合计											
	其中	A										
		B										
		C										
销售情况	铺位											
	面积											
	合同金额											
	回款金额											
下周工作计划												

附录三　房地产销售管理表格

1. 员工销售情况周报表

组别________姓名________　　　　　　　　　　　　　　年　月　日至　年　月　日

			星期一	星期二	星期三	星期四	星期五	星期六	星期日	本周合计	累计合计	备注
接听电话												
留有电话												
接待来访客户	合计											
	其中	新客户										
		老客户										
		单户										
销售情况	单位											
	面积											
	合同金额											
	回款金额											
建议												

2. 月份楼盘销售分析表

年　月　日

商品别＼人员别		A 小组	B 小组	C 小组	D 小组
A 型	目标				
	实绩				
	达成率/%				
B 型	目标				
	实绩				
	达成率/%				
C 型	目标				
	实绩				
	达成率/%				
D 型	目标				
	实绩				
	达成率/%				
E 型	目标				
	实绩				
	达成率/%				
F 型	目标				
	实绩				
	达成率/%				
G 型	目标				
	实绩				
	达成率/%				

3. 销售日报统计报表

销售人员			销售员A	销售员B	销售员C	销售员D	销售员E	销售员F	销售员G	合计
共接待客户组数										
其中	新客户	客户 A								
		客户 B								
		客户 C								
	老客户	客户 A								
		客户 B								
		客户 C								
接听电话组数										
留有电话组数										
电话跟踪组数										
回访客户组数										
销售情况	单位									
	面积									
	合同金额									
	回款金额									
欠款金额										

参 考 文 献

1. 美国房地产协会．房地产营销师教程．丁芸，谭善勇，编译．北京：北京理工大学出版社，2006.
2. 【美】查尔斯·J·雅各布斯．房地产职业导论．8 版．申屠瑞敏，译．北京：经济科学出版社，2003.
3. 张金，马亮．商业房地产操盘实务．北京：世界知识出版社，2009.
4. 余源鹏．中小户型开发与设计——90 平方米以下畅销住宅套型 800 例．北京：机械工业出版社，2014.
5. 彭玉蓉．房地产经纪操作实务．北京：中国建筑工业出版社，2019.
6. 陈林杰．房地产开发与经营实务．4 版．北京：机械工业出版社，2017.
7. 余源鹏．房地产一线销售管理．北京：机械工业出版社，2009.
8. 安居客．http://www.tianjin.anjuke.com.
9. 搜房房地产．http://tj.soufun.com.
10. 雅虎房产家居．http://realestate.cn.yahoo.com.
11. 爱房网．http://tianjin.aifang.com.